建党百年献礼——西南大学经济管理学院"双一流"建设学术专著

国家社会科学基金一般项目"民族地区旅游精准扶贫与传统村落复兴的协同路径研究"（16BSH028）；
国家社会科学基金一般项目"民族地区乡村旅游巩固脱贫攻坚成果的路径设计与政策支持研究"（20BSH062）；
中央高校基本科研业务费专项资金重点项目"民族地区乡村旅游巩固脱贫攻坚成果的典型案例研究"（SWU2109207）；
西南大学经济管理学院"百年梦·学科建设"专项出版项目

民族地区旅游精准扶贫与传统村落复兴的协同路径研究

黄国庆　著

西南师范大学出版社
国家一级出版社　全国百佳图书出版单位

图书在版编目(CIP)数据

民族地区旅游精准扶贫与传统村落复兴的协同路径研究 / 黄国庆 著. — 重庆：西南师范大学出版社，2021.6
ISBN 978-7-5697-0875-2

Ⅰ.①民… Ⅱ.①黄… Ⅲ.①民族地区－旅游业－扶贫－村落－研究－中国 Ⅳ.①F592.7

中国版本图书馆CIP数据核字(2021)第098034号

民族地区旅游精准扶贫与传统村落复兴的协同路径研究
MINZU DIQU LÜYOU JINGZHUN FUPIN YU CHUANTONG CUNLUO FUXING DE XIETONG LUJING YANJIU

黄国庆　著

责任编辑：范广元
责任校对：张　丽
装帧设计：观止堂_未氓
排　　版：夏　洁
出版发行：西南师范大学出版社
　　　　　　重庆　北碚　邮编：400715
印　　刷：重庆市美尚印务有限公司
幅面尺寸：185mm×260mm
印　　张：14.5
字　　数：299千字
版　　次：2021年6月第1版
印　　次：2021年6月第1次印刷
书　　号：ISBN 978-7-5697-0875-2
定　　价：59.00元

建党百年献礼

——西南大学经济管理学院"双一流"建设学术专著

编委会

主 任
祝志勇

副主任
高远东　王定祥

工作秘书
刘建新

成 员
刘自敏　王图展　毕　茜　刘新智
张应良　李海明　罗超平

前言

伴随着现代化与城镇化的进程，传统村落遭遇了一系列的发展困境。一方面，快速发展的城镇化，吸引大量农村人口移出乡村，寻找非农就业的机会。由于村民收入的多元化，土地的生产要素的职能逐渐淡化，从而改变了以地缘和血缘关系构成的"乡土中国"的特征，形成了社会结构从"乡土"向"城市"的演变，也改变了传统村落赖以生存的农耕经济基础。另一方面，少数民族传统村落地处偏远，交通不便，由于自然、历史等原因，这些村落多处在连片特困地区范围内，多为"老少边穷"地区，贫困问题突出。为增加家庭收入，缓解贫困，青壮劳动力外出打工，导致村落发展主体的缺失，削弱了农业生产的中坚力量，乡村社会凋敝、空心化、土地撂荒现象屡见不鲜，传统村落面临快速消失的境地。

旅游业具有带动性强、关联性广等产业优势，在对贫困地区经济发展的广泛带动、对贫困人口就业增收的促进方面扮演着越来越重要的角色，被世界公认是反贫困最有效的途径之一。异质性的多元文化和原生态的自然环境使民族地区纷纷选择旅游业作为其经济发展的支柱性产业，把发展旅游业作为脱贫奔康、村落复兴的首要选择。区域贫困、异质性的旅游资源、传统村落三者之间在空间上具有一定的重合度，从而使得传统村落的复兴利用、保护发展与旅游扶贫之间存在交集和契合点。

虽然旅游的减贫效应受到国内外研究者的广泛关注，但旅游发展与贫困减缓之间的关系也备受争议。以Muganda为代表的学者认为旅游发展有利于贫困减缓，是发展中国家贫困缓解的有效工具；以Manyara为代表的学者则认为旅游发展并没有使当地社区居民受益，反而有加深贫困的可能。旅游发展有利于贫困减缓吗？本研究对国内外文献从传统村落的复兴、旅游开发对传统村落复兴的影响、旅游精准扶贫与传统村落复兴的协同路径三个维度进行文献梳理，总结了研究者提出的提高旅游开发的益贫性，坚持政府主导、社区参与、城乡统筹、产业融合、活化乡村、发展文化旅游、乡村旅游、生态旅游等有利益于贫困人口受益与发展的对策建议;借助外来资本、先进的服务管理经验和较强市场开拓能力的注入,吸引更多的旅游者,破解社区经营旅游的障碍性因素,是目前贫困地区发展旅游的普遍选择。在此过程中,当地政府需要在制度设计、旅游收益分配、居民参与能力培育、旅游基础设施兴建、旅游发展环境营造等方面下功夫,提供必要的政策支持和配套服务,为旅游减贫效应的发挥提供基础和保障。诚然,外来旅游投资者要获得可持续收益,资源、环境是旅游发展的基础,和社区居民建立合作共享的关系是保障。为了引导当地居民积极参与旅游业、保护当地的资源和环境,投资者会主动将一部分旅游收益与民分享,激励居民支持旅游业的发展。随着旅游业发展所处阶段的变化,企业社会责任感不断增强,贫困人口在旅游发展中获得的经济收益和份额会不断提高,旅游的益贫性发挥越显著。基于以上认识,本研究倾向支持"旅游发展有利于贫困减缓"的观点。

现有研究成果为本研究提供了理论借鉴和逻辑起点,但某些领域的研究比较薄弱,研究不够深入。首先在研究内容上:(1)对旅游精准扶贫的理论探讨较少,对旅游精准扶贫与传统村落复兴的内在关系的认识不够深入;(2)从单一方面入手探讨旅游扶贫与传统村落复兴的协同发展,系统研究较为缺乏;(3)从学理和实践层面探讨民族地区旅游精准扶贫与传统村落复兴协同路径研究的成果较少,对不同国家和地区的特色经验总结和比较性研究欠缺。其次在研究对象上,多着眼于旅游扶贫对区域经济发展的带动,对旅游精准扶贫与传统村落复兴的参与主体(贫困人口)关注较少,对贫困人口受益发展与传统村落复兴的交互关系研究较少,存在"瞄不准"现象。最后在研究方法上,定性研究占主流,定量研究方法相对较少,一定程度影响了研究成果对实践的指导意义。

基于以上现实背景和学术背景,本研究立足现有研究成果,以既有适用成果为起点,科学界定区域旅游精准扶贫与传统村落复兴的内涵、特征、构成要素,系统解析旅游精准扶贫与传统村落复兴的内在关系,搭建本课题研究理论框架。在理论研究基础上,通过国际案例分析,吸收借鉴国际经验;构建旅游精准扶贫与传统村落复兴协同发展的评价指标体系,通过实证调研,定量测度民族地区旅游精准扶贫与传统村落复兴协同发展的现状,并选择具有代表性的传统村落作为典型样本进行个案剖析,分析当地村民对旅游精准扶贫与村落复兴协同发展的感知效应和影响因素,进而从参与主体(贫困人口)心理响应协同、政策法规协同、资源配置协同、收益分享协同等角度构建旅游精准扶贫与传统村落复兴的协同路径,并在此基础上提出政策建议。总之,国内外研究成果为本研究提供了深厚的理论基础和逻辑支持,而存在的不足则为本研究留下了一定的研究和探索空间。

目录

第1章 导论 ·· 001
  1.1 研究问题的提出 ·· 001
  1.2 已有文献的回顾和述评 ·· 004
  1.3 研究思路和研究内容 ··· 016
  1.4 研究方法和数据来源 ··· 018
  1.5 可能的创新之处 ·· 020

第2章 概念界定及理论分析基础 ·· 021
  2.1 相关概念界定 ··· 021
  2.2 相关理论 ··· 027
  2.3 本章小结 ··· 032

第3章 旅游精准扶贫与传统村落复兴协同发展的现实需求 ·························· 035
  3.1 政策需求 ··· 035
  3.2 经济需求 ··· 038
  3.3 社会需求 ··· 042
  3.4 文化需求 ··· 044
  3.5 环境需求 ··· 049
  3.6 本章小结 ··· 051

第4章 旅游精准扶贫与传统村落复兴协同发展的内在机理 ·························· 053
  4.1 传统村落系统的构成 ··· 053
  4.2 旅游扶贫开发系统的构成 ··· 056

4.3 旅游扶贫开发对传统村落复兴影响的作用机理 ……………………058
4.4 旅游精准扶贫与传统村落复兴的协同机理 ………………………060
4.5 本章小结 …………………………………………………………065

第5章 国际旅游扶贫与传统村落复兴的协同路径及启示 ……………067
5.1 发达国家旅游扶贫与传统村落复兴的协同路径 …………………067
5.2 发展中国家旅游扶贫与传统村落复兴的协同路径 ………………083
5.3 国际经验借鉴及启示 ……………………………………………094
5.4 本章小结 …………………………………………………………099

第6章 民族地区旅游精准扶贫与传统村落复兴协同发展的现状测度 …101
6.1 调查问卷概述 ……………………………………………………101
6.2 描述性统计分析 …………………………………………………102
6.3 协同发展现状的指标构建 ………………………………………104
6.4 民族地区旅游精准扶贫与传统村落复兴协同发展现状评价 ……110
6.5 民族地区旅游精准扶贫与传统村落复兴协同发展的影响因素 …118
6.6 本章小结 …………………………………………………………123

第7章 传统村落居民对旅游精准扶贫与传统村落复兴协同发展的感知评价 …125
7.1 案例地选择的理由 ………………………………………………125
7.2 研究方法 …………………………………………………………126
7.3 四川省理县桃坪羌寨旅游精准扶贫与村落复兴协同发展 ………127
7.4 贵州省黎平县铜关村旅游精准扶贫与村落复兴协同发展 ………136
7.5 贵州省雷山县郎德上寨旅游精准扶贫与村落复兴协同发展 ……145
7.6 重庆市黔江区十三寨旅游精准扶贫与村落复兴协同发展 ………154
7.7 案例地比较及问题讨论 …………………………………………162
7.8 本章小结 …………………………………………………………168

第8章 民族地区旅游精准扶贫与传统村落复兴的协同路径 …………169
8.1 坚持可持续的发展理念协同 ……………………………………169
8.2 统筹发展规划和产业布局 ………………………………………171

8.3 确保村民利益作为发展目标 ……………………………………………… 173
　　8.4 优化资源要素配置协同 …………………………………………………… 174
　　8.5 引导经营管理创新协同 …………………………………………………… 175
　　8.6 整合营销宣传要素协同 …………………………………………………… 176
　　8.7 构建旅游收益分享协同 …………………………………………………… 177
　　8.8 激发村民心理响应协同 …………………………………………………… 179
　　8.9 本章小结 …………………………………………………………………… 180

第9章　民族地区旅游精准扶贫与传统村落复兴协同发展的对策建议 ………… 183
　　9.1 政府层面 …………………………………………………………………… 183
　　9.2 企业层面 …………………………………………………………………… 188
　　9.3 行业协会 …………………………………………………………………… 192
　　9.4 本章小结 …………………………………………………………………… 198

第10章　结语 ………………………………………………………………………… 201
　　10.1 主要结论 ………………………………………………………………… 201
　　10.2 研究展望 ………………………………………………………………… 205

主要参考文献 ………………………………………………………………………… 207
　　一、英文部分 ………………………………………………………………… 207
　　二、中文部分 ………………………………………………………………… 210

附件1 ………………………………………………………………………………… 216

附件2 ………………………………………………………………………………… 221

第1章 导论

1.1 研究问题的提出

1.1.1 研究背景

传统村落承载着中华民族优秀传统文化的精华,真实地反映了农耕文明时代的乡村社会生活,被认为是农耕时代村落民居的"活化石"。它蕴含着社会变迁的基因,承载着乡愁,彰显着中国传统建筑的精髓,体现着人与自然和谐相处的文化精髓,更连通着民族的文化血脉。

伴随着现代化与城镇化的进程,传统村落遭遇了一系列的发展困境。第一,快速发展的城镇化,吸引大量农村人口移出乡村。国家放宽了对人口流动的限制,村民纷纷离开故土,大规模地进入城市,寻找非农就业的机会。村民的收入更加多元化,土地耕作不再是维持生计的基本手段,其生产要素的职能逐渐淡化,从而改变了以地缘和血缘关系构成的"乡土中国"的特征,推动了社会结构从"乡土"向"城市"的演变,也改变了传统村落赖以生存的农耕经济基础,解构了传统村落的文化根基,颠覆性地瓦解了村民的传统生产、生活方式和价值观念。第二,少数民族传统村落地处偏远,交通不便,由于自然、历史等原因,这些村落多处在连片特困地区范围内,多为老少边穷地区,贫困问题突出。为增加家庭收入,缓解贫困,青年劳动力外出务工,导致村落发展主体的缺失,削弱了农业生产的中坚力量,导致乡村社会凋敝、空心化、土地撂荒现象屡见不鲜,传统村落面临快速消失的境地。第三,制度上的安排、自然条件的限制和不合理的旅游开发,使得传统村落自然演化形成的格局急剧改变,传统的生活方式日渐式微,民族文化传承出现断层,民族特色急速消失。

据住房和城乡建设部联合文化和旅游部、财政部组成的专家委员会于2013年公布的调查结果显示：在2000年，中国自然村的总数约为360万个，到了2010年大约锐减到270万个。仅仅10年内，全国减少了约90万个村落，平均每天有80~100个村落正在消亡（吴必虎，2016）。自然村落的锐减，其中不乏一些具有历史、民族、地域特色和建筑艺术价值的传统村落。加强传统村落的保护刻不容缓。为此，国家发展改革委、财政部等中央部门于2013—2015年连续3年发文，提出要统筹整合财政资金，提高各类资金使用的整体效益，加大对传统村落的保护力度，分阶段制定传统村落的保护和发展规划；住房和城乡建设部、农业农村部、自然资源部、财政部、文化和旅游部等部门也在联合统计，分4批将4157个有重要保护价值的村落列入中国传统村落名录；学术界、民间社会团体、文物保护单位等各界人士也在持续关注，深化传统村落从衰落到再次兴盛的理论思考和社区实践。

旅游业具有带动性强、关联性广等产业优势，在对贫困地区经济发展的广泛带动、对贫困人口就业增收的促进方面扮演着越来越重要的角色，被世界公认是战胜贫困最有效的途径之一。正如李克强总理在2016年首届世界旅游发展大会开幕式上的致辞中强调：旅游业是实现扶贫、脱贫的重要支柱（李克强，2016）。近年来，文化和旅游部大力推进旅游精准扶贫战略。作为扶贫开发的一种方式和手段，旅游减贫的总体成效显著。截至2017年，中国农村贫困人口从2012年末的9899万人减少到3046万人，累计减少6853万人；贫困发生率从2012年末的10.2%下降至2017年末的3.1%，累计下降7.1个百分点。国务院扶贫办和文化和旅游部2017年的报告显示：2011年以来，中国通过乡村旅游已经带动了10%以上的贫困人口脱贫，旅游脱贫人数达1000万以上，为贫困人口打开脱贫奔康大门的同时发挥着巨大的扶贫功能。

旅游作为带动经济发展的一个重要因素，对政府部门而言是不容忽视的投资机会。异质性的多元文化和原生态的自然环境使民族地区纷纷选择旅游业作为其经济发展的支柱性产业，把发展旅游业作为脱贫奔康、村落复兴的首要动力。国家民委2012年颁布的《少数民族特色村寨保护与发展规划纲要（2011—2015年）》，也强调民族村落要"大力发展民族特色旅游业"。因此，贫困、异质性的旅游资源、传统村落二者之间在空间上具有一定的重合度，从而使得传统村落的复兴、利用、保护、发展与旅游扶贫之间存在交集和契合点。

围绕村落旅游资源的开发与利用，通过村民参与旅游，找到本土文化的价值与潜在经济利益并享受旅游开发的成果，解决村民的可持续生计问题，强化文化自信和自豪感。旅游逐渐成为村落复兴、文化遗产保护的有效途径和特色优势产业，吸引外出打工的青年劳动力逐渐回流，在经济利益的驱动下，形成传统村落复兴、民族文化传承与利用的路径依赖，从而实现旅游扶贫开发与传统村落复兴的协同发展。

传统村落的复兴和可持续发展,不仅关系中国传统文化多样性的存续,也关系传统村落的功能再造、乡村文化的精神回归和文化遗产的保护,还关系乡村社会的治理与重构,进而关系我国现代化进程中的城乡均衡发展(孙九霞,2017)。如何让旅游精准扶贫与传统村落复兴两个交互胁迫约束的系统实现协同发展,"保留乡村风貌,留得住青山绿水,记得住乡愁",让"全体人民在共建共享中有更多获得感"(习近平,2015),是践行"创新、协调、绿色、开放、共享"五大发展理念的重要举措。

1.1.2 研究目标

本研究的主要目的在于探寻旅游精准扶贫与传统村落复兴的内在关系及其协同机理,分析旅游精准扶贫与传统村落复兴协同发展的现状和其影响因素,并在此基础上形成相应的政策建议,促进两者的协同发展以及传统村落复兴系统的逐渐完善。

具体而言,有三个方面的目标:

一是理论目标:以旅游精准扶贫与传统村落复兴内在关系探讨为支撑,以对代表性案例的实证研究为依据,通过定性定量相结合的研究方法,深刻认识和准确把握旅游扶贫与传统村落复兴的协同路径,从学理上丰富和完善旅游精准扶贫的理论体系。

二是应用目标:探讨民族地区实施旅游精准扶贫与传统村落复兴的协同路径,为其他片区开展同类研究提供范式,也为各级政府开展旅游精准扶贫调研提供技术支持、参考依据。

三是政策目标:向国家和地方有关职能部门提供《关于民族地区在村落复兴中打赢脱贫攻坚战的意见》政策文本。

1.1.3 研究意义

本研究着眼于打赢脱贫攻坚战的背景下,对旅游精准扶贫与传统村落复兴协同机理的研究和协同路径的探讨,着手解决民族地区的传统村落在旅游发展过程中如何处理好旅游扶贫与社会经济发展,旅游文化资源开发、保护与传承,旅游扶贫与村落复兴等问题,具有重要的理论和实践意义。具体而言:

本研究的理论意义在于:(1)将"旅游精准扶贫"与"传统村落复兴"研究有机相连,多层面、多维度剖析两者之间的内在联系。旅游精准扶贫系统和传统村落系统之间存在协同发展的基础,深入分析民族地区旅游精准扶贫与传统村落复兴之间的协同机理,把握两者之间互为支撑的协同作用、过程和方式,阐释两者之间的互动关系,用以指导民族地区借助特色产业的驱动实现传统村落文化的复兴、保护和传承。(2)构建旅游精准扶贫与传统村落复兴协同发展的理论分析框架和协同发展的评价指标体系,定性、定量测度两者之间协同发展现状,找到影响协同发展的障碍性因素,为后续的协同路径构建提供学理依据。(3)深刻认识和准确把握贫困人口参与旅游扶贫开发与传统村落复兴的实施路径,树立社区居民的主体意识,从学理上夯实旅游精准扶贫的理论基础,丰富和完善中国特色的扶贫理论体系。

本研究的现实意义在于:(1)民族地区文化多样性特征突出,旅游资源极为丰富,尤其是承载着人类记忆的传统村落,不仅是中华民族优秀传统文化的精神家园,也是民族地区精准扶贫的重要载体。研究民族地区旅游精准扶贫开发,在一定程度上为传统村落复兴,特别是为传统文化的保护与传承开辟了新路径。(2)《"十三五"促进民族地区和人口较少民族发展规划》中提出"必须牢固树立科学治贫、精准脱贫理念……确保如期实现少数民族和民族地区脱贫"。因此在民族地区实施旅游精准扶贫,可以开发民族特色浓郁的旅游产品和线路,打造一批民族特色旅游品牌,促进民族特色旅游与文化、产业、生态、乡村建设等融合发展。(3)本课题通过理论梳理、现状分析、比较借鉴、实证分析、路径构建、政策建议等几大板块的系统研究,坚持统筹发展,突破传统思维,构建旅游精准扶贫与传统村落复兴的协同路径,为民族地区各级党委和政府借助村落复兴这一独特平台打赢我国精准扶贫的攻坚战,实现精准脱贫,如期与全国人民一道全面建成小康社会提供路径支撑、决策参考和政策建议。

1.2 已有文献的回顾和述评

本研究紧扣研究主题,分别从传统村落的复兴、旅游开发对传统村落复兴的影响、旅游精准扶贫与传统村落复兴的协同路径三个方面进行文献梳理,明晰相关问题的研究现状,为本研究提供理论借鉴和逻辑起点。

由于传统村落是中国特有的说法,国外文献的相关表述为乡村文化遗产地、古村镇等,没有与我国直接对应的名词(邱扶东、马怡冰,2016)。因此在国外文献梳理部分,作者把 historical and cultural heritage、heritage conservation、historic sites、ancient village 等关键词在数据库 Web of Science 进行检索,深入分析国外文献在这三个领域的研究进展。为行文方便,把国外的乡村文化遗产地、古村镇等统一表述为传统村落。

1.2.1 传统村落的复兴研究

(1)传统村落的经济复兴。

保护村落最好的办法是让它经济复兴、保持经济功能(吴必虎,2016)。因此,传统村落的保护不是对文化资源进行静态保护,应变静为动,适度地开发、利用,在保持传统特色的基础上,采用多元化的经营方式,拓展产业链,为村民创造更多的本地就业机会(戴林琳、郑超群,2016);处理好政府部门与外来经营企业、当地村民、非政府组织之间的关系,互为依存,协同作用(李文龙,2017);政企合作的PPP模式如何在传统村落的保护和发展中推广应用备受研究者关注(张文剑,2016)。

Nakamura Naohiro 在研究日本萨鲁河(Saru River)后认为,找到本土居民与外来移民的利益共同点,构建基于村落内部特征的弹性保护机制,有效缓解传统与现代的矛盾,更有利于保护本土文化。Shahrul 提出推动城乡统筹,在村落实现农业的产业化发展,通过农业结构的调整、农村特色产业链的形成,带动当地经济的复苏和村落的自我恢复。云南大理洱海附近的喜洲村,因历史文化悠久、民俗风情浓郁、建筑颇具特色,吸引了大量游客前去参观,依托传统村落发展的文化旅游不仅增加了当地政府和居民的经济收入,还改善了旅游交通设施,保护传承了地方文化,是村落保护的有效途径(车震宇、赵树强,2009)。

对于传统村落的复兴,各级地方政府应加大对传统村落保护、发展的政策支持和财政投入(周乾松,2018)。大力发展特色产业,提高村民参与传统村落开发的话语权和决策权,建立合理的收益分配机制,让村落保护利用成果惠及全体村民,实现共享(姜勇,2013)。Frank Masele 研究发现,私人投资给坦桑尼亚文化遗产的管理和保护带来压力和挑战,地方政府应加大对文化遗产保护计划的补贴、引入好的筹资机制、提升公众的保护意识、有效发挥利益相关者的作用(Frank Masele,2012)。研究者认为既要尊重传统村落内在的生存与发展机制,又不能忽略促进市场、政府、外来经营者参与机制的构建,实现旅游开发与传统村落复兴的协调(刘伟,2009)。与此同时,在传统村落复兴与发展的过程中要坚持城乡统筹协调的原则,以满足城乡居民需求为前提,综合考虑城乡之间产业的协同、经营管理的协同、经营理念的协同、自然环境与居住环境的协同等,以城带乡、城乡融合,实现村落的复兴。

(2)传统村落的社会复兴。

政府主导、社区参与对传统村落复兴可以产生积极的影响。政府主导下的传统村落保护,应注重构建村落的格局风貌,整体考虑村落建设和促进村民增收(童成林,2014);鼓励社区参与,激发原住民的内生动力,培育乡村社区的自我发展能力和以民间团体为主导的经营模式(陈振华、闫琳,2014)。Tas Murat 等也提出,政府主导下的土耳其 Cumalikizik 村落,不仅有效保护了村落的历史文化资源,也促进了村落的可持续发展。Sim Loo Lee 以新加坡历史文化街区为例,说明政府的城市保护政策能够促使市场力量推动街区进行保护性经营。

社区居民是传统村落可持续发展的主体,社区参与是推动传统村落复兴的关键因素

(周樟垠、曾庆云、陈华智，2016）。Lepp Andrew等通过对乌干达的一个村落50位当地村民进行深度访谈后发现，社区参与保护传统村落的方法，对遗产保护影响最大。Yoshio Onuki以秘鲁北部Kuntur Wasi为案例地，进行田野调查发现：与社区居民建立良好的关系，鼓励其参与当地社会相关的考古发掘，有利于秘鲁的文化遗产保护。Halt C. Michael在研究新西兰遗产旅游时指出，应尊重和保护毛利人的文化遗产价值观，并让他们参与旅游发展的过程。Lepp Andrew运用"扎根理论"对乌干达Bigodi村调研，发现村民对参与村落旅游产业发展具有较高的积极性。

（3）传统村落的文化复兴。

B. Sluman指出，旅游是让文化遗产获得保护和支持的有效方式，能够为其提供经济来源。因地制宜选择传统村落的旅游开发模式、活化乡村是实现传统村落保护和利用的重要途径和手段（李川，2015）。传统村落的活化要发挥村落的资源禀赋，实现村落复兴与社会经济发展、环境建设、居民生产生活的对接，让保护村落更具活力（陈小雨、蒋俊帆，2016），从而使传统村落得以有效保护，留住村落特有的文化基因、地域环境、建筑风格、民风民俗（林乙煌、叶博雄、赖惟永，2016）。王琼等运用"遗产动力学"理论，以3个福建传统村落活化与保护的得失为例，分析其活化的主体、保护的模式、活化效果差异，探寻传统村落保护与活化策略（王琼、季宏、陈进国，2017）。

文化旅游的开展，要注意解决经济发展、社会公平、环境质量之间的内部矛盾，体现文化的历史价值。比霍等人以英国New Lanark村为个案研究，运用游客体验的栅格分析法（activity, setting, experience, benefit，简称ASEB），发现对旅游者最具吸引力的产品是该村的历史文化。Medina通过对伯利兹Succotz村的调研发现，文化旅游可以实现玛雅文化的原真性恢复。Tucher研究发现，背包游客在与当地居民亲密接触的过程中，有效满足了自身对异地文化体验的需求，加深了对当地文化的了解，也激发了当地居民保护传统文化的积极性，促进了传统村落的可持续发展。Lepp Andrew以乌干达Bigodi村为例，研究指出充分利用当地原材料和地方性艺术进行加工，延长旅游产业链，增强社区居民参与开发传统村落旅游的积极性，才能维持传统，促进文化保护。

余青认为生态博物馆的出现，为民族文化的保护与旅游可持续发展提供了新模式（余青，2000）。生态博物馆的核心理念是以活态化的方式保护文化，发挥民族旅游与生态博物馆的整合效应，追求传统村落文化遗产保护与村民生产生活、社区发展、自然环境保护的和谐与平衡（黄艳，2018）；这对丰富民族旅游资源、促进传统文化的复兴、推动社区参与、带动地方经济发展、促进社会和谐、保存民族村寨的历史记忆、改善村民生活条件、实现文化传承与经济社会发展双重效益具有积极意义（张瑞梅，2011）。刘旭玲等以新疆喀纳斯禾木图瓦村的民族文化旅游开发为例,提出了基于生态博物馆的民族旅游开发模式,强调生态博物馆的建设应尽可能地保护历史文化的见证物(刘旭玲、杨兆萍、谢婷,2005);同时,应保护弱势文化,建立文化生态与旅游发展的良性互动发展机制(周俊满,2008)。孙九霞等以云南西双版纳巴卡小寨基诺民族生态博物馆的兴衰为例,认为民族生态博物馆存续必须将文化遗产与其生产者、所有者纳入共同发展的平台,通过社区参与、社区旅游来实现文化的保护与传承,最终实现旅游与村落保护的可持续发展(孙九霞、马涛,2010)。

(4)传统村落的环境复兴。

村落环境的复兴,需要政府的顶层制度设计、民众的积极参与(赵紫伶、于令、陆琦,2018)。英国从宏观到微观建立了一套全方位的乡村环境保护系统,通过划定不同层级、不同类型的保护区,列入保护建筑名录,建立许可申请制度等措施,较好地对村落的整体环境、环境与建筑、建筑与景观实施一体化保护。民众积极主动地参与环境保护过程,对乡村生活的热爱以及对乡村野趣的追寻,使他们不仅认真打理景观环境,而且对建筑的使用也紧跟时代发展的需要,对房屋中不符合生活方式的空间进行改造,对物理环境进行更新和优化,让村落以优越的品质呈现在乡村环境中(杰里米·帕克斯曼,2000)。

此外,研究者运用文化生态学理论、生态恢复理论、风水理论、生态文明等理论,研究传统村落环境的改善和复兴。罗迪将文化生态学理论引入到村落复兴层面,系统分析传统村落的内在构成,以文化为核心,协同环境、经济、产业、民生等诸多要素,以人与环境的互动关系为依托,探讨村落的全面复兴和可持续发展(罗迪,2016)。宁昳从生态恢复的视角,在分析传统村落生态系统内部的功能结构以及信息、能量流动的基础上,探讨导致传统村落生态系统衰退的限制性影响因子,强调通过内生动力系统和外生动力系统的耦合作用来促进传统村落的复兴(宁昳,2014)。严奇岩从风水理论的视角分析传统村落环境保护,提出风水意识是村落环境保护的思想基础,在保护风水林的实践中,村民自发形成的整套护林奖惩机制,是村落环境保护的制度保障(严奇岩,2018)。Coggins Chris研究了中国风水林保护的历史,提出乡村的自治管理,不仅可以增加风水林的多样性,还可以保护乡村生态环境。何川以生态文明理论为指导,强调把"天人合一""道法自然"等文化精髓贯穿到传统村落保护的实际行动中,平衡生态建设与保护开发的关系,改善村落人居环境,推动村落环境复兴。

1.2.2 旅游开发对传统村落复兴的积极影响

随着旅游产业规模的扩大、外出旅游人数逐年增加以及旅游业和其他业态的深度融合,旅游开发对全球减贫事业的贡献越来越受到人们的关注。很多发展中国家和地区纷纷把旅游业作为战略性支柱产业,把发展旅游业作为消除贫困、改善民生的重要平台。旅游在世界减贫进程中扮演着重要角色,对传统村落的经济、社会、文化和环境的复兴能够发挥积极作用。研究者均认为开发旅游是保护传统村落、推动村落复兴不可或缺的重要途径(吴承照、肖建莉,2003)。

(1)旅游开发的积极经济影响。

1999年,英国国际发展局(DFID)首次提出了PPT(Pro-poor Tourism,有助于贫困人口发展的旅游)的概念,将旅游与反贫困直接相连。研究者Caroline Asheley,Dilys Roe和Harold Goodwin通过对亚洲、拉丁美洲以及南非等6个发展PPT旅游的案例区进行研究,认为发展旅游业能促进贫困地区经济的发展,增加就业机会,提高贫困人口的劳动收入(Bennet Q,Ashley C,Roe D,2001)。上述研究为旅游扶贫的发展提供了理论基础和实证案例。2002年,联合国世界旅游组织(World Tourism Organization,UN WTO)在世界可持续峰会上提出ST-EP(Sustainable Tourism and Eliminating Poverty,可持续旅游消除贫困计划)概念,强调把可持续旅游作为旅游目的地获得经济增长和贫困减缓的一种手段。

贫困地区由于交通闭塞、土地贫瘠,发展传统的工业和农业难以取得好的成效,但发展旅游业则具有天然优势。传统的生活方式、民族风情、良好的生态环境对于追求返璞归真、融入自然的现代旅游者具有很强的吸引力(田敏,2012)。旅游业是典型的劳动密集型产业,就业门槛低,可以为当地村民尤其是贫困人口提供丰富、多层次的就业机会和行业机会(Ashley C,Boyd C,Goodwin H,2000),促进小商品经营和小微企业在发展中获得直接收益。即便是当地居民未直接参与旅游服务或从事旅游企业经营,也可以通过向餐馆提供初级农产品的方式介入旅游供应链环节,通过多种途径从旅游发展中获得间接收益。郭舒利用产业链跟踪法对中国东北6个典型贫困地区进行了数据跟踪,研究发现,6个样本地区的旅游减贫收入指数达到了6.21%~14.74%(郭舒,2015)。同时,政府将增加的财政收入用于旅游目的地的基础设施和旅游配套设施的建设,为当地社区接待设施的完善以及文化遗产、自然环境和村落景观的保护提供了保护途径(Renman R,Denman J,2004),使居民获得收益。Blake等(Blake A,Arbache J S,Sinclair M T,& Teles V,2008)研究发现,政府只有制定有利于贫困人口就业的人力资源培训政策、旅游收益分配政策,才能使旅游发展真正惠及最低收入人群,使其收入增加,进而实现贫困减缓的目的(Saayman M,Sahli M,Smith KA,2010)。

在微观层面,旅游发展对当地经济的积极影响也得到了学者的研究支持。Holden通过实地调研发现,旅游发展对加纳埃尔米纳当地的贫困缓解具有很高的潜力。杨昌盛以贵州省黔东南苗族侗族自治州的丹寨县为个案,研究发现:借力万达旅游小镇的带动,截至2018年7月,一年时间内小镇累计接待游客量突破550万人次,全县旅游综合收入达24.39亿元,直接带动贫困人口2859户11437人增收,间接带动贫困人口1182户4729人增收,在发展产业和稳定就业上产生了协同效应。李燕琴对中俄边境村落室韦的调查问卷和深度访谈证明旅游有助于增加当地的就业机会,促进产业结构的优化,为传统手工艺品、农副产品和食品打开了销路,提高居民的收入水平,有利于贫困减缓(李燕琴,2011)。

(2)旅游开发的积极社会影响。

旅游业的发展,为当地居民接触外部世界创造了机会,改变了其落后观念(何景明、李辉霞、何毓成,2003),增强了其旅游经营意识,提升了当地劳动力的整体素质,提高了居民的生活质量(丁焕峰,2004);旅游多样的雇佣形式缓解了就业的性别歧视,为当地居民提供了灵活多样的就业机会,使妇女获得了就业机会,增强了其经济独立性(Brunt P, Courthey P, 1999),妇女被认为是旅游发展的最大受益者。她们的先天优势(具有亲和力)和某些特长(烹饪、缝制、服务、清洁和其他技能)在对客服务中有了用武之地,很容易获得工作机会并获得收入(Butler R, Curran R, O'Gorman K D, 2013)。

Zapata等发现,在尼加拉瓜旅游业发展中,女性从业人员占比45%,她们从事旅游服务,促使角色从原来的无报酬的家庭主妇转变为获得工资收入的稳定从业者,在一定程度上提升了女性在家庭中的地位。Willinson和Pratiwi通过对印度尼西亚的传统渔村Pangandaran的研究,也证实了传统村落开展旅游活动,使妇女在服务行业获得了更多的就业机会,提高了她们对家庭生活的控制能力(Willinson P F, Pratiwi W, 1995)。Truong对越南旅游扶贫项目的研究发现,当地的妇女通过向旅游者销售传统手工艺品获得收入,经济收入的增加使得她们在家庭决策和消费支出方面的权利明显提升。我国学者赵捷阐述了云南各少数民族妇女凭借其性别优势、性格特征为当地旅游业带来的积极社会效应(赵捷,1994),如促进少数民族妇女自身的发展(刘韫,2007),推动旅游业的可持续发展和民族优秀传统文化的传承(王兰,2006)。

(3)旅游开发的积极文化影响。

旅游开发突破了传统社会的封闭格局,其开发度、外向度大大提高,不仅给社区居民带来了经济利益,也使社区居民在旅游发展中不同程度地认识到自己文化的价值,增强社区内部族群文化认同和社区族群文化传承的动力,对推动民族传统文化的保护与复兴起到了积极作用(杨慧,2003)。

张波以云南丽江为个案,分析了旅游开发对目的地文化的影响,认为旅游使社区成为自身文化展演的大舞台,为身处其中的居民提供新的收入来源;改造社区原有的社会结构,重构地方文化,保存了一些原本趋于消亡的文化要素;让素有"音乐化石"之称的纳西古乐重获活力,强化了旅游目的地居民的民族文化认同,让传统文化重获新生,在与旅游者的互动中得以创新发展(张波,2004)。美国的 ATA 协会(Association of Talent Agents,帮助手工工匠协会)自20世纪80年代以来,一直致力于培训手工艺人的生产技能和商业能力,为发展中国家提供满足手工艺品市场需求的产品开发和就业机会,在旅游开发与传统文化的保护之间架起了一座桥梁。在帮助手工工匠协会的帮助下,很多发展中国家的手工艺重获新生,贫困的工匠们也获得了收入和就业机会。因此,何景明指出旅游在选择性强化当地传统与文化的基础上,使各少数民族的节日、住宅、庆典、祭祀、婚俗、语言、文字及生产方式等得到了挖掘与恢复;构成了独特的旅游产品,得到外部世界的普遍关注,获得了更大的发展空间和更多的发展机遇,直接或间接地推动了对传统文化的保护;有助于民族传统文化的传播、交流,促进了民族文化与世界文化的对接;在淡化地域边界的同时,为当地特色文化的传承提供了动力(杨艳,2011)。

(4)旅游开发的积极环境影响。

在适度开发、经营管理得当的情况下,旅游发展和生态环境保护并不冲突,而且能够为生态环境的改善创造条件。一方面,贫困地区的旅游发展可以扩大经济收入来源,为当地生态环境的保护提供了资金;另一方面,旅游发展可以遏制传统林、牧业对资源环境的掠夺式开发,充分发挥人文、社会资源的比较优势,减轻对自然资源的过度依赖(常慧丽,2007),提供可持续发展的机会,让当地居民看到旅游生态环境的价值,逐渐改变传统的生计模式,增强环保意识,具有一定的环境正效应(李佳、钟林生、成升魁,2009),能有效克服区域性发展劣势而导致的贫困问题(良警宇,2005)。

1.2.3 旅游开发对传统村落复兴的消极影响

旅游在减贫中的作用得到世界各国和地区的承认,众多学者也认同旅游业是发展中国家贫困缓解的有效工具,在世界减贫中扮演着关键角色,发挥重要作用(Woodward D,Simms A,Murphy M,2006)。但旅游发展所带来的负面效应也不容忽视,批判的焦点主要集中在以下几个领域。

(1)旅游开发的消极经济影响。

旅游开发确实可以促进经济增长,但同时,我们因此就忽略了与乘数理论同根相生的漏损理论(林红,2000)。缺乏资金和技能的贫困人口参与旅游业有限,难以得到旅游收益,旅游正效应较多地被社区精英所占有(刘筏筏,2006),贫困村民的经济受益有限(Walpole J M,Goodwin J H,2000),会弱化旅游扶贫开发的益贫性(李耀锋,2015)。

Regina Scheyvens 和 Janet H Momsen 两位研究者以马尔代夫岛屿地区旅游发展为例,研究发现该地区发展旅游业存在经济增长对旅游业依赖程度高、旅游漏损严重、贫富差距悬殊等问题,真正的贫困人口从旅游业发展中受益有限。由于岛屿旅游接待设施的产权被国外酒店集团拥有,虽然给本国财政带来了大量税收,但核心管理层人员由集团外派,当地居民从事的仅仅是不需要太多技能的岗位,再加上缺少劳动者基本权利保障和最低工资支付标准,很多当地居民不愿意去岛上工作,不可避免地造成了旅游收入漏损。更糟糕的是,岛屿本来淡水资源有限,新鲜蔬果缺乏,这些稀缺资源还要优先满足度假客人的需要,导致当地居民基本生活资源缺乏,5岁以下的儿童有30%处于营养不良状态。由此可见,岛屿旅游的发展,通过税收获利只给少数精英阶层和外来投资者带来了真正利益,而普通百姓没有从中受益,却承担了旅游开发带来的负面经济效应,导致贫富差距的悬殊和基本生活质量的下降(Regina Scheyvens, Janet H Mosen, 2008)。

Mograbi 和 Rogerson 通过对南非夸祖鲁—纳塔尔省索德瓦纳湾的旅游研究发现,尽管旅游业对索德瓦纳湾的贫困减缓有一定的作用,但当地旅游发展的主要受益群体是白人,而当地的贫困人口仍然贫困,可能陷入了旅游扶贫开发的陷阱(Mograbi J, Rogerson C M, 2007)。Manyara 和 Jone 对肯尼亚的研究发现,由于外部力量拥有绝对控制权,旅游发展并没有使当地社区居民获得实质性收益,反而有加深贫困的可能(Manyara G, Jones E, 2007)。对此,一些学者通过田野调查、深度访谈也发现了经验证据。如 Manyara 和 Jones 运用半结构化深度访谈,以肯尼亚某个旅游企业开发的社区为例,研究发现旅游发展并未明显减缓贫困,从事景区保洁、安保、对客服务等基层旅游服务的贫困人口收入较低,与中高层管理者相比,进一步加大了收入分配的不平等。

(2)旅游开发的消极社会影响。

快速发展的旅游业脱贫效果显著,但也引发了一系列的社会问题,给村民的家庭关系、邻里交往和社区活动带来消极影响(吴悦芳、徐红罡,2010)。大量游客、外来经营者的涌入打破了千百年邻里守望的社会传统氛围,原本擅长田间劳作的村民蜕变为旅游从业者,民族文化遭受冲击,传统价值观遭遇挑战,收入分配不均导致贫富差距拉大,各种社会矛盾凸显。在旅游地不同利益主体的权利格局中,拥有更多社会资本和物质资本的外来经营者、当地村民在旅游发展中受益更多(Shah K, 2000),他们占据了最好的商业地段,开起了各种商业店铺,他们的存在让人毫无招架之力,本地人中的富裕阶层也通过旅游业的发展增强了经济实力,从而导致外地人与本地人、本地人之间的收入差距不断增大,造成新的社会不公平现象。贫困者很难公平享受旅游收益,被排斥在受益之外(刘旺、吴雪,2008),在社区发展决策中的经济地位相对下降,逐渐失去社会地位和公平发展的权利,无权状态的贫困居民因权利的缺失造成旅游参与的失败,从而加深了相对贫困(Gascón J, 2015)。

(3)旅游开发的消极文化影响。

旅游对文化的影响研究是整个旅游影响研究中的重中之重,涌现出大量的研究成果。国内外研究者关于旅游对文化影响的研究主要集中在旅游对目的地居民文化认同的影响、对民族工艺品的影响、对民族文化本真性的影响等领域。

Oake在对中国贵州两个民族旅游村寨田野调查的基础上,从当地的经济、社会、文化的关系来探讨旅游对目的地居民的文化认同的影响。研究指出,由于客观存在的东西部社会经济发展的差异,可能会产生新的文化霸权,旅游对民族地区经济发展的作用值得商榷(Oake T,1998)。Smith研究发现,外来文化冲击导致贫困地区犯罪率提高以及当地文化舞台化、商品化,失去本真,不过这种消极影响在具有不同传统信仰的地区会有所不同(Smith V,1989)。民族工艺品失去了传统的意义,从前是为宗教或仪式生产的制品,如今成为供旅游者购买的旅游商品(李星明、赵良艺,2002)。传统的民俗不断舞台化和商品化,泸沽湖村民以前的唱歌、跳舞等娱乐活动,在旅游开发的浪潮中为取悦旅游者而被杜撰或编改(李子明、路幸福、邓洪波,2014),哈尼族长街宴为适应游客的需要已经包装成为旅游节庆产品和特色旅游餐饮(唐雪琼、钱俊希、陈岚雪,2011),旅游目的地文化的真实性备受质疑(杨振之、胡海霞,2011)。

因此,艾菊红认为旅游业虽然给传统文化带来了表面的繁荣与复兴,但却弱化了其原有的本真内涵,使其成为纯粹的商业活动而对村民自身失去意义,给传统村落文化的保护与发展带来消极影响(艾菊红,2007)。快速的旅游发展和文化商品化、庸俗化的趋势可能使旅游目的地部分人的道德观扭曲,心理失衡,犯罪案件增加,引发居民文化认同和生活方式的变化(Wan G,1996)。

(4)旅游开发的消极环境影响。

过度的旅游开发,给当地的自然、生态环境造成压力,可能会给大气环境、水环境、旅游地景观环境、动植物生长环境乃至旅游地居民的心理环境带来不同程度的影响(Mathiseon A,1982),引起大气污染、水体污染、风景区灾害、植被被破坏、生活垃圾污染等一系列环境问题(陈巧、周燕芳、张传统,2006)。其主要表现在:大量的基础设施和旅游设施的兴建,使得贫困人口失去土地、森林等自然资源,致使当地农田减少,消耗的大量水资源导致灌溉能力减弱,居民赖以生存的产业受到影响,严重威胁到当地人的生存(Wall G,1996);自然资源的衰退和减少,使当地村民很难收集柴木和其他物品(Gater E,1995)。Gurung对尼泊尔的加奥里帕尼地区的研究表明,山地旅游活动的开展导致当地森林覆盖面积以每年1公顷的速度减少,森林资源的锐减导致当地居民很难找到木材和依靠森林资源进行生产生活,产生巨大的旅游发展成本(Gurung H,1991);对海滨旅游地水体造成的破坏引起更为严重的后果,泰国、印度尼西亚、马尔代夫以及地中海沿岸地区由于水源被污染,造成了海水水质污染、旅游环境质量退化、旅游吸引力减弱;旅游基础设施的建设导致旅游地局部植被被破坏、土壤结构变化,引发水土流失、滑坡、塌方、岩石滑落等地质性灾害(高翔,2016);污水排放造成的水污染、汽车尾气引起的空气污染、旅游活动引起的噪声污染使得当地环境问题日益突出(Croall J,1995)。

1.2.4 旅游精准扶贫与传统村落复兴的协同路径

在旅游精准扶贫与传统村落复兴协同路径的探讨上,国外研究者从政策制定、社区参与、发展文化遗产旅游、社区旅游、乡村旅游、生态旅游等方面探讨了旅游扶贫与传统村落复兴的协同发展。

Winters 等提出政策的制定对区域旅游开发与传统村落保护有着重要意义(Winters P, Corral L, Mora A M,2013);Hampton 认为文化遗产旅游在提高居民生活水平、保护当地文化、推动文化交流等方面具有明显的正效应。在印尼爪哇岛婆罗浮屠遗产地,当地居民通过沿街叫卖出售旅游纪念品、香烟、甜食,或成为私企、公园的正式员工参与旅游开发,他们的旅游收入直接来源于游客的消费(Hampton M P,2005);收入的增加让当地居民提升了本土文化自豪感,增强了当地居民与游客之间的友好、信任与交流(Mitchell J, Ashley C,2010)。Meyer 指出,社区旅游(Community Benefit Tourism)能更好地促进当地经济发展,更有效地保护社区传统文化,是比较理想的旅游扶贫方式(Meyer D,2010)。但在社区参与的实践中,由于社区居民缺乏参与旅游业的基本技能、资源、经验和客源信息渠道,从而影响了旅游减贫效应的发挥(Scheyvens R,2011)。Dixey 研究认为社区旅游要成功,必须引入外来资本,加强与私人企业的合作,合资企业的发展模式才是最佳选择。因此,社区旅游企业(community-based tourism enterprises)在肯尼亚的经济发展中备受青睐(Geoffrey Manyara, Eleri Jones,2007)。Jenny Briedenhann 和 Eugenia Wickens 梳理了乡村旅游开发在帮助贫困地区实现经济发展、生活水平提高、环境改善、文化复兴方面的积极作用,随后通过焦点小组讨论、半结构化访谈、问卷调查、德尔菲专家意见咨询等方法,分析南非在乡村旅游发展缓解地区贫困方面的工作经验,总结出非洲可持续旅游发展应在坚持政府导向、社区居民赋权参与、保持地方传统文化基础上协调各利益主体、构建合理的利益分配机制、确保社区居民普惠受益,才是旅游产业扶贫和文化保护协同发展的必经之路(Jenny Briedenhann, Eugenia Wickens,2004)。

国内研究者从转变政府职能、社区参与、赋权与增权、产业融合、发展乡村旅游、生态旅游、文化旅游等方面对如何实现旅游扶贫与传统村落复兴的协同发展的路径进行了探索。何景明认为简政放权、转变政府职能、选择当地村民受益的旅游形式、实现旅游扶贫与传统村落复兴的良性循环(何景明,2006)。王汝辉通过对典型案例的历时和共时对比分析,提出政府赋权,界定清晰产权边界,构建社区收益权得以实现的合理利益分配机制是民族村寨参与旅游开发、强化传统文化保护的内生发展方向和应遵循的基本原则(王汝辉,2012)。田敏等基于贵州、湖北两省三个民族旅游村寨的田野调查,提出加强政府有效主导,构建有效的社区参与机制,从文化空间和文化产品内涵两方面把握文化开发的"度",因地制宜选择民族旅游开发的模式是实现两者协同发展的关键路径(田敏、撒露莎、邓小艳,2012)。豆书龙、叶敬忠提出脱贫攻坚与乡村振兴的协同发展,需要统筹落实相关体制和机制、鼓励产业的多元化发展、培养村民的主体意识、推动脱贫攻坚和乡村振兴的有机衔接(豆书龙、叶敬忠,2019)。孔祥利、夏金梅则认为传统村落振兴的出路在三产融合,应实现村落振兴与农村三产融合发展的协同推进(孔祥利、夏金梅,2019)。王美钰等借助个案分析广西少数民族村寨实施生态旅游扶贫面临的障碍性因素,提出实施"生态+"战略,提高社区居民参与旅游经营决策和旅游收益分配的话语权,建立生态旅游扶贫和民族村寨资源保护永续发展的长效机制(王美钰、吴忠军、侯玉霞,2019)。杨振之指出,把发展乡村旅游和文化旅游作为提高扶贫精度、促进传统文化保护的重要抓手(杨振之,2019)。

1.2.5 研究述评

自英国国际发展局(DFID)在可持续发展委员会报告中首次提出面向贫困人口的旅游扶贫(Pro-poor Tourism,PPT)概念以来,旅游的减贫效应受到国内外研究者的广泛关注,旅游发展与贫困减缓之间的关系也备受争议。以 Muganda 为代表的学者认为旅游发展有利于贫困减缓,是发展中国家贫困缓解的有效工具;以 Manyara 为代表的学者则认为旅游发展并没有使当地社区居民受益,反而有加深贫困的可能。为此,国内外研究者通过大量研究,提出了坚持政府主导、社区参与、城乡统筹、产业融合、活化乡村,以及发展文化旅游、乡村旅游、生态旅游等有利益于贫困人口受益与发展的对策建议,提高旅游开发的益贫性。贫困地区的旅游开发缺乏资金投入、市场开拓、服务技能等,单纯依靠当地政府、社区居民的力量,是很难对客源市场产生吸引力的。应借助外来资本、先进的服务管理经验和较强的市场开拓能力,吸引招徕更多的旅游者,破解社区经营旅游的障碍性因素,是目前贫困地区发展旅游的普遍选择。在此过程中,当地政府需要在制度的设计、旅游收益的分配、居民参与能力培育、基础设施兴建、旅游发展环境营造等方面下功夫,提供必要的政策支持和配套服务,为旅游减贫效应的发挥提供基础和保障。诚然,外来旅游投资者要获得可持续收益,资源、环境是旅游发展的基础,和社区居民建立合作共享的关系是保障。为了引导当地居民积极参与旅游业、保护当地的资源和环境,投资者应主动将一部分旅游收益与居民分享,激励居民支持旅游业的发展。随着旅游业发展所处阶段的变化,企业的社会责任感不断增强,贫困人口在旅游发展中获得的经济收益和份额会不断提高,旅游发挥的益贫效益会越来越显著。基于以上认识,本研究倾向支持"旅游发展有利于贫困减缓"的观点。正如 Alister Mathieson 和 Geoffrey Wall 所说,旅游发展对传统村落所带来的经济影响总的来说是有益的,社会影响不太受欢迎,环境影响则是"双刃"的。

现有研究成果为本研究提供了理论借鉴和逻辑起点,但某些领域的研究比较薄弱,研究不够深入。

首先在研究内容上,(1)比如旅游精准扶贫的概念与内涵如何界定?旅游精准扶贫对传统村落复兴的影响是什么?两者实现有效协同的内在机理是什么?两者协同发展的现状如何?实现协同发展的障碍性因素是什么?如何实现民族地区旅游精准扶贫与传统村落复兴的协同发展?(2)传统村落的复兴,不仅仅是恢复村落的经济功能,如何借助旅游发展的外驱力带动传统村落的内生动力,从而实现村落的经济复兴、社会复兴、文化复兴和环境复兴?这两个互为胁迫、相互促进的系统如何在民族地区这个特定地域实现协同发展?这两个问题还需要深入探讨;(3)从学理和实践层面探讨民族地区旅游精准扶贫与传统村落复兴协同路径研究的成果较少,对不同国家和地区的特色经验总结欠缺。今后,应通过对国外发达国家、发展中国家旅游开发与传统村落复兴协同发展的经验总结和借鉴,剖析国内典型案例地协同发展的历程和经验,加强中国社会经济发展背景下旅游减贫的理论研究,提出民族地区旅游精准扶贫与传统村落复兴的政策建议。

其次在研究对象上,现有文献主要着眼于旅游精准扶贫对区域经济发展的带动,对旅游精准扶贫与传统村落复兴的参与主体(贫困人口)关注较少,对贫困人口从旅游发展中的受益与传统村落复兴的交互关系研究较少。比如从当地居民感知的微观视角,如何构建民族地区旅游精准扶贫与传统村落复兴协同发展的评价指标体系,基于当地居民感知视角的旅游精准扶贫与传统村落复兴协同发展的效应如何,居民参与旅游精准扶贫的障碍性因素是什么,居民对保护、传承民族文化的态度和意愿如何。

最后在研究方法上,定性研究占主流,定量研究方法相对较少,一定程度影响了研究成果对实践的指导意义。应加强问卷调查、个案分析、深度访谈等定性和定量相结合的综合研究,对影响旅游精准扶贫与传统村落复兴协同发展的障碍性因素进行深入分析,完善旅游精准扶贫与传统村落复兴协同发展的评价指标和评价方法,定量分析旅游精准扶贫与传统村落复兴协同度大小,为提升协同度的对策建议提供数理依据。

1.3 研究思路和研究内容

1.3.1 研究思路

本研究总体上遵循由理论研究到实证研究再到政策研究的思路。通过梳理已有理论基础,以既有适用成果为起点,科学界定区域旅游精准扶贫与传统村落复兴的内涵、特征、构成要素,系统解析旅游精准扶贫与传统村落复兴的内在关系,搭建本课题研究的理论框架。在理论研究基础上,通过国际案例分析,吸收借鉴国际经验,同时进一步修正理论框架;构建旅游精准扶贫与传统村落复兴协同发展的评价指标体系,通过实证调研,定量测度民族地区旅游精准扶贫与传统村落复兴协同发展的现状,并选择具有代表性的传统村落作为典型样本进行个案剖析,分析居民对旅游精准扶贫与传统村落复兴协同发展的感知效应和影响因素,进而从参与主体(贫困人口)心理响应协同、政策法规协同、资源配置协同、收益分享协同等角度构建旅游精准扶贫与传统村落复兴的协同路径,并在此基础上提出对策建议。

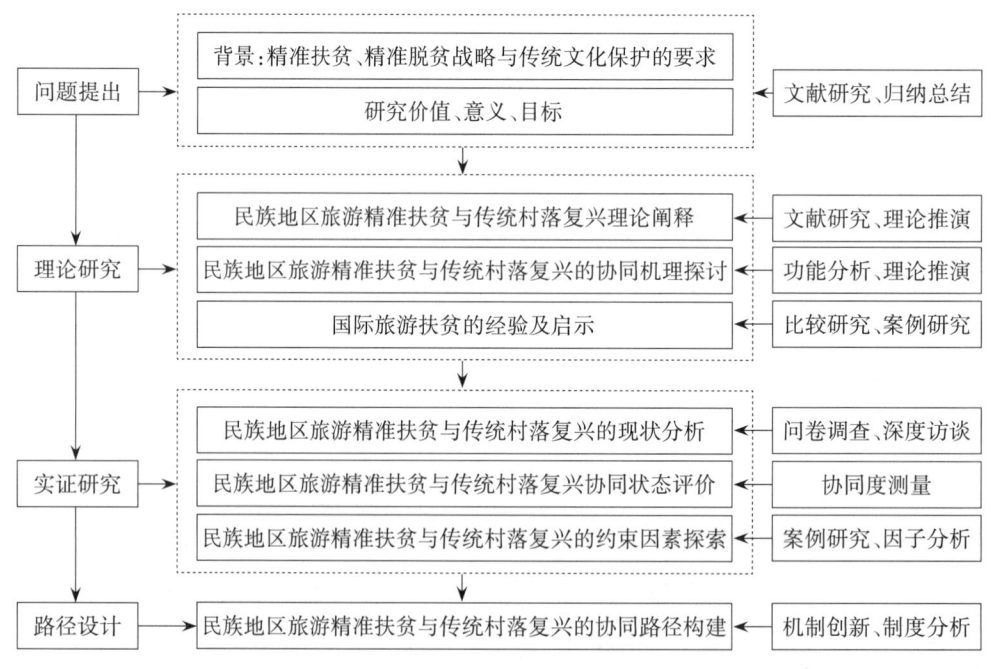

图1-1 本研究的基本研究思路

1.3.2 研究内容

(1)民族地区旅游精准扶贫与传统村落复兴研究理论阐释。研究民族地区旅游精准扶贫的内涵、特征、构成要素等,旅游精准扶贫与传统村落复兴的交互关系,厘清民族地区旅游精准扶贫与贫困人口从旅游发展中受益、传统村落复兴的理论关系。

(2)旅游精准扶贫与传统村落复兴协同发展的现实需求。通过研读国家政策文件和目前已有的学术成果,从实践层面探讨旅游精准扶贫与传统村落复兴协同发展如何满足我国政治、经济、社会、文化、环境等方面的现实需求。

(3)旅游精准扶贫与传统村落复兴协同发展的内在机理。借用环境质量评价学科中生态系统监控评价子学科中常用的PSR模型,即压力(Pressure)、状态(State)、响应(Response)来分析旅游系统、传统村落两大系统之间的交互关系,在此基础上分析两个系统协同发展的内在机理。

(4)国际旅游扶贫与传统村落复兴的协同路径及启示。以发达国家澳大利亚、日本、意大利为例,发展中国家南非、泰国为例,选取各国旅游扶贫与传统村落复兴协同发展的经典案例,总结经验、归纳协同发展的路径,结合我国的具体国情和民族地区旅游精准扶贫与传统村落复兴协同发展的现状,得到有益启示。

(5)民族地区旅游精准扶贫与传统村落复兴协同发展的现状测度。基于社区居民感知的视角,构建民族地区旅游精准扶贫与传统村落复兴协同发展的指标体系,定量测度两者的协同现状,探讨影响两者协同发展的影响因素。

(6)传统村落居民对旅游精准扶贫与村落复兴协同发展的感知评价。政府主导的重庆市黔江区小南海镇新建村土家十三寨、村委会自治管理的贵州省雷山县郎德镇上寨、外来企业主导的四川理县桃坪羌寨和NGO资助扶持的贵州省黎平县铜关村为典型案例,定性分析处于不同旅游发展阶段的传统村落,在实施旅游精准扶贫与传统村落复兴协同发展中居民的感知评价,对比分析产生感知差异的原因,提炼影响村民协同感知的关键因素。

(7)民族地区旅游精准扶贫与传统村落复兴的协同路径构建。第5章和第6章分别从定量、定性研究的角度对旅游精准扶贫与传统村落复兴的协同发展进行了评价,找到了影响两者协同发展的共性因素,从参与主体(贫困人口)心理响应协同、政策法规协同、资源配置协同、收益分享协同等角度构建旅游精准扶贫与传统村落复兴的协同路径。

(8)民族地区旅游精准扶贫与传统村落复兴协同发展的对策建议。结合前文分析的影响民族地区旅游精准扶贫与传统村落复兴的关键因素,从政府层面、企业层面和行业协会层面等三个维度提出确保两者协同发展的对策建议。

1.4 研究方法和数据来源

1.4.1 研究方法

(1)文献分析法。本研究中,文献分析的相关资料主要来自:一是CNKI、Web of Science、EBSCO等文献数据库收录的学术论文、学位论文、研究报告;二是利用从当地政府、村支书、村长和当地村民处获取来的统计数据和深度访谈资料,用以了解当地村落的基本情况和旅游业发展现状;三是文化和旅游部、住房和城乡建设部、国家民族事务委员会等权威部门发布的统计公报、最新资讯。

(2)定性和定量相结合的方法。本研究中,定性研究主要针对典型案例村,通过入户调查、深度访谈、与村干部座谈等形式了解村落实施旅游精准扶贫、传统文化保护的相关情况。定量研究则通过发放问卷调查表,收集第一手数据统计资料,用SPSS17.0软件进行描述性分析、因子分析等,定量描述民族地区旅游精准扶贫与传统村落复兴的现状及障碍性因素。

(3)比较研究的方法。比较分析发达国家和发展中国家在旅游开发与传统村落复兴协同发展方面的经验,结合我国民族地区实施旅游精准扶贫的现实条件,由此得出对中国的借鉴经验和有益启示;对比四个典型案例地旅游发展所处的不同阶段,分析村民对旅游精准扶贫与传统村落复兴协同发展的感知差异。

(4)深度访谈法。深度访谈强调对少数研究对象的深入挖掘,以揭示其对某一问题的潜在动机、信念、态度和情感,是社会学中收集资料的重要方法。在对四个典型案例地的实地调研中,通过入住当地村民家、购买旅游商品、电话问询等方式对个别村民、村干部进行深度访谈,倾听他们的诉求和真实表达。

1.4.2 主要数据来源

本研究所使用的数据资料主要包括三个部分:一是在西南民族地区传统村落采用抽样调查方法收集的微观资料数据;二是在西南民族地区采用典型调查方法收集的访谈数据资料;三是文化和旅游部、住房和城乡建设部、国家民族事务委员会等权威部门公开发布的宏观统计数据资料。

(1)西南民族地区抽样调查数据资料。这部分数据资料主要来自课题组于2017年调查的微观数据。该调查的对象主要是传统村党村民和村落的支部书记、村委会主任等村干部。调查对象的地区范围包括西南民族地区的四川省、云南省、贵州省、重庆市及西藏自治区共计三省一市一区。具体样本分布见表1-1。

表1-1　微观数据样本分布

编号	案例地	民族	有效样本量/份	访谈/人
1	贵州省黔东南苗族侗族自治州黎平县铜关村	侗族	61	8
2	贵州省黔东南苗族侗族自治州雷山县郎德镇上寨	苗族	83	13
3	贵州省铜仁市江口县太平土家族苗族乡云舍村	土家族	80	6
4	四川省阿坝藏族羌族自治州汶川县雁门乡萝卜寨村	羌族	110	5
5	四川省阿坝藏族羌族自治州理县桃坪羌寨	羌族	117	12
6	四川省凉山彝族自治州盐源县泸沽湖镇木垮村	纳西族	74	6
7	重庆市黔江区小南海镇新建村	土家族	65	10
8	重庆市酉阳土家族苗族自治县苍岭镇大河口村	土家族	83	3
9	重庆市武隆区浩口乡浩口田家寨	仡佬族	59	3
10	云南省丽江市宁蒗县永宁乡落水村	纳西族	53	8
11	云南省迪庆藏族自治州德钦县云岭乡雨崩村	藏族	48	6
12	云南省大理白族自治州大理市双廊镇双廊村	白族	74	10

资料来源：根据实际田野调查所得。

本调查采用随机入户填写问卷的方式，调查时间分别为2017年1月至2月、2017年7月至9月，历时5个月完成。共计发放问卷1000份，回收有效问卷907份，有效率达90.7%。在入户抽样调查之前，课题组老师对学生调查员进行了严格培训，期末考试结束后各个调研小组在老师的带领下前往调研目的地进行入户调查。为确保样本的准确性和有效性，调研访谈过程中我们主要根据题项内容的设计，结合一对一的访谈，完成问卷答案的填写。当天晚上，各调研小组的负责人对回收问卷逐一核实，漏填、前后不一致的问卷立即反馈调查员核实、补充，甚至电话重访。扎实的入户抽样调查能在一定程度上反映西南民族地区旅游精准扶贫与传统村落复兴协同发展的基本情况。

（2）西南民族地区典型调查数据资料。课题组通过前期资料收集，根据案例地实地调研进展确定了进行个案分析的典型案例村，并通过当地学生的引荐对该村的村干部和部分村民进行了深度访谈。具体包括：政府主导的重庆市黔江区小南海镇新建村土家十三寨、村委会自治管理的贵州省雷山县郎德镇上寨、外来企业主导的四川理县桃坪羌寨和NGO资助扶持的贵州省黎平县铜关村。这四个典型案例村涵盖了西南民族地区的重庆、四川、贵州三个区域，并涉及政府主导、村委会自治管理、公司制经营、NGO扶持等不同旅游经营管理类型。

(3)政府部门的宏观统计数据资料。具体包括文化和旅游部、住房和城乡建设部国家民族事务委员会官网的统计资料和数据,用于描述我国实施旅游精准扶贫所取得的成效、中国传统村落保护的现状。

1.5 可能的创新之处

本研究可能的创新之处在于:(1)研究思路创新:将精准扶贫这一全新扶贫理念嵌入民族地区旅游扶贫与传统村落复兴的研究,通过两者协同机理的阐释,建立起互为支撑的协同作用、过程、功能、方式和方法等,设计出可操作的协同路径,有利于丰富和发展我国扶贫理论体系。(2)研究方法创新:本研究结合了多种研究方法。在理论研究方法中,基于协同理论、系统理论、PSR理论等研究旅游精准扶贫与传统村落复兴协同发展的内在机理;在实证分析方法中,采用了描述统计分析方法、典型案例分析法、国际比较分析法对旅游精准扶贫与传统村落复兴协同发展现状、影响因素进行了实证检验。通过这些方法的综合运用,更加深入系统地对研究主题进行了阐释。(3)研究内容创新:本研究并不是对传统村落复兴的一般性探讨,而是分析了旅游精准扶贫对传统村落的影响,旅游精准扶贫与传统村落协同发展的必要性,并对传统村落复兴系统的要素进行了界定;提出借助外源性力量和手段进行旅游扶贫开发,带动传统村落内源性发展,激活村民保护传统文化的内驱力,促进传统村落探索出一条"经济—文化—环境—社会—管理"五者协同发展的新路径,推动传统村落的可持续发展。

第2章 概念界定及理论分析基础

2.1 相关概念界定

2.1.1 民族地区

民族地区即少数民族聚集区。一般而言，主要包含两种形态。一种是少数民族自治地方。即按照《中华人民共和国民族区域自治法》中关于民族自治地方建立的规定，在少数民族聚居的地方，根据当地民族关系、经济发展等条件，并参酌历史情况，可建立以一个或者几个少数民族聚居区为基础的自治地方。另一种是少数民族杂居地区。这是相对于少数民族自治地方而提出的概念。随着改革开放的深入和人口流动性的增强，越来越多的少数民族成员通过各种途径进入其他地区，呈现"大杂居小聚居"的趋势。少数民族杂居地区就是指除民族自治地方、民族乡分布以外有少数民族成员生活的地区。

本研究对民族地区的概念界定采纳第一种定义，即少数民族自治的地方。具体包括5个自治区、30个自治州、120个自治县（旗）。为缩小研究范围，增强案例地的典型性和调研问卷数据回收的可获得性，本课题所研究的民族地区特指西南民族地区，具体包括四川省、云南省、贵州省、重庆市及西藏自治区共三省一市一区的少数民族自治地方。

2.1.2 旅游精准扶贫

习近平总书记于2013年11月到湖南湘西土家族苗族自治州调研扶贫攻坚时，首次提出了"精准扶贫"的重要思想，明确指示扶贫要"实事求是、因地制宜、分类指导、精准扶贫"。中共中央办公厅、国务院办公厅于2013年12月印发了《关于创新机制扎实推进农村扶贫开发工作的意见》（中办发〔2013〕25号文件）的通知，科学界定精准扶贫机制，明确部署了实施精准扶贫的工作安排，有力推动了"精准扶贫"思想落地。2014年3月，习近平参加两会代表团审议时进一步阐释了精准扶贫理念。2015年6月,习近平总书记深入贵州省扶贫调研,强调要科学谋划"十三五"时期扶贫开发工作,确保到2020年贫困人口全部如期脱贫,并提出扶贫开发"贵在精准,重在精准,成败之举在于精准","精准扶贫"成为各界热议的关键词。

在学术界,王思铁最早提出精准扶贫的概念。他指出,"精准扶贫是粗放扶贫的对称,是针对不同贫困区域环境、不同贫困农户状况,运用合规有效的程序对扶贫对象实施精确识别、精确帮扶、精确管理的治贫方式"。它不仅是一种战略、一种机制、一种政策,更是包括战略、机制、理论、政策和行为的完整系统(刘解龙,2015),强调精准扶贫要坚持分类施策,根据贫困地区的地理环境、人文因素、经济发展状况、致贫原因等因素(贺航、牛宗岭,2015),有效识别贫困人口和贫困家庭,通过有针对性的帮扶措施,从根本上消除导致贫困的障碍性因素,达到"真脱贫"的目标(汪三贵、郭子豪,2015)。

由此可见,精准扶贫是针对我国扶贫实践中长期存在的"瞄不准"问题而提出的。其内容主要包括四个方面(图2-1):一是精准识别。按照统一的标准,通过规范的流程和方法,找出真正的贫困人口,了解贫困程度,分析贫困原因,为扶贫开发精准瞄准对象提供科学依据。二是精准帮扶。聚焦贫困人口,采取更加集中的支持、更加有力的措施、更加精细的工作,瞄准特定贫困人口精准施策,对症下药。三是精准管理。以减贫目标为依据,动态监测扶贫过程及成效,作为精准考核的依据。四是精准考核。建立精准扶贫绩效考核指标体系,对帮扶主体责任人进行考核,确保精准扶贫措施能真正惠及贫困人口,达到稳定脱贫的目标(吴雄周、丁建军,2015)。

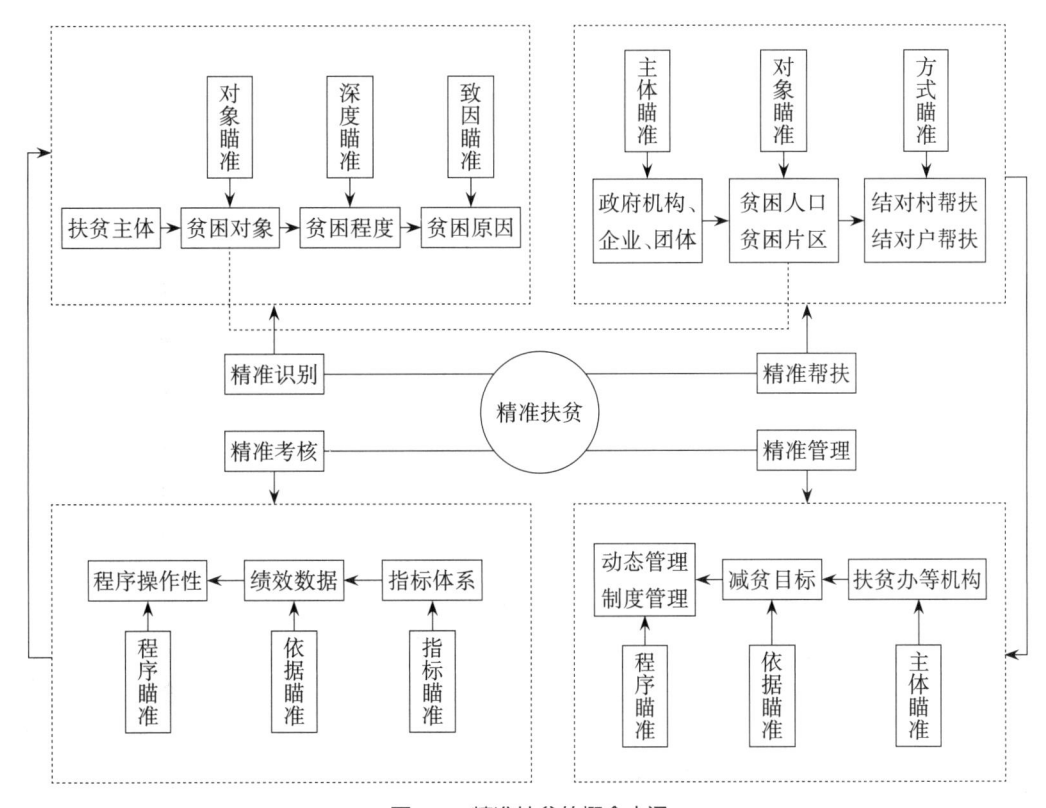

图 2-1 精准扶贫的概念内涵

旅游精准扶贫是精准扶贫理念在旅游领域的具体运用,是对传统旅游扶贫的深化。具体而言,它是指在旅游资源较为丰富的贫困地区,针对旅游产业的发展条件和贫困人口的发展现状,运用科学有效的程序和方法对扶贫对象实施精准识别、精准帮扶、精准管理和精准考核,以实现贫困人口从发展中受益的减贫目标(邓小海,2015)。它包含以下几个方面的内容。

第一,丰富、独特的旅游资源是实施旅游精准扶贫的前提。并不是每一个贫困地区都适用于旅游精准扶贫,它对当地的旅游资源禀赋、旅游配套的基础设施要求较高。只有丰富、独特的旅游资源,对旅游市场才具有吸引力,旅游精准扶贫才有实施的现实可能性。

第二,资源转化为产品是实施旅游精准扶贫的基础。结合当地旅游业发展的现实条件和旅游资源禀赋,因地制宜开发不同类型的旅游产品,吸引不同需求的旅游者前来观光、休闲、参与体验。发展当地旅游特色产业、相关配套产业和延伸服务产业,延伸旅游产业链,让旅游消费留在当地,防止旅游漏损或"旅游飞地"。

第三,贫困人口的受益与发展是实施旅游精准扶贫的关键。在旅游精准扶贫开发中,必须注重旅游参与制度、旅游收益分配制度、旅游教育培训制度的制订和落实,确保贫困人口有机会、有能力参与不同层次的旅游经营接待、土特产品销售和配套服务提供等,实现旅游开发"扶真贫"和"真扶贫"的目标。

第四,精准管理是实施旅游精准扶贫的保障。贫困人口的动态识别管理、贫困人口的帮扶措施管理、旅游扶贫绩效管理、参与扶贫主体协调管理等方面和环节,都为旅游精准扶贫的实施提供了行动指南和保障,确保旅游精准扶贫目标的实现。

通过对旅游精准扶贫概念内涵的分析可知:旅游精准扶贫是一个动态、有机的系统。一方面,在这个系统内部四个要素之间相互影响、相互作用,共同指向旅游精准扶贫"扶真贫""真扶贫"目标的实现。在精准扶贫开发之初,按照一定的标准和程序精准识别贫困人口,根据贫困人口的具体情况,找准其参与旅游业的障碍性因素,因人而异制订帮扶措施,确保其能有效参与旅游业,能分享旅游扶贫开发的成果并从中受益。在此过程中,加强对旅游精准扶贫的过程管理、贫困人口"退出机制"管理和脱贫绩效评估,一些原来属于帮扶对象的贫困户因参与旅游受益不再是扶贫对象,而一些原来不是贫困户的人群会因为其他原因成为需要帮扶的对象,因此系统内部的要素会发生变化和调整。另一方面,系统内部要素会随着外界环境的变化相应地发生改变。比如,社会经济发展、旅游发展所处的不同阶段、贫困人口自身能力的变化,也会使旅游精准扶贫系统内部要素在考核、评估标准上发生改变。

总之,旅游精准扶贫系统受到内外部环境因素的影响,不断调整、不断适应,保持动态平衡(图2-2)。

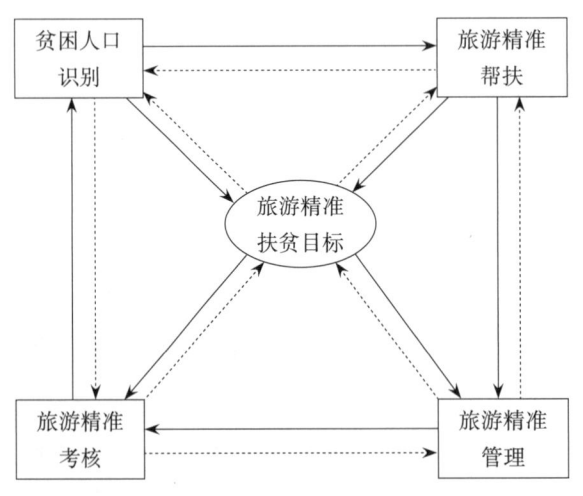

注:──▶表示旅游精准扶贫系统的内部运行
　　┈┈▶表示旅游精准扶贫系统的内部反馈

图2-2 旅游精准扶贫的概念内涵

2.1.3 传统村落

关于村落一词,最早出现在古代文献《三国志·魏书·卷十六》:"入魏郡界,村落齐整如一,民得财足用饶。"正如费孝通先生认为的村落"是古代先民在农耕文明进程中,生产生活的基本功能单位",是具有相当规模、边界清晰的固定区域,是相对集中稳定的基本社会单元。为了生息繁衍和生存安全的需要,我国的村落都以血缘关系为纽带,遵循"聚族而居、血脉传承、自然相融"的空间布局结构,形成较强的社会内聚力和无形的民风民俗。每座村落都积淀了厚重的历史信息,鲜活地见证了我国的农耕文明,承载着中华传统文化的精华。因而人们习惯于把历史遗留下来、年代久远的村庄叫作"古村落"(胡燕、陈晟、曹玮、曹昌智,2014)。古村落的称呼广泛运用到学术研究和社会活动中,也得到普遍认同。

2011年,住房和城乡建设部、文化和旅游部、国家文物局、财政部为加强对古村落历史价值和文化内涵的保护,在征求专家学者意见后,将"古村落"的概念延展为"传统村落",并界定"传统村落是指形成较早,拥有较丰富的传统资源,有一定历史、文化、科学、艺术、社会、经济价值,应当予以保护的村落"。这为摸清我国传统村落的底数,组织传统村落的调查、遴选、评价、界定、登录和制定保护发展措施提供了依据。

与古村落的概念相比,传统村落的概念更有利于体现村落文化的本源性、典型性和传承性,深刻反映村民生产生活以及与之相适应的有形(物质文化遗产)和无形(非物质文化遗产)的文化形态。用"传统"一词修饰村落,更能体现村落历史文脉的传承性和本源性。其内涵主要体现在:(1)传统建筑风貌保持完整,能反映特定历史时期的建筑风貌;(2)村落选址和格局能反映特定历史文化背景,体现有代表性的传统生产生活方式;(3)非物质文化遗产活态传承,能体现鲜明的民族或地域特色。

2.1.4 村落复兴

复兴,指的是衰落后再次兴盛起来。面对传统村落日渐衰落、逐渐消亡的事实,在民间,被誉为"保护传统村落第一人"的冯骥才先生率领有识之士于2006年在杭州西塘发表了呼吁保护古村落的《西塘宣言》,提出传统村落的抢救、保护与复兴要以原住民为本,唤醒村民的文化自觉,激发保护村民生活的风貌、文化遗产和传承传统文化的活力等基本原则。

在官方,2012年底,住房和城乡建设部、文化和旅游部、财政部印发《关于切实加强传统村落保护的指导意见》,就促进传统村落的保护提出了"规划先行、统筹指导、整体保护、兼顾发展、活态传承、合理利用、政府引导、村民参与"的基本原则。截至2016年11月,共公布4批传统村落名录,共计4157个传统村落列入保护名录,中央财政按平均每村300万元的标准提供补助资金支持传统村落的保护。

在学术界,就目前(截至2017年3月以关键词"村落复兴"在CNKI搜索的相关文献)关于村落复兴的概念,张卫国等在《就地城镇化下村落复兴评价指标体系设计研究》一文中做出了明确的界定,"就是将衰落的村落重新发展起来,包括对缺损系统部分的修复,对缺失的村落系统功能结构完善以及对自组织能力和可持续性发展能力的恢复,最终要使村落达到结构完整、功能完善、自组织良好的状态"。该定义从生态学的视角对村落复兴的系统过程进行了阐释,强调了复兴的系统性和发展性。而更多的研究者则直接采用了"村落复兴"这一概念进行相关研究。

本研究将"村落复兴"的概念界定为:村落从以前的衰落状况通过各种措施变得兴盛。即充分挖掘村落的传统文化内涵,以文化为主导,协同经济、社会、环境、组织管理等要素,借助旅游发展的外力驱动,诱发村落内生动力的自适应调整,逐渐回归结构完整、功能完善、自组织良好、再次兴盛的动态均衡过程。其概念内涵主要包括以下几个方面。

(1)文化复兴是核心。村落复兴的核心是文化的复兴。民族服饰、传统交通工具、特色饮食、宗教信仰、传统节庆、传统歌舞表演、生产生活方式、传统建筑风格、宗族家规等物质文化遗产和非物质文化遗产,都反映了鲜明的地域性、村落的内聚力和村民对文化的认同感。只有兴旺的村落文化、浓厚的文化氛围以及村落文化的载体——当地村民的存在,才会为村落的全面复兴奠定基础。

(2)经济复兴是动力。传统村落一般都地处偏远、经济相对落后、环境相对封闭,大规模的城镇化和工业化发展,加剧了村落的空心化和衰败,必须借助于特色产业的助力发展,带来人流、资金和信息的流动,提升经济发展水平,增加就业机会,改善生活质量,增强村落的活力,吸引劳动力回流。

(3)社会复兴是基础。主要指村落社区的复兴和村落所处的社会生存空间的复兴。在旅游产业发展的带动下,外界的物质、信息等要素注入传统村落,村落不再是一个孤立、封闭的系统,必然会和外界环境发生关联,逐渐形成一个开放、包容的系统。经济的复兴受经济利益的驱动,年轻劳动力的逐渐回流带来村落人气的兴盛,促使村落社区的复兴,也带来村落所处的整体社会生存空间的复兴。增强社区居民的文化认同感,妥善处理村民与村民、村民与外来游客、村民与当地政府之间的关系,既关系村落内部的有序发展和自主管理,也关系外来游客对村落文化的主观感知,更关系村落的可持续发展。

(4)环境复兴是保障。充分尊重当地村民改善生活的意愿,在符合村落保护规划要求的前提下,推进美丽宜居乡村建设和环境连片整治,加强村落的基础设施、公共服务设施、医疗服务设施、污水排放处理设施等项目建设,改善村民的居住条件,提高宜居环境品质,使村民共享现代文明的成果。

(5)自组织复兴是关键。传统的乡村社会,人们聚族而居,守望相助,按照亲属关系的远近向外扩展亲属关系网,形成以血缘、亲缘、地缘为纽带的村落共同体,并构建了礼俗秩序、差序格局等重要的村落价值体系,形成了一个超稳定的社会结构。随着城市化、工业化的快速发展,城市文明席卷乡村,村落作为社区生活的共同体正在走向"终结"或解体,村民纷纷流入城市,"空心化""空巢化"现象严重,传统文化遭遇前所未有的危机。发展乡村产业经济,让村落的主人重回乡村、振兴乡村,促使村落自组织的复兴和自组织机制的建立,才是乡村得以真正复兴的关键。

通过上述分析可知,村落复兴是一个包含经济复兴、文化复兴、社会复兴、环境复兴、自组织复兴等要素的动态有机系统。作为一个独立的有机系统,它需要借助旅游业的外力驱动,带动村落系统的内部发生动态演化,诱发村落的自适应调整。其中经济复兴是动力,文化复兴是核心,社会复兴是基础,环境复兴是保障,自组织复兴是关键。只有这五大要素的复兴才能推动村落的全面兴盛,村落复兴才能吸引更多的旅游者,将产生的旅游消费留在当地,为村落复兴发展注入动力,两者之间由此形成良性循环、有机互动(图2-3)。

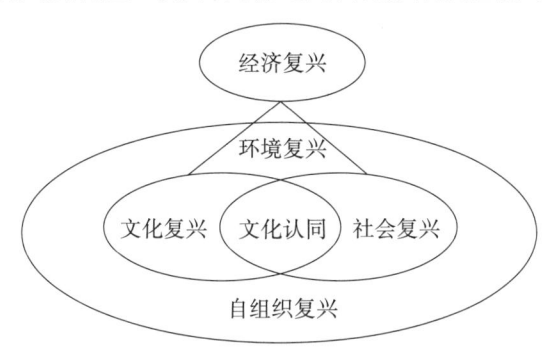

图2-3 村落复兴系统构成图

2.2 相关理论

2.2.1 系统理论

"系统"一词最早来源于古希腊语,即由部分构成整体的意思。它表明了要素与要素、要素与系统、系统与环境三方面的关系(吴殿廷,2003)。

系统理论最早是由美籍奥地利人、生物学家贝塔朗菲(Bertalanffy)于1932年提出"开放系统理论",阐述了系统论的思想。他强调,任何系统都是一个有机的整体,系统中各个要素不是孤立地存在,每个要素之间相互联系,通过一定的形式而联结成为具有某种功能的整体。他在1937年提出了一般系统论原理,奠定了这门学科的理论基础。1968年,他出版的《一般系统理论:基础、发展和应用》一书确立了这门学科的学术地位,它研究各种系统的共同特征,从整体上系统地思考和分析问题,广泛运用于计算机、管理学、应用数学等领域(萧浩辉,1995)。

作为一种综合性理论,系统论呈现以下几个共同的特征:(1)系统的整体性。整体观念是系统论的核心思想。任何系统都是一个有机的整体,系统中各要素都不是孤立的存在,要素与要素之间相互关联,不同的要素在系统中的地位和作用不尽相同。它不是各个部分的简单相加或者机械的组合,它能带来"整体大于部分之和"的新功能。(2)系统的层次性。任何一个系统都有一定的层次结构,各个层级之间相互交叉、相互作用。(3)系统的开放性。完全封闭的系统是不存在的,任何系统都需要与外界环境之间进行信息、物质和能量之间的交换,并在一定的条件下产生自组织现象,以维持系统的发展。(4)系统的动态性。任何系统都存在于一定的环境中,和环境产生各种联系。环境的改变,要求系统能协调各要素之间的关系,改变其结构和功能,使系统实现整体最优化。

系统理论为旅游精准扶贫和传统村落复兴的协同发展提供了强有力的理论支撑。

首先,旅游精准扶贫和传统村落复兴是两个独立的有机系统。在前文已对两大系统的内部构成要素进行了分析。要实现旅游精准扶贫系统和传统村落复兴系统的协同发展,应运用系统的观念来看待旅游发展对精准扶贫、对传统村落的内部要素的影响,传统村落系统与旅游精准扶贫系统的相互作用。从整体和部分之间相互制约、相互依赖的关系中去把握两大系统协同发展的规律和路径,从整体最优化的视角去实现两大系统各要素之间、要素与系统之间的有效运转。

其次,旅游精准扶贫系统和传统村落复兴系统的运行,离不开外界环境的影响。比如资金、客源市场、旅游产业政策和国家扶贫政策的调整、非正式组织等都会对两大系统带来影响。为实现协同发展的目标,两大系统要注意与外界环境相适应,保持最佳的适应状态。

最后,两个系统之间、各个要素之间、系统与外界环境之间都会随时间不断变化。旅游精准扶贫系统和传统村落复兴系统的协同发展,是一个庞大的系统性工程,既涉及内部系统的有效协同,又关联外界系统的自适应调整,因此要以动态的眼光来看待旅游精准扶贫的实施。紧密围绕村民(贫困村民)受益与发展的终极目标,动态监测实施过程中旅游精准扶贫系统和传统村落复兴系统要素的变化,及时调整和改进工作方法,确保目标的实现。

2.2.2 协同理论

协同理论是著名物理学家哈肯(Hermann Haken)于20世纪70年代创立的,他认为自然界和人类社会的各种事物之间普遍存在有序、无序的现象,在非线性关系作用下,这两种状态会相互转化,经历从无序状态到有序状态的演化,这个过程就是协同。该理论是

20世纪70年代以来在多学科研究基础上逐渐形成和发展起来的一门新兴学科,是系统科学的重要分支理论。它主要研究远离平衡态的开放系统在与外界有物质或能量交换的情况下,如何通过系统内部子系统之间的非线性相互作用,自发地走向有序的现象,同时产生"1+1>2"的协同效应。协同理论揭示了各种系统之间的共同特征及其协同机理、从无序走向有序的共同规律,广泛运用于经济学、社会学、管理学、生物学、物理学等跨学科领域,并取得了一定的成果(马振耀,2018)。

协同理论研究的对象是一种远离平衡状态的开放系统,这个系统能通过非线性协同作用产生一些有序的结构或功能。这些因非线性协同作用而形成的因素叫作序参量,它表示系统呈现有序或者无序的一种度量。如果序参量的力度较弱,不能有效束缚各个子系统的独立运动,那么这时的子系统就处于无序的状态;如果序参量的控制力度不断增强,各子系统之间的关联度也会增强,当控制参量达到一定的"阈值",各子系统之间的关联性就发挥主导作用,进而在系统中产生了协同。

把协同理论引入旅游精准扶贫系统和传统村落复兴系统协同关系的分析,通过旅游开发为促进民族地区扶贫攻坚、打赢脱贫攻坚战和传统文化保护提供了新的思维模式,从学理上也提供了新的研究视角。因此,精准扶贫系统和传统村落复兴系统能否发挥协同效应,是由系统内部各子系统的协同,以及系统与外界环境要素直接的协同作用决定的。只有围绕共同的目标,齐心协力地运作,两大系统才会产生协同效应,否则系统内的子系统难以发挥其应有的功能,导致整个系统处于无序混沌的孤立状态而无法发展。

2.2.3 文化再生产理论

文化再生产理论(Culture Reproduction Theory)是由法国当代著名的社会学家布迪厄于20世纪70年代提出的。他用"再生产"这一概念阐释社会文化的动态发展过程,研究文化和社会的相互关系,认为文化是人适应环境变化的产物,通过不断的"再生产"维持自身的平衡,并在其中得以延续、传承、发展和变迁(宗晓莲,2002)。文化再生产不是一成不变的模仿和复制,而是在一定时空范围内被各种力量相互影响、互为作用的结果(布迪厄,1997),是推动社会实践的动力。

布迪厄提出的文化再生产理论,认为文化是动态变化、不断自我更新的,其文化内涵随着时代的发展,注入新的元素,是一个再生产的过程。因此,考察旅游发展对民族文化的保护、传承效应,不能做静止不变、抽象划一的理解,而应该将传统民族文化的变迁理解为一个不断发展的过程,做历时性的考察。

文化再生产理论对于研究旅游精准扶贫与传统村落复兴的协同发展提供了强有力的理论支撑。

首先,在民族旅游开发背景下,可以把传统村落文化视为一个"场域"。在这个特定的场域空间内,当地政府、当地村民、旅游者和外来旅游投资者形成了以民族旅游发展为纽带的全新的旅游空间关系格局。空间内不同的行为主体基于各自的利益和诉求,在主客交往过程中,不断打破原有相对封闭的社会空间,改变原有的生产生活方式,民族文化以不断"再生产"的方式完成自我更新和变迁。

其次,在传统村落文化这个特定的场域空间内,"场域"和"资本"也发生了关联。本地村民既是传统文化的创造者,又是传统文化的保护者和传承者。在民族旅游开发背景下,他们更了解文化旅游资源的独特性和价值所在,作为民族旅游产品开发的设计者、生产者和参与者,向游客展示的生产、生活、服务、表演等活动更真实、自然,让游客获得高质量的旅游体验(黄国庆、谢鹏飞,2014)。在这过程中,民族文化成为一种资源,经过包装组合能带来经济收入,让当地村民获得经济资本。在为了获得更多经济收入的动机下,他们积极挖掘、展示本民族文化,激发出作为文化持有者的主动性,客观上也促进了传统文化的传承和发展,文化认同感和自豪感也在"逐利"的行为中得到强化。

最后,民族旅游发展中的传统村落,必然成为"空间再生产"和"文化变迁"问题的交汇点。旅游者携带的外来文化与当地村民固有的传统文化不断的交流和碰撞、现代与传统的双向交流,让村民在发展旅游的过程中,在文化有用性的激励下,能自觉吸收外来文化中适合自身发展的养分,丰富本民族文化的内涵,促进民族文化的变迁与旅游经济的互动。

2.2.4 旅游乘数理论

乘数理论最早是由美国经济学家卡恩在1931年所发表的《国内投资与失业的关系》一文中作为一种经济分析的工具而提出来的(匡林,1996),后来凯恩斯将乘数理论进一步完善,提出了漏损(Leakage)和注入(Injections)两大支配经济的流量。乘数理论说明,在经济活动中,一种经济量的变化可以引起其他经济量的变化,最终使经济总量的变化数倍于最初经济变量,这种现象即"乘数效应"。

旅游发展对旅游目的地经济发展的促进作用,可以通过旅游乘数理论加以解释,由此说明旅游的发展对接待地区经济的推动作用。最早提出旅游乘数概念雏形的是马西森和沃尔(1982),他们界定的旅游乘数是一个数值,即最初的旅游消费和它相乘后能在一定时期内产生的总收入效应。这个定义在一定程度上揭示了旅游乘数的本质,但却具有片面性,直接将旅游乘数等同于旅游收入乘数。1991年,我国旅游学者李天元和王连义在其编著的《旅游学概论》中对旅游乘数给出了完整的定义:"是用以测定单位旅游消费对旅游接待地区各种经济现象的影响程度。"(李天元、王连义,1999)这一定义说明了各种旅游乘数值之间的差异,也阐释了旅游乘数种类的非单一性。

在计算旅游乘数时,漏损是一个必须加以考虑的因素[①]。根据凯恩斯的观点,旅游目的地经济的增长,只有在旅游者的旅游花费"注入"大于"漏损"的情况下产生,否则会导致旅游目的地经营的"飞地化"现象。

旅游乘数理论为旅游精准扶贫与传统村落复兴的协同发展提供了理论分析的基础,再次证明旅游发展对旅游目的地经济发展的促进作用。但旅游收入的"漏损"现象也客观存在,在后续研究中要注意以下几个问题:

(1)如何保证旅游消费能留在当地、惠及村民。旅游业具有较强的综合带动性,游客在旅游目的地的消费需要吃、住、行、游、购、娱等相关产业提供配套服务,要确保旅游收入留在当地,防止漏损效应,最好的方式就是建立"产—供—销"一体化的旅游产业链,延伸产业链条。鼓励当地村民积极参与,为游客提供接待、住宿、餐饮、导游、土特产品销售等服务,共享旅游发展的成果。

(2)如何发挥旅游业的关联效应,促进村落经济发展。旅游业具有综合性和关联效应。在民族地区,特别是以传统文化为载体的传统村落大力发展民族旅游,实现"旅游+",开发旅游新产品、创新旅游新业态、让游客通过旅游与文化、交通、饮食、住宿、影视的有机结合,深度体验和参与旅游,提高旅游目的地的吸引力,带来人流、物流、资金流、信息流的"注入",促进传统村落的经济发展。

通过相关概念的界定和核心理论分析,本研究认为旅游精准扶贫系统和传统村落复兴系统在学理层面具有协同发展的理论支撑,两者之间的关系如图所示(图2-4)。

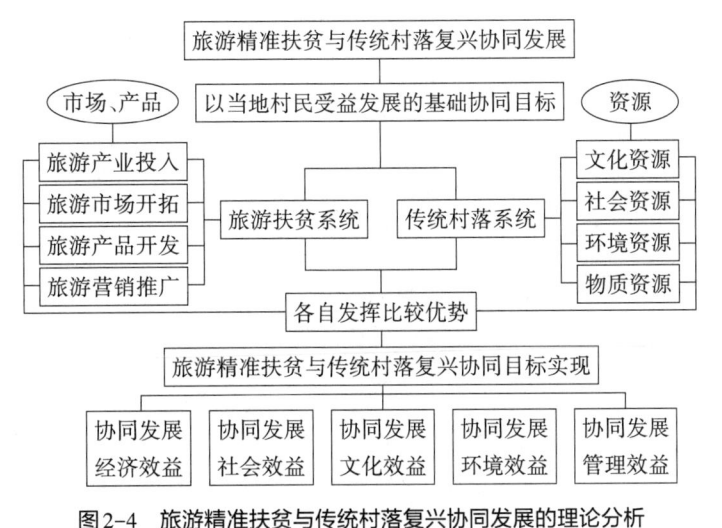

图2-4 旅游精准扶贫与传统村落复兴协同发展的理论分析

[①]漏损是游客的旅游消费以外来资金的形式"注入"接待国经济之中,不会对其经济发展产生任何刺激作用的那一部分。系统的漏损主要源自储蓄、纳税。

2.3 本章小结

本章在对旅游精准扶贫和传统村落复兴的相关概念界定的基础上,对旅游精准扶贫、传统村落的构成和内部关系进行梳理,运用系统理论、协同理论、文化再生产理论和旅游乘数理论分析两者协同发展的学理依据,得出以下结论:

(1)旅游精准扶贫是一个动态、有机的系统。一方面,系统内部贫困人口精准识别、旅游精准帮扶、旅游精准管理和旅游精准扶贫考核四要素相互影响、相互作用,共同指向旅游精准扶贫"扶真贫""真扶贫"目标的实现。另一方面,系统内部要素会随着外界环境的变化相应做出调整。随着社会经济发展、旅游发展所处的不同阶段、贫困人口自身能力的变化、扶贫进程的不断推进,都会使贫困人口的精准识别、精准帮扶、精准管理措施和脱贫绩效考核标准发生改变。因此,旅游精准扶贫系统受到内外部环境因素的影响,不断调整、不断适应,保持动态平衡的状态。

(2)传统村落复兴是一个动态的有机系统。传统村落复兴是一个包含经济复兴、文化复兴、社会复兴、环境复兴、自组织复兴等要素的系统。作为一个独立的有机系统,它需要借助旅游业的外力驱动,带动村落系统的内部发生动态演化,诱发村落的自适应调整。其中经济复兴是动力,文化复兴是核心,社会复兴是基础,环境复兴是保障,自组织复兴是关键。只有这五大要素的复兴才能推动村落的全面兴盛。村落复兴又能吸引更多的旅游者,产生的旅游消费留在当地,为村落的发展和复兴注入动力,两者之间由此形成良性循环、有机互动。

(3)旅游精准扶贫系统与传统村落复兴系统具有显著的协同性和相关性。从旅游精准扶贫系统作用于传统村落复兴系统的视角来看:其一,传统村落系统多为孤立系统,无要素在系统内外流动而处于准平衡状态。缺乏系统与外界人流、资金流、信息流等要素的相互联系导致村落的逐渐衰落。当孤立的传统村落系统受到旅游扶贫系统的刺激和外部环境的影响要素作用,打破了原有的近平衡状态,传统村落的发展就处于不稳定的非平衡状态,在长期的外部要素作用下最终呈现出一种符合发展目标要求的远离平衡状态,从而形成传统村落的变迁或复兴。其二,村落系统应该是开放的系统。旅游的发展带来的人流、资金流、信息流注入传统村落,同时,村落系统也是一个复杂的系统,各个子系统包含多个要素,且各个要素间呈现出非线性特征。受系统外界环境影响因素的作用,通过系统与外界环境进行物质、能量、信息交换,系统内部各要素之间相互作用、不断自适应调整,使村落自组织结构向有序方向发展,最终形成有序系统。

从传统村落复兴系统反哺旅游精准扶贫系统视角来看:其一,传统村落的复兴,特别是旅游资源的保护、开发及传统文化的挖掘、传承和复兴反过来会促进旅游业的良性发展,给村民带来可持续生计,进而巩固扶贫绩效,最终使旅游精准扶贫系统良性循环;其二,传统村落复兴系统通过与旅游精准扶贫系统的非线性交互作用,能推进贫困人口自组织发展,促进贫困人口自组织机制的建立,使村落复兴系统从量变到质变,发生质的飞越,上升到一个新的稳定、有序的状态。

从传统村落复兴系统、旅游精准扶贫系统协同的视角来看:两大系统之间存在非线性要素的相互作用,旅游精准扶贫系统和传统村落复兴系统的各要素之间通过非线性机制,相互作用、相互约束,各自原有的平衡系统被外部要素打破,在共同目标的推动下,产生新的协同效应,实现旅游精准扶贫和传统村落复兴的良性循环。

第3章 旅游精准扶贫与传统村落复兴协同发展的现实需求

3.1 政策需求

3.1.1 响应乡村振兴战略的必然要求

习近平总书记在党的十九大报告中提出实施乡村振兴战略,这是决胜全面建成小康社会、全面建设社会主义现代化国家的重大历史任务,是新时代"三农"工作的总抓手。2018年1月2日,国务院公布了2018年中央一号文件,即《中共中央国务院关于实施乡村振兴战略的意见》(以下简称《战略》)。

《战略》从经济、社会、文化、生态等多个维度对实施乡村振兴战略做出部署并提出发展目标。《战略》指出"实施休闲农业和乡村旅游精品工程",这标志着乡村旅游已经成为推动实施乡村振兴战略的重要领域(银元、李晓琴,2018)。2018年9月,中共中央、国务院印发的《乡村振兴战略规划(2018年—2022年)》(以下简称《规划》)明确提出乡村振兴的发展目标,到2022年,"农村一二三产业融合发展格局初步形成,乡村产业加快发展,农民收入水平进一步提高,脱贫攻坚成果得到进一步巩固";"农村人居环境显著改善,生态宜居的美丽乡村建设扎实推进";"乡村优秀传统文化得以传承和发展,农民精神文化生活需求基本得到满足"。

传统村落复兴是乡村振兴的重要板块,为了响应国家乡村振兴战略,尽快实现乡村振兴的美好局面,将旅游扶贫战略落实到传统村落的复兴建设中,在生态修复的基础上发展旅游业,促进村落经济发展,使村民生活水平稳步提高,进而实现村落经济、文化、社会、环境的全面复兴。

乡村振兴,摆脱贫困是前提。旅游精准扶贫是直接促进农民增收,带动村落经济复兴的有力抓手。为了巩固脱贫攻坚成果,《战略》指出"引导贫困群众克服'等靠要'思想","增强脱贫地区'造血'功能"。旅游业是一个综合性强、涉及范围广、关联性强的产业,乡村旅游的兴起为贫困农户就业创业提供了更广阔的渠道和平台,帮助其树立一定商业意识,逐渐从"供血"式的外部扶持向"造血"式的自食其力转变。同时,在政策的支持下乡村旅游业发展有利于吸引外来投资,加大扶持力度,从而加速村落经济建设,通过经济振兴带动乡村全面振兴。

乡村振兴,产业兴旺是重点。乡村旅游是带动农村第三产业发展壮大的重要因素,是帮助农业升级转型的有效途径。《规划》提出要"培育农业农村新产业新业态","让农村一二三产业在融合发展中同步升级、同步增值、同步受益"。乡村旅游不仅能促进传统村落第三产业快速发展,还能在提高第三产业比重的同时推动农业从增产向提质转变,形成一二三产业融合发展的局面。

乡村振兴,乡风文明是保障。借助旅游活动对文化的保护、宣传功能推动中华优秀传统文化发扬光大。《战略》明确提出保护好传统村落、民族村寨,传承传统建筑文化。一个地区,可持续的旅游业发展少不了文化的注入,而旅游业的兴起继而又对文化起到保护的作用。一方面,良性健康的旅游发展要求对传统建筑做到修旧如旧,在拯救濒危传统建筑的同时保留住传统文化。另一方面,旅游业带来的大量游客能在传统村落旅游活动中获得文化感知与体验,随后通过多种渠道将其传播给更多的人,促进传统文化的发扬光大。

乡村振兴,生态宜居是关键。旅游发展,生态宜居是基础。建设宜居宜业乡村,打造美丽生态环境,是乡村振兴的重要目标。乡村旅游的兴盛,需要健全完善基础设施,落实生态治理与生态修复。可见,生态宜居,既是旅游发展的条件又是乡村振兴的目标。随着乡村旅游进程的不断推进,乡村振兴目标也在不断落实,最终实现旅游与村落协同发展的美好局面。

旅游精准扶贫与传统村落复兴协同发展,为满足"产业兴旺、生态宜居、乡风文明、治理有效、生活富裕"的总要求奠定基础,为实现"建设现代化经济体系、建设美丽中国、传承中华优秀传统文化、实现全体人民共同富裕"的目标不懈努力,为实现乡村振兴的美好局面和中华民族伟大复兴的中国梦做出重要贡献。

3.1.2 顺应"十三五"旅游发展规划的重要途径

在我国旅游业几十年的发展历程中,随着经济水平的提升、社会建设的进步、科技力量的发展,旅游产业地位逐步提升,旅游产品种类不断丰富,管理制度日益健全和完善。"十二五"期间,旅游业作为战略性支柱产业的地位基本形成,综合带动功能全面凸显,现代治理体系初步建立,国际地位和影响力大幅提升。在全面建成小康社会的决胜阶段,

"十三五"对旅游业发展提出了更高要求,提供了重大机遇,使我国旅游业迎来新一轮黄金发展期。

《"十三五"旅游业发展规划》(以下简称《发展规划》)提出了多个"创新"。在理念创新上,将旅游业培育成打赢脱贫攻坚战的重要生力军;在产品创新上,大力发展乡村旅游,使亿万农民通过乡村旅游受益;在业态创新上,实施"旅游+"战略,鼓励"旅游+农业现代化""旅游+文化"融合发展。

旅游精准扶贫与传统村落复兴协同发展是脱贫攻坚的有力抓手。《发展规划》提出,实施旅游扶贫,推进旅游增收富民,在旅游精准扶贫方面取得新突破。传统村落脱贫攻坚任务被纳入旅游业发展规划中,当地村民既可以获得旅游业发展带来的直接经济效益,如增加就业机会、提高收入水平,还可以获得间接经济效益,如通过旅游渠道扩大当地农副土特产品的品牌知名度,推动产品的远程销售,最终有效改善区域经济状况。

旅游精准扶贫与传统村落复兴协同发展是对"大力发展乡村旅游"的呼应。旅游精准扶贫,落脚点在乡村;传统村落复兴,出发点在乡村。旅游精准扶贫与传统村落复兴协同发展,其表现形式就是乡村旅游,通过传统村落旅游业的兴旺,达到精准扶贫和村落复兴的目的。

旅游精准扶贫与传统村落复兴协同发展是对"旅游+"战略的响应,是"旅游+农业现代化+文化"的天然形态。在大众旅游的新时代,单一业态的旅游产品显得单调乏味,传统的观光游览已不能满足大多数人的需求,"旅游+"理念的落地迫在眉睫。为了顺应旅游发展趋势,2016年国务院在《发展规划》中明确提出推动旅游与农业现代化和现代服务业等的融合发展,提出"旅游+农业现代化""旅游+文化"等新理念以拓展旅游发展新业态。传统村落以农业发展为基础,是民俗文化、民族文化、农耕文化等中华优秀传统文化的聚宝盆。旅游在传统村落发展,加速同农业和文化的融合,是观光农业和休闲农业的践行渠道,是文旅结合的重要手段,有利于促进农业综合开发利用,提高农业附加值,满足游客精神文化需求,创新文化展现形式,促进传统文化活化。

旅游精准扶贫与传统村落复兴协同发展顺应了"十三五"旅游发展规划要求,为旅游业发挥扶贫、脱贫作用提供了机会,为乡村旅游产品的推陈出新带来机遇,同时也充分迎合了扩张旅游新业态的市场需求,为"十三五"旅游发展目标做出非凡贡献。

3.1.3 促进各民族共同繁荣的固本之策

中国自古以来就是一个统一的多民族国家,党中央一直高度重视民族问题,并始终遵行民族平等,世族团结,各民族共同繁荣的方针政策。民族平等、团结是解决民族问题的基本原则和根本政策,各民族共同繁荣则是解决民族问题的根本出发点和归宿。

党的十八大以来民族地区的综合实力大幅提升,经济社会全面协调发展,社会事业取得长足进步,优势产业迅速发展,生态环境质量得到有效改善,少数民族文化事业取得新的进展。但是,由于历史、自然和地理等原因,民族地区发展仍面临一些突出问题和特殊困难;社会经济发展滞后、城乡差距偏大、产业发展层次偏低、公共服务供给不足、贫困问题依然突出、资源环境约束大、少数民族传优秀传统文化传承发展亟待加强。

为尽快解决现存的多重问题和困难,在民族地区实施旅游精准扶贫,帮助少数民族村寨活化与复兴显得尤其重要。《"十三五"促进民族地区和人口较少民族发展规划》(以下简称《民族发展规划》)中提到"必须牢固树立科学治贫、精准脱贫理念","确保如期实现少数民族和民族地区脱贫",大力发展民族特色旅游业,开发民族特色浓郁的重点旅游景区和线路,打造一批民族特色旅游品牌,促进民族特色旅游与城镇、文化、产业、生态、乡村建设等融合发展"。推动民族地区旅游精准扶贫与传统村落复兴的协同发展,符合《民族发展规划》所提倡的精准脱贫理念,同时有利于打造具有浓郁民族特色的旅游产品,形成民族旅游品牌,促进民族地区旅游业的发展。以保护作为基本准则,在此基础上实施旅游建设,除了实现各民族经济的共同繁荣外,更能满足民族村寨复兴的需要,在多方面达成共同繁荣的目标。

旅游精准扶贫与传统村落复兴协同发展在民族地区的落实,是社会发展和科学进步成果在民族地区的展示和运用,有利于帮助少数民族人民脱贫致富、提高生活质量,促进少数民族村寨的复兴,最终实现各民族共同繁荣。

3.2 经济需求

3.2.1 打赢脱贫攻坚战的必由之路

改革开放以来,我国在扶贫事业方面取得了举世瞩目的成就。但贫困问题依然是经济社会发展中最突出的"短板",脱贫脱困仍旧是我国的重要历史任务。从贫困现状看,截至2017年底,全国农村贫困人口有3046万人,其中就有1032万人分布在民族八省区。同时,民族八省区贫困发生率(6.9%)比全国(3.1%)高出3.8个百分点,是全国的2.2倍,返贫现象时有发生。从发展环境看,贫困地区县级财力薄弱,产业发展活力不强,粗放式资源开发模式难以为继,贫困人口就业渠道狭窄,转移就业和增收难度大。通过以上资料可以发现,我国民族省区贫困发生率较高,是脱贫攻坚的重点帮扶对象。由于自然因素、民族特性等原因,这些区域的经济形势复杂、产业结构单一、资源开发粗放、环境污染严重,常规的扶贫模式难以达到理想的效果,脱贫致富更是难上加难。要实现到2020年打赢脱贫攻坚战的目标,时间特别紧迫,任务特别艰巨,也许只有创新扶贫方案,践行精准扶贫理念,鼓励产业扶贫,尤其是旅游扶贫,倡导开发扶贫,发展乡村民俗旅游,才能啃下这些"硬骨头"。

实施旅游扶贫是脱贫攻坚的主要途径。2011年12月中共中央、国务院印发了《中国农村扶贫开发纲要(2011—2020年)》(以下简称《扶贫开发纲要》)作为现阶段我国扶贫开发工作的纲领性文件。《扶贫开发纲要》提出,把扶贫开发作为脱贫致富的主要途径,提倡通过旅游扶贫等产业扶贫方式帮助连片特困地区人民脱贫致富。旅游扶贫,通过科学规划、合理引导,改善自发式乡村旅游混乱格局,培植壮大特色旅游支柱产业,大力推进旅游扶贫,充分发挥旅游在乡村发展中的积极作用。适度的旅游开发,宛如为传统村落注入一支强心剂,通过贫困地区生态环境与自然资源的"富",拔除了区域社会经济发展的"穷"。

发展乡村旅游对农村经济水平快速提升具有强大的拉动力。2018年初国家统计局公布的统计数据显示,2017年末,全国农村贫困人口3046万人,比上年末减少1289万人,贫困发生率3.1%,比上年末下降1.4个百分点。据全国农村贫困监测调查显示,2017年扶贫工程的喜人成绩除了得益于粮食丰收、大宗农产品市价回升等外,还得益于旅游扶贫等产业扶贫的深入推进。文化和旅游部测算数据显示,2015年旅游业对国民经济的综合贡献度达到10.8%,全国乡村旅游接待游客超过20亿人次,带动超过7000万农民受益。此外,学者李烨曾在2017年利用数据包络分析方法的CCR模型和BCC模型,对中国2010—2015年乡村旅游扶贫数据进行分析,以评估我国乡村旅游扶贫效率。研究结果表明:中国乡村旅游扶贫效率总体较高,已经成为带动中国农村贫困人口脱贫致富的有效方式之一。无论是直观的统计数据还是经数据分析得到的结果,我们都可明显地感知到乡村旅游对贫困农村经济收入提升带来的巨大贡献,目前乡村旅游已成为我国农村经济发展、农民增收致富、加快实现共同富裕的重要途径。

推进旅游业在乡村发展,促进乡村振兴,有利于减少返贫现象的发生,实现真正地"脱帽"。脱贫攻坚目标的实现非一朝一夕之事,即使在我国贫困人口数据降为零的那一刻,也不能完全算作达成全体人民共同富裕。这仅仅是在实现奋斗目标路途上的阶段性胜利,只有持久、稳定不返贫的经济情形才是真正的共同富裕。为了防止返贫现象的发生,我们需要通过发展旅游构建"造血式"的扶贫机制,以"授人以渔"的形式为农民提供就业创业机会、工作平台和技术支撑,使贫困户在后期资金扶持减少、培训力度下降的情况下,具备持续性生计能力,保证经济状况的稳定。此外,传统村落的保护与复兴同样是防范返贫发生的必备条件。生态环境的破坏、文化遗产的消失、民风民俗的流逝最终都将体现在经济上。只有促进优秀传统文化的保护与传承、生态环境的修复、原住民价值观念的重塑和生活方式的还原,才能实现传统村落复兴,推动经济的可持续发展,形成良性健康的循环,打赢脱贫攻坚战,最终实现全国人民的共同富裕。

践行"精准扶贫""精准脱贫"理念,构建高效可持续的扶贫机制。2013年,习近平总书记提出"实事求是、因地制宜、分类指导、精准扶贫"的重要指示。此后,国家也出台了一系列政策文件,提出"精准扶贫""精准脱贫"的政策要求。2016年11月,国务院印发了《"十三五"脱贫攻坚规划》(以下简称《脱贫攻坚规划》)。《脱贫攻坚规划》提出,坚持精准扶贫、精准脱贫基本方略,坚持精准帮扶与区域整体开发有机结合。精准扶贫是打赢脱贫攻坚战的高效手段,通过科学的认证制度,精准识别真正需要帮扶的贫困户,确保公平公正准确,做到"扶真贫";根据贫困程度、村落条件、民俗习惯分类施策,根据自然条件、民俗文化、民族特色因地制宜部署开发战略,做到"真扶贫"。以"坚持精准扶贫、精准脱贫"为首要原则,精确瞄准、因地制宜、分类施策,大力实施精准扶贫脱贫工程,变"大水漫灌"为"精准滴灌",确保贫困地区与全国同步进入全面小康社会。

旅游精准扶贫与传统村落复兴协同发展,是旅游产业与贫困农村互相促进的发展形式,是精准扶贫战略落实的有力措施,能够有效预防返贫现象发生,助力农村经济增长、文化复兴,真正打赢脱贫攻坚战,实现长久的共同富裕。

3.2.2 推动农村产业融合的有力措施

20世纪90年代以来,我国农村产业结构面临新挑战和全面调整。从产值状况来看,第一产业的比重在降低,第二、第三产业的比重在上升,尤其是第二产业在产值等方面已经成为农村第一大产业。相比改革开放初期,我国农村产业结构发生了巨大变化,摆脱了以种植业为主的单一产业结构形态,形成了一、二、三产业共同发展的新局面,尤其是非农产业快速发展。然而,在取得巨大成就的同时,也应看到现存的农村产业结构中仍存在着一些不合理现象。我国农村非农产业的发展主要集中在第二产业,尤其是工业。第三产业在目前农村的发展虽比过去有了很大进步,但依然不能满足市场经济发展的需要,旅游业等新兴的第三产业在农村的发展仍有很大空间。因此,应调整农村产业结构,稳固发展第一产业,适当发展第二产业,积极发展第三产业,使产业结构不断趋向合理,促进农村新型产业格局的形成,以帮助村民增收致富(王景巍,2003)。

产业兴旺是实现农村经济繁荣的重要举措。2015年,国务院办公厅印发《关于推进农村一二三产业融合发展的指导意见》,提出"到2020年,农村产业融合发展总体水平明显提升"的总目标。中共中央、国务院在《乡村振兴战略规划(2018—2022年)》中明确提出发展壮大乡村产业,推动农村产业深度融合,打造农村产业融合发展新载体、新模式,推动要素跨界配置和产业有机融合,让农村一、二、三产业在融合发展中同步升级、同步增值、同步受益。

旅游业与农业协同发展,扩大产业前景,激发无限可能。旅游业是一个具有很强综合性、连带性和社会性的产业,通过"旅游+"的形式与多功能的农业结合,往往能起到催化作用,使传统产业发展迎来新业态、新格局,帮助其恢复活力生机,提前进入下一个产业复苏阶段。

旅游活动以综合性和连带性为主要特征,旅游业的发展势必会带动其他相关产业发展。农旅结合意味着餐饮、住宿、交通、娱乐等基础设施在乡村的批量建设,各个行业的事业单位、投资企业、创业个人等的广泛引入,为产业融合搭建起了基本框架。旅游精准扶贫与传统村落复兴在农村的实施,不但可以巩固农业种植生产,还能充分发挥乡村的附加价值,有利于发展生态农业、乡村休闲、森林康养、民俗文化、民族小镇等新型旅游产品形式,推进第三产业在乡村的发展,逐步调整一、三产业的比重,形成乡村旅游综合体,使乡村经济来源多元化、创新化,降低因气候条件等自然因素带来的收入波动风险。

大众旅游时代的来临,使得旅游业的社会性越发突出,为农村产业融合提供了机遇。随着社会的发展与进步,人们的生活质量和水平逐渐提高,对于旅游需求也越发多样和新颖,旅游六要素现已更新发展为商、养、学、闲、情、奇。这意味着除了传统六要素所涉及的相关产业外,越来越多类型的产业也纷纷加入到旅游业的建设中来,如文化、教育、商贸、养生产业等。而乡村是具有自然、社会、经济特征的地域综合体,兼具生产、生活、生态、文化等多重功能,蕴含着我国优秀的传统民俗文化,是生态文明、农耕文明的发源地。具备多重功能的乡村迎合了旅游者猎奇、求新的心理,也满足了教育、休闲、观光、抒怀等需求,是备受欢迎的旅游目的地。同时,社会性突出的旅游业发展也为乡村农产品拓宽了销路,增加了农户经济来源。旅游业和乡村,二者互补互进,为一、三产业融合提供了天然优势条件,通过第三产业的大力发展带动第二产业在乡村的壮大,加快乡村产业的转型升级,促进一、二、三产业深度融合。

旅游精准扶贫与传统村落复兴协同发展,充分利用了旅游活动综合性、连带性和社会性的优势,抓住机遇,促进农村产业转型、产业融合,通过产业兴旺带动村落经济的快速发展。

3.3 社会需求

3.3.1 解决"三农"问题的根本方法

自2004年起,中共中央连续十多年发布以"三农"为主题的中央一号文件,强调了"三农"问题在中国特色社会主义现代化时期"重中之重"的地位,是关系国计民生的根本性问题。所谓"三农"问题,即关乎农业、农村、农民的问题,这是一个从事行业、居住地域和主体身份三位一体的问题。自改革开放以来,我国农村取得了较大发展,但在其发展的背后,还存在着许多问题,如果不对其及早加以重视和解决,有可能引发社会问题。目前,我国在农业方面普遍存在传统农业生产率低下,农业发展模式缺乏可持续性,农业政策不合理不完善等问题;在农村方面,农村基层治理效率低、"空心化""老龄化"引发了一系列社会问题,如:农村青少年家庭教育缺失、老人无人赡养、劳力质量下降等;在农民方面,存在农民身份不平等待遇、就业困难、持续增收缓慢、城乡差距大、综合素质较低等(宋光磊,2018)。

为解决以上问题,2018年中央一号文件提出实施乡村振兴战略的新思路。区别于往年的"三农"工作指导文件,《乡村振兴战略规划(2018—2022年)》(以下简称《规划》)对"三农"问题提出了新的解决思路,对"三农"工作做出重大决策部署。在农村产业发展上,《规划》提到乡村振兴重点在"产业兴旺",不同于过去的"生产发展","产业兴旺"不仅把农业作为重点,还关注各种各样的新产业、新业态,注重一二三产业的融合。在农村环境上,《规划》还对乡村生态提出了新要求,生态不单单包括过去所讲的村容整洁,现在还包括村落周边的生态环境优美,生产发展可持续,强调的是生态宜居。农村环境治理,收获的不仅仅是环境的美化,更涉及农村存亡复兴的方方面面,这是"绿水青山就是金山银山"理论学习和实践的结果。此外,在农民生活上,《规划》提出生活富裕是乡村振兴的根本,通过不断拓宽农民增收渠道,全面改善农村生产生活条件,让亿万农民走上共同富裕的道路。"三农"问题能否解决好的基本标准在于,农业强不强、农村美不美、农民富不富,这关乎亿万农民的获得感、幸福感、安全感,关乎全面建成小康社会全局。

旅游精准扶贫与传统村落复兴协同发展是帮助农村产业升级转型,适应农业改革新道路的重要途径。我国当前农业生产力水平低下,生产能力接近饱和,传统的农业发展模式不能适应经济社会需要。中国科学院报告显示,我国农业劳动生产率相当于美国的1/12,日本的1/11,甚至低于印度(曹梦丽,2018),可见我国农业生产模式转变的紧急性。在未来,农业合作化、集中化、规模化是必然的趋势,农业向精细方向发展成为可预见的趋势,人民生活质量的提高也将使生态农业发展进入新高峰。旅游扶贫战略在村落的落实,为农业规模化机械化背景下零散农户就业、创业奠定了基础,提供了较好的机遇。通过创新科技、革新农业发展模式、改变商业模式等方式,提高农业生产效率,使投入产出比合理化,以此降低第一产业在农村的发展比重,推动发展二、三产业,在巩固农业根基的基础上,促进一、二、三产业融合发展,从多维度为传统村落注入发展新动力,实现传统村落的产业复兴。

旅游精准扶贫与传统村落复兴协同发展对改善农村生态环境、发展生态农业生产起推动作用。近年来,我国农业生产连年丰收,综合生产能力稳步提高,但这些成果大都建立在资源消耗、环境破坏的基础上,原来的农业发展道路难以承载环境修复的压力。与此同时,随着人民生活水平的大幅提升,在饮食方面人们早已不满足于吃饱,而是更加重视食品安全化、有机化、生态化,对农业生产和农业发展都有了新期待和高要求。乡村旅游,不仅是现代旅游者对乡村风光观赏、森林度假休闲、生态自然康养的追求,还是对绿色有机农家菜的追求。旅游业在传统村落的大力发展,有助于改善农村生态环境,发展生态农业,增加优质绿色农产品供给,使农业由增产导向转向提质导向,加快向生态、绿色方向迈进,走一条绿色可持续的高质量发展道路。

旅游精准扶贫与传统村落复兴协同发展是改善农民身份不平等问题的重要途径。解决"三农"问题,核心在"人"。在我国当前社会背景下,农民与市民的社会地位依旧存在差异。农民在艰苦的环境下经受风吹日晒从事农业,为国家粮食安全做出巨大贡献,但收入依旧较城市居民较低。而立志于改变命运的农民选择进城务工,被贴上了新的标签——"农民工"。农民遭受的不公平待遇很大一部分来源于国民对于"农"相关的人和事根深蒂固的偏见,大多数人对"财""权"的追求,以及思想观念、道德素质的落后。因此,除了帮助农民加强物质保障、树立自信之外,对大众正确价值观的传递也显得格外重要。

乡村旅游,以一种全新的视角让出生在城市的新一代年轻人去了解农村、农业、农民。旅游是一种生活方式,也是一种极有效的教育手段。新形势下的传统村落旅游,让人们尤其是青少年了解农业概况、感受农业的重要性,通过体验性的旅游活动,激发孩子的创新精神、探索能力,在他们心里埋下一颗崇尚农业的种子,为国家未来农业技术的创新发展培养农学人才。同时,伴随着乡村旅游的兴起,传统村落的繁荣也使年轻一代亲自体会到蕴藏在传统村落中的多种多样的文化,改变他们从前对于农村的一贯看法,为农村树立起美丽乡村、文化乡村新形象,进而增强青少年对于传统村落、传统文化的热爱,树立民族自信,增强文化自豪感。旅游与乡村的融合发展为年轻一代深入了解农民提供了机会,让人们看到这个群体为14亿中国人能吃饱饭、为城市与经济的繁荣付出心血,让人们感受到新时代的农民是富裕的,农业是绿色的,农村是美丽的,使农民成为受人尊敬、令人羡慕的职业。

解决"三农"问题，需要创新优化方案，既要从"三农"视角出发，又要跳出"三农"框架，以工促农，以城带农，走产业融合道路，用生态复兴促进农村复兴，从"外源式"的帮扶模式转向"内生性"的自循环模式，为农民拓宽收入来源渠道铺平道路。

3.3.2 满足新时代乡村旅游需求的基本措施

我国乡村旅游虽起步较晚，但发展迅速。在过去的二三十年间，以农家乐为代表的乡村旅游在城郊如火如荼地开展，带动乡村经济快速发展，为村民脱贫致富做出了前所未有的贡献。

然而，随着人民生活水平的提高，消费者对旅游产品的各个方面不断产生新的需求，传统乡村旅游的发展模式难以为继。一方面，目前我国乡村旅游产品同质化严重，缺乏特色且多以静态观光为主。大多数乡村旅游仍旧停留在农业观光、农家乐等形式，产品雷同、品位不高、低水平盲目重复较多、创新性不强，无法满足旅游者对产品特色化、个性化的追求。产品形式大多以静态的参观型项目为主，动态体验发展不足，使游客难以获得体验感和参与感，显得单调乏味。另一方面，原有旅游产品模式单一，分布零散，难以形成规模效应。大多数产品属于粗放开发模式，开发深度不够、品质不高、主题单一，同时缺乏科学合理的统一规划，规模小、分布不集中，无法形成功能性、大规模的乡村旅游体验区。因此，促进传统乡村旅游转型升级势在必行。

旅游精准扶贫与传统村落复兴协同发展是新型乡村旅游发展的成果。旅游精准扶贫政策在乡村实施，是对传统村落文化内涵的深入挖掘，对乡村特色的精确寻找，有利于形成一村一品格局，呼应乡村旅游转型的需要。村落旅游发展不仅拓展了农旅融合形式外，还丰富了乡村旅游的主题，增加了民俗、民族元素，为旅游者参与传统民俗活动、体验农耕乐趣、深入农村家庭、感受传统文化提供了机会，有助于满足不同旅游者的各种喜好。旅游扶贫与传统村落，相辅相成，互相促进，扩大了乡村旅游规模，提高了旅游活动的参与度，使特色各异的村寨形成主题多元的村落格局，是满足新时代乡村旅游需求的基础措施。

3.4 文化需求

3.4.1 推进社会主义精神文明建设的有效途径

改革开放以来，我国高度重视物质文明建设，并在经济领域取得了不小的成就，人民生活水平也因此显著提高。但在物质方面取得卓越进步的同时，人民对于精神文化的需求却远远得不到满足,物质文明与精神文明发展不协调的问题愈发明显。一个强盛的国家除了建立在发达的物质文明上,还需要精神文明的繁荣,如今先进优良、繁荣昌盛的文化已成为国家软实力的体现,文化产业已逐步向国民经济支柱性产业迈进,精神文明显得至关重要。牢固树立物质文明和精神文明"两手抓、两手都要硬"一直是中国特色社会主义事业建设的战略方针,通过物质提供保障,精神促进升华,物质、精神协调统一发展,实现中华民族伟大复兴的中国梦。

弘扬中华优秀传统文化,注重社会效益在文化建设项目中的体现,实现精神文明建设和物质文明建设的平衡发展。2017年,中央精神文明建设指导委员会印发了《关于深化群众性精神文明创建活动的指导意见》(以下简称《指导意见》),指出目前我国物质文明建设和精神文明建设发展明显不协调,强调优秀传统文化是我们民族的"根"和"魂",要求在群众性精神文明创建活动中,注重弘扬中华传统文化。此外,其还着重强调一个重要的观念,坚持把社会效益放在首位,社会效益和经济效益相统一,鼓励积极培育新型文化业态,推动文化产业成为国民经济支柱性产业。

《国家"十三五"时期文化发展改革规划纲要》同样强调推动物质文明和精神文明协调发展,并指出我国城乡区域发展不协调,公共文化服务体系不完善现象在村镇尤其明显。在全面建成小康社会的决胜阶段,迫切需要丰富人们的精神文化生活,提高国民素质和社会文明程度,实现文化小康。通过旅游精准扶贫与传统村落的协同发展,能有效改善村镇精神文明发展落后的现象,切实加强社会主义精神文明建设,深入开展群众性精神文明创建活动,帮助我国积极面对精神文明建设的新形势,实现中华民族伟大复兴的中国梦。

旅游精准扶贫与传统村落复兴协同发展,是物质文明建设与精神文明建设高度统一的体现。"旅游+扶贫+乡村+文化"的发展模式,为贫困村镇的经济增长提供了有力的支持与保障,与此同时,这种特殊的经济发展方式有助于将蕴藏在古村落中的传统文化进一步挖掘,使我国优秀传统文化渗透、贯穿于旅游活动的全过程,满足了人民日益增长的精神文化需要及对美好生活向往与追求的需要,合理协调了物质追求与精神追求的比重,做到"两手抓、两手都要硬"。

旅游精准扶贫与传统村落复兴协同发展与《指导意见》中"坚持把社会效益放在首位"的重要理念不谋而合。区别于从前未经科学规划、只求经济利益的"旅游开发","旅游扶贫"是以帮助当地居民脱贫致富、带动当地经济发展为目标,在满足文化、生态、社会需求的前提下,主张先保护后发展,积极融入社区参与旅游建设,进而带动文化传播与复兴的创新发展方式。旅游扶贫与村落复兴的结合是群众性精神文明创建活动的重要组成部分,是把社会主义精神文明建设的任务要求落实到城乡基层的重要载体和有力抓手,其深入贯彻了以人民为中心的发展思想,响应了习近平总书记提出的"共建共享"思想方针,牢固树立依靠人民、为了人民的思想理念,支持大众创业、万众创新,推动文化产业发展方式转变,使旅游业的兴旺发展增进人民福祉。

旅游精准扶贫与传统村落复兴协同发展,是培育新型文化业态,推动文化产业成为国民经济支柱性产业的有效途径。目前我国旅游业一直保持高速发展,其对于一个地区的产业融合和经济带动作用受到越来越多人重视,并逐渐成为部分省(自治区、直辖市)的战略性支柱产业。旅游业的兴盛发达是物质文明的结果,如今只有将其与精神文明成果结合起来,增添旅游产品的文化内涵,才能顺应时代发展潮流,满足更多人的精神发展需求。同时,旅游作为文化的天然载体,是文化传播的重要途径。而文化作为一种无形的精神成果,要想发扬光大必须借助具体的形式将其传播出去。可见,文化与旅游相互补充,互相促进,二者的深度融合不同于以往停留于旅游产品表面的文化附着形式,这使旅游产品得到了质的升级和飞跃,文化有了更生动、更鲜活的"宿主"。此外,文化与旅游产业的融合有助于创新文化产业发展形势,实现人们对于诗和远方结合的美好愿景。

旅游精准扶贫与传统村落复兴协同发展有助于改善村镇文化服务体系。加强精神文明部品和服务供给侧改革,从而提高国民尤其是村落居民的科学文化素质,满足人民对于精神文化生活的追求。旅游扶贫,"贫"除了字面意义上的经济贫困外,还有文化认识上的短缺,所谓"扶贫先扶志"。党的十九大报告中强调文化惠民,在打赢脱贫攻坚战中,文化领域的精准扶贫应当先行。因此,除了把经济指标的提升作为旅游扶贫的任务外,区域人民文化素养的提升也是扶贫工作的重要目标。旅游精准扶贫工程在乡村落地,不可避免需要建设大量文化设施,如博物馆、陈列馆、图书馆等,这既满足了旅游发展的需求,又为当地村民提供了更广阔的文化平台,为其追求知识提供了更完善的条件,进而使城乡环境面貌、社会公共秩序、公共服务水平、居民生活质量明显改善,社会文明程度显著提高。

旅游精准扶贫与传统村落复兴协同发展,维护了人民对传统文化与民族信仰追求的权益,满足了人民群众日益增长的精神文化需求。如今我们已迎来大众旅游时代,旅游业在传统村落的发展为人们走进传统村落、了解民俗活动、学习民族习俗、传承优秀传统文化提供了更多的机会。这不仅为传统村落文化的传承带来生机,还为传统村落的复兴提供了更多可能,同时也维护了群众文化权益,丰富了人民精神世界,增强了人民精神力量。文化的繁荣复兴、群众精神素质的提高,为社会主义精神文明的建设做出了重要贡献。

旅游精准扶贫与传统村落复兴协同发展,是对物质文明与精神文明的权重问题的全新思考,是把社会效益置于首位的体现,创造了文化产业发展的新格局,在为当地原住民搭建文化服务体系的同时,又为广大人民群众了解传统文化提供了更广阔的平台,从而加快推进社会主义精神文明建设,实现中华民族伟大复兴。

3.4.2 促进传统村落文化保护、传承与发展的重要手段

中华文明根植于农耕文化,而传统村落是农耕文明时期传承下来的宝贵文化遗产。传统村落在产业结构、民居式样、村寨风貌以及风俗习惯等方面都集中体现了村落地区经济社会发展特点和文化特色,集中反映了传统村寨在不同时期、不同地域、不同文化类型中形成和演变的历史过程,相对完整地保留了村落的文化基因,凝聚了世世代代传统村落居民的智慧,体现了中华文明多样性,是传承民族文化的有效载体。传统村落文化既包括农耕文化、民俗文化等非物质文化,又包括村落布局、乡间建筑等物质文化,是中华优秀传统文化中一颗璀璨的明珠,它的保护与传承是每一个中华儿女的使命。

我国对历史文化村镇的保护虽然起步较晚,但从保护法律法规颁布到保护体系的建立,再到其落实与推进,速度较快,涵盖的方向与保护措施也正逐步丰富与完善(朱雪梅、林垚广、范建红、王国光,2016)。2012年,住房和城乡建设部等三部门发布了《关于加强传统村落保护发展工作的指导意见》,旨在让人们充分认识传统村落保护发展的重要性和必要性,促进传统村落的保护、传承和利用,以弘扬中华优秀传统文化的精神。2017年1月25日,中共中央办公厅、国务院办公厅正式公布了《关于实施中华优秀传统文化传承发展工程的意见》(以下简称《意见》),这是第一次以中央文件形式专题阐述中华优秀传统文化传承发展工作。《意见》布置了保护传承文化遗产的重要任务,提出加强历史文化名城名镇名村、历史文化街区管理,实施中国传统村落保护工程,做好传统民居、历史建筑、农业遗产等的保护工作,同时还着重强调把中华优秀传统文化内涵更好更多地融入生产生活。从两个文件的内容中都能明显看到国家对于传统村落、农业文明、传统建筑等中华传统的文化价值的高度认可、对文化传承工作的重视。

然而,随着城镇化、工业化的推进,我国传统村落的发展现状令人担忧,拯救村落的任务紧急而严峻。部分村落传统建筑被从前一味追求经济利益、开发效益的旅游开发商严重破坏,传统民居被毫无特色的楼房取代,村落文化受到轻视,民风不再;没搞旅游开发的,也随着村民的大规模外迁"空心化",年轻人口的转移使得村落文化后继无人,死气沉沉,缺乏生机。承载着中华历史记忆的传统村落不能就此萧条没落,推动它的复兴刻不容缓。2016年,住房和城乡建设部、文化和旅游部等七部门联合印发《中国传统村落警示和退出暂行规定(试行)》(以下简称《规定》)。《规定》对目前传统村落普遍存在的传统建筑破坏、村落空心化、非物质文化遗产消失等几大问题进行警示,对警示后整改仍不到位的实行退出管理。《规定》的发布说明了传统村落发展形势之严峻,情况之危急,亟待有关部门监督整改,同时也反映出国家和广大人民群众的文化自觉,对传统村落文化保护与复兴工

作的执行标准之严格。

旅游精准扶贫与传统村落复兴协同发展为弘扬传统村落文化提供经济保障。我国传统村落所在地大多分布在连片特困地区和贫困县村,欲通过当地村民做好古村落文化的传承面临着严峻的现实经济问题。文化复兴是国家、地区长期发展的政策和目标,虽然处于极其重要的战略地位,但传统的复兴方案很难在短期内取得显著成效和直观成果,因为对于生活艰辛的传统村落村民来说,保护传统文化并未为其带来直观的利益,也很难从中获得文化认同与文化自豪感,进而导致村民无力传承、文化传承无力的局面。经济基础决定上层建筑,应走旅游精准扶贫与传统村落复兴协同发展的道路,确保传统文化得到保护与发展。只有当一个地区、一个民族的经济稳定昌盛,文化繁荣才有物质保障,人民也才能真正获得文化认同感与自豪感。

旅游精准扶贫与传统村落复兴协同发展有利于增强村落居民的文化自豪感,为提升文化自信奠定了基础。党的十九大报告上指出:"文化兴国运兴,文化强民族强。没有高度的文化自信,没有文化的繁荣兴盛,就没有中华民族伟大复兴。"一个民族的文化自信归根到底是建立在每一个人对本民族文化的认同感与自豪感之上的。发展旅游文化产业,有利于实现中华优秀传统文化的创造性转化和创新性发展,有助于增强做中国人的骨气和底气。当村民通过自身努力温饱不愁,当他们亲身感受到世世代代传承的文化为他们带来的经济收益,聆听旅游者对其家乡美景、优秀文化的赞美而充满自信与自豪,到那时,文化保护便成为自觉、自愿的行为习惯,文化自然得以传承。

旅游精准扶贫与传统村落复兴协同发展为优秀传统文化的传播提供了有效途径。可持续的旅游业发展除了有助于提高当地经济效益,使村民获得文化认同感之外,其带来的巨大客流还益于扩大文化传播范围,形成宣传效应,使古村落文明的传承成为每一个人的责任。相比灌输式文化宣传、填鸭式文化教育来说,借助旅游传播文化、实现文化复兴的效果要好得多。旅游是一种能够让人们主动接受文化信息的方式,使当地的民俗风情、精神风貌悄无声息地渗透在一段愉悦的体验与经历中,达到润物细无声的效果,这是文化传播最有效的途径之一。

传统村落是中华优秀传统文化的载体,旅游是文化传承的有效途径,二者的协同发展是传统文化复兴的重要手段。健康良性的旅游发展,确保社区居民的可持续生计,为其提供经济支持和基本生活保障,有利于增强村民对家园文化的自豪感与认同感,进而自发地保护村落,留住传统建筑风貌、民族文化多样性和完整性。

3.5 环境需求

3.5.1 推进生态文明建设的关键举措

生态文明建设是发展中国特色社会主义的战略选择,是实现中华民族伟大复兴的重要保障,也是推动我国社会、经济可持续发展的必由之路。2015年中共中央、国务院印发了《关于加快推进生态文明建设的意见》(以下简称《意见》),《意见》明确提出"加快美丽乡村建设""发展绿色产业"等十项总体要求,并根据总体要求提出具体措施,如:加强农村基础设施建设,在保护生态环境的前提下,依托乡村生态资源,加快乡村旅游休闲业的发展,建设美丽乡村;大力发展生态农业、森林旅游、节能环保产业。

旅游精准扶贫战略真正落实了旅游业"绿色产业"的定位。绿色产业作为21世纪追求的新型产业模式和经济体系,在本质上是实现最低代价生态内生经济发展的模式。旅游业集自然、社会、人文等多种资源于一体,在增加经济效益的同时,可实现资源的最小消耗。其作为绿色产业发展的组成部分,在国民经济总产值中所占的比重越来越高(郭蓓、王子卿、魏东雄、华玉武,2017)。但这并不意味着旅游业都是"无烟产业",若不遵循自然发展规律,盲目开发整改,将会对自然资源、生态环境、文化遗址造成巨大破坏,其产生的后果甚至是无法复原的。一直被称为"绿色产业"的旅游业,只有在以保护生态环境、节约自然资源、尊重民风民俗、最大限度减少破坏为基本原则时,才能成为真正的"绿色产业"。而旅游扶贫的发展理念也正是如此:在旅游资源的保护与开发中,把保护放在首位,倡导资源的可持续利用;在生态环境保护与修复中,把生态修复放在优先位置,避免资源的过度利用而导致环境恶化。

旅游精准扶贫战略践行了"绿水青山就是金山银山"的发展理念。旅游精准扶贫真正将绿水青山当作金山银山,在保护绿水青山的同时进行合理利用和发展,既留住了美丽的自然风光,保护了原住居民的家园,同时又吸引了更多的人前来欣赏。旅游业的兴起带动相关产业发展,为村镇经济注入活力,增加就业机会,提高收入水平,从而帮助贫困地区人民脱贫致富,为村落的复兴提供经济基础。完整的发展链充分验证了"绿水青山就是金山银山"的真理。

旅游业在传统村落的可持续发展,为美丽乡村建设铺垫了基石,这是生态文明建设进程的重要板块。乡村是中华民族的始源,乡村面貌代表着中国面貌,建设美丽乡村是建设美丽中国的必然举措。传统村落环境整治、升级是发展旅游业必须要做的基本功,更是改善当地居民生活环境、提升生活质量的必要途径。旅游精准扶贫与传统村落复兴协同发展,始终把生态文明建设的基本原则作为发展的出发点,为传统村落带来先进科学的发展理念,帮助其对乡村生产、生活、休闲用地重新规划,秉承集约节约用地原则,避免不必要的空间浪费;有利于推进农村人居环境治理、严重生态问题修复,倡导绿色生活和低碳发展,实现人与自然和谐共处的美好局面。

3.5.2 使"乡愁"有处寄托的基本保障

近年来,随着乡村旅游、农业旅游、生态旅游的迅速发展,"土地平旷,屋舍俨然……阡陌交通,鸡犬相闻"的田园风光勾起无数人的回忆;承载着亿万中华儿女浓厚乡愁的传统村落再次进入人们的视野;小桥流水、绿树成荫的乡村画卷成为人们心之所往;美丽的生态环境、宜人的生活环境,是每个人心中乡村的理想模样。

然而,我国传统村落如今正在以惊人的速度消失,环境也在逐渐恶化。随着工业化、城镇化的加速,越来越多的乡村向城市转型;工业污染随意排放、不合理的农业生产、居民环保意识欠缺、环保设施老旧等诸多问题造成了环境和生态的严重破坏,一度破灭了人们对于美好乡村的向往,山清水秀、鸟语花香的自然美景转而变为污泥浊水、臭气熏天的景象。

美丽宜人的传统村落是中华民族乡愁最后的寄托。只有生活环境整洁优美、生态系统稳定健康、人与自然和谐共生的美丽乡村才能留住人心,乡村文化、民风民俗才能在此基础上得以保存,乡愁才有处寄托。为了重建美丽宜居村庄,《乡村振兴战略规划(2018—2022年)》提出持续改善农村人居环境,加强乡村生态保护与修复,发挥自然资源多重效益,大力发展生态旅游等产业,在坚持节约集约用地的前提下从事旅游、康养等产业开发。

旅游精准扶贫与传统村落复兴协同发展为舒适便利的人居环境建设提供了可靠途径。乡村旅游的发展,需要干净卫生的村落环境。厕所革命的推进、垃圾堆积的处理、河流污染的治理、基础设施的引进,是旅游业发展推进乡村整改的第一步,也是乡村人居环境改善的第一步。伴随着旅游业的进入,村落产业格局在不断变化,第三产业比重上升,一、二产业比重自然有所下降,农业生产污染、工业排放问题进而从根源上得到控制,坚持保护第一、发展第二的绿色旅游也将持续维护乡村优美环境,为当地居民和旅游者打造舒适便利的人居环境。

旅游精准扶贫与传统村落复兴协同发展为美丽宜居的生态环境提供了有效的治理途径。乡村是生态涵养的主体区,生态好是乡村最大的发展优势。旅游业与传统村落的融合发展,能够最大化地利用乡村的生态优势,最小化地影响乡村的生态秩序,科学合理地将生态优势转化为经济优势,促进村落经济复兴,同时也为交通闭塞、信息不畅的传统村落引进了先进的生态治理技术、科学的生态保护理念,紧急挽救生态破坏严重的村落,帮助自然环境良好的地区树立先保护再发展的理念,使生态资源优势成为乡村永久的财富。

3.6 本章小结

本章通过研读国家政策文件和目前已有的学术成果,讨论了旅游精准扶贫与传统村落复兴协同发展如何满足政治、经济、社会、文化、环境五方面的现实需求。

在政治需求上,旅游精准扶贫与传统村落复兴协同发展响应了乡村振兴战略,为解决"三农"问题、实现全面建成小康社会和社会主义现代化强国的目标提供了有效途径;顺应了"十三五"旅游发展规划,为我国旅游业持续健康发展提供了重大机遇;促进各民族共同繁荣,为我国少数民族提高生活质量提供有力保障,为祖国和谐统一、繁荣昌盛奠定基础。

在经济需求上,旅游精准扶贫与传统村落复兴协同发展为打赢脱贫攻坚战做出了重要贡献,为实现全体人民共同富裕创造了条件;推动了农村一、二、三产业融合发展,提高了农村经济的稳定性,为经济发展增添了新的活力。

在社会需求上,旅游精准扶贫与传统村落复兴协同发展,切实深入农村、农民、农业,推动了"三农"工作进程;满足了人们对于乡村旅游的需求,顺应了新时代大众对乡村旅游需求的转变。

在文化需求上,旅游精准扶贫与传统村落复兴协同发展推进了社会主义精神文明建设进程,对提高文化软实力、建设文化强国做出了巨大贡献;为传统村落文化的保护、传承与发展奠定了基础,为中华优秀传统文化复兴提供了保障。

在环境需求上,旅游精准扶贫与传统村落复兴协同发展推进了生态文明建设,加强农村人居环境治理和严重生态问题修复,倡导绿色生活和低碳发展,实现人与自然和谐共处的美好局面;是万千中华儿女"乡愁"有处寄托的基本保障,为舒适、便利、宜居的环境建设提供了可靠的治理途径,最大化地利用乡村的生态优势,科学合理地将生态优势转化为经济优势,促进村落经济复兴。

第4章 旅游精准扶贫与传统村落复兴协同发展的内在机理

前文我们分析了旅游精准扶贫与传统村落复兴协同发展的现实需求,认同这两者之间的协同在实践层面具有必要性。那么从学理的角度,旅游开发给传统村落带来什么变化?这些变化给村民带来哪些压力?村民应对压力的不同反应是什么?要促使两者之间协同效应的发挥,协同的前提、协同的目标、协同的基础、协同的功能和协同的方式是什么?为探寻这些问题之间的逻辑关系,本章将借用系统论、协同论和环境质量评价学科中生态系统监控评价子学科中常用的PSR模型,即压力(Pressure)、状态(State)、响应(Response)来分析旅游开发、传统村落两大系统之间的交互关系,在此基础上分析两个系统协同发展的内在机理。

4.1 传统村落系统的构成

传统村落是一个由"人—自然—社会"交互约束、自然演进的自组织系统,系统内的各个子系统从最初的混沌状态,通过竞争、协同、激励等方式,构成了传统村落系统特有的结构,并在一定时期内处于相对稳定的动态平衡状态。具体而言,这个复合的村落系统,主要由文化系统、环境系统、经济系统和社会系统四个子系统构成(周阳月,2016),如图4-1所示。

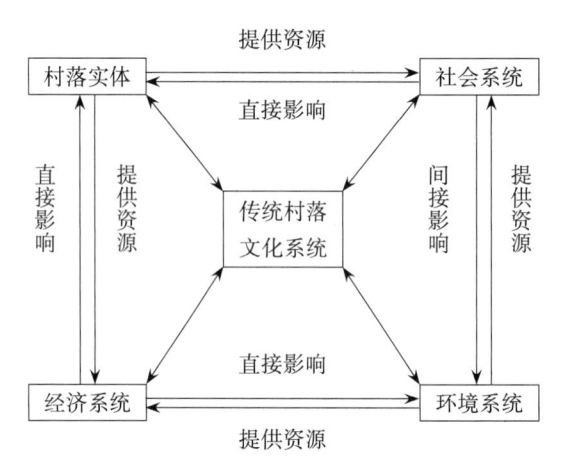

图 4-1 传统村落系统的构成

4.1.1 文化系统

马克思主义认为,文化是物质文化与精神文化的统一,不仅包括人民在改造自然的过程中所取得的物质财富,也包括人民进行上述活动时所发挥的主观力量,还包括精神领域的生产实践和成果(罗钢,2000)。

文化是特定社会背景下的产物。以小农经济为基础的传统农业社会,农业生产在整个社会生产体系中处于主导地位,成为创造文化的决定性因素。一方面,由于生产水平低、生产工具落后,人要顺应自然,通过对节气、物候现象的观测来指导农业生产,维系生存;另一方面,人对自然的利用和调节,逐渐形成并发展起来的一套"天人合一"的价值观念、心理意识和行为方式,它通过言传身教、潜移默化的方式影响村民,与其所从事的农业生产方式紧密相连,有其存在价值的独立系统,是村民物质世界和精神世界的重要组成部分,是乡村共同体的"精神家园",逐渐演变成为顺应农业生产的物质文化、制度文化和精神文化的集合(赵霞,2013)。

具体而言,村落文化主要包含三个层次:一是物质文化,即人们为了满足生存和发展需要所创造的物质产品及其所表现的文化,包括传统生产工具、山水风貌、乡村聚落、乡村建筑、历史景观、民间手工艺品等;二是制度文化,即人们在物质生产过程中形成的各种社会关系的总和,包括村规民约、家族家规、典章制度、生产组织方式等;三是精神文化,即人们在从事物质文化生产的基础上所产生的一种人类所特有的意识形态和文化观念的集合,包括传统节日、民俗礼仪、民间禁忌、传统技艺、传统文艺表演等。正如梁漱溟先生所言,"中国文化的根在乡村,新中国的嫩芽必须从中国的老根——乡村中长出来,中国要复兴的前提是乡村文化的复苏,而其最重者在于农民的精神文化的重建"。

4.1.2 环境系统

环境系统是传统村落实现可持续发展的基础和保障,体现了中国古人"师法自然"、与自然和谐共生的"天人合一"的思想。在长期的农耕社会中,根据村落的自然环境与社会环境因素的差异,形成了不同类型的传统村落形态、村落建筑、村落格局、公共文化空间、农业灌溉设施布局、山水田园格局等聚落环境,它们共同构成了村民的生活空间和农业生产空间。为了满足其生存与发展的需求,村民立足于村域范围内的土地、水源、植被等自然资源,开展农作物种植、家畜饲养等农业生产劳动。

4.1.3 经济系统

在传统农业生产中,村民聚族而居,安土重迁、自给自足。一个个并存排列在无数村子里的个体农户是中国农村生产的基本单位(费孝通,1999),家庭成为互相孤立、单独的细胞。他们分散掌握资源,独立经营,一方面耕种土地,收取粮食,满足基本需要;另一方面趁农闲时间,从事种植、养殖、纺纱织布等生产性活动,满足多样化需要。其本质是一种自给自足的非商业性过程,小农生产模式的经济特征突出。这种模式具有自给自足特点的同时,也具有相对的封闭性,导致的结果是传统村落即使在与外界联系甚少的情况下,依然能维持基本的生存需要,进而使得传统村落一直处于稳定的状态,发展缓慢。

4.1.4 社会系统

乡村社会中人们往往聚族而居,人们之间彼此熟悉,共同遵守"出入相友、守望相助"的良善交往原则,有着对于乡村生活以及乡村秩序建构弥足珍贵的价值成分。同时,中国乡村社会形成以血缘、亲缘、地缘为纽带的村落共同体,并在土地精耕细作的调试中构建了礼俗秩序、耕读传家、天人合一、差序格局等重要的村落价值体系,形成了一个超稳定的社会结构,这也是传统村落社会秩序得以维持、基层社会得以稳定、代际传递绵延的重要原因。

具体而言,社会系统在村落的可持续发展中主要发挥了以下方面的作用:

(1)聚族而居的宗族组织"同族相恤""守望相助",有利于缓解农村贫困和帮助村民抵御天灾人祸。由于小农经济具有天然的孤立性,个体很难通过自身的力量抵御天灾,完全满足自己的生存性需要,客观上需要社会的救济和辅助。以家庭为单位组成一个紧密结合的宗族群体,它不仅有内部沟通的渠道,而且具有更强烈的保护同族弱者共同意识。

(2)传统乡村的人际关系依据约定俗成的礼俗进行调节。族内的纷争或异族间的矛盾,通常是由本族中威信最高、族中辈分最高和年龄最大的人调解。由于没有明文规定的现代法律规范,村民在"礼制"的框架下,遵循不能冒犯家长的权威,不能逾越尊卑、长幼、上下秩序的内化道德信条,有效地规范和约束自身行为,提高了乡村社会自身的整合能力。

(3)村民对传统更加依赖。长期相同模式的生活节奏和生产方式,造成村民的思想、活动、行为、心态的相对稳定性，农村共同体的生活经历大致相似，缺少新的变化。因此传统农村社会，以长者为尊，尊重长者的权威和经验，凭已有的经验和生产制度来安排基本的生产生活。

传统村落的内部结构之所以稳定，其基础在于乡村保持农业定居状态和村落文化的稳定性。在传统村落系统中，相似的社会经济发展环境，共同的历史文化积淀，使得村民在出入相友、守望相助的良善交往原则下，更容易在情感上、心理上形成对村落文化的普遍认同感和依赖感，形成共同的价值观、行为规范和风俗习惯，由此产生强大的内聚力。它深刻地影响村落的社会系统、经济系统和环境系统，并为各大系统的运行提供资源。各个子系统在以文化系统为核心的基础上，处于自行组织、创新、演化的自组织状态。

4.1.5 传统村落系统的衰落

随着中国城市化、工业化的快速发展，城市文明席卷乡村，传统村落处于急剧变迁发展之中，村落作为社区生活的共同体正在走向"终结"或"解体"：土地产出的低效应，不再满足村民发展性需要，大批的村民离开祖祖辈辈赖以生存的土地，进城务工。人口的外迁，致使村落发展的主体逐渐流失，传统的生产、生活方式瓦解，房屋空置，公共设施年久失修，"空心化""空巢化"现象严重，传统文化遭遇前所未有的危机。

正是由于在传统村落发展中，经济系统的低效率、低产出导致村落主体（人）的流失，村民的经济活动、生产活动和生活空间的变化，促使村落内部的文化系统、社会系统、环境系统受到强烈的干扰，其稳定平衡的状态一旦遭到破坏，在村落自我更新、可持续发展的内在机制尚未建立的前提下，就很难靠自身能力得以恢复，这必然会导致传统村落的衰落。

4.2 旅游扶贫开发系统的构成

旅游精准扶贫是精准扶贫理念在旅游领域的具体运用，是旅游扶贫的自身特殊性与精准扶贫的有机结合，更是传统旅游扶贫的深化。在民族地区实施旅游扶贫开发，离不开旅游系统的支持性作用。吴必虎（2010）提出，旅游系统结构是由客源市场系统（需求系统）、目的地系统（供给系统）、出行系统（联结需求系统和供给系统的纽带）以及支持系统（基础设施和配套服务）构成。结合民族地区开展旅游精准扶贫的现实，笔者将旅游精准扶贫开发系统分为供给和需求两部分。供给为旅游活动提供拉力，它包括民族地区旅游产品开发、旅游营销推广、旅游产业投入、旅游市场开拓（交通和配套服务）四个子系统。

而需求为旅游活动提供推力,针对旅游者需求进行的客源市场开拓就尤其重要。

综上,旅游扶贫开发系统由旅游市场开拓、旅游产业投入、旅游产品开发和旅游营销推广这四个子系统组成,各个系统形成合力、协同推进。其中,旅游产业投入系统是保障,旅游市场开拓是基础,旅游产品开发是核心,旅游营销推广是动力。

4.2.1 旅游市场开拓系统

由现实旅游者和潜在旅游者所组成的旅游消费者市场,通过有效的市场开拓,吸引更多的旅游者前往旅游目的地消费,将资源价值转化为经济价值,提高旅游目的地资源转化能力,在提升当地居民旅游收入的同时,促进区域经济增长。因此,旅游者的数量与规模、在旅游目的地停留的时间、旅游者类型、旅游方式等都可能对旅游目的地产生直接影响。

4.2.2 旅游产业投入系统

旅游是一个综合性产业,不仅涉及交通、住宿、旅行社、餐饮、旅游景区等直接为旅游业提供服务的产业,还有保险、医疗、消防、通信等间接为旅游业提供服务的产业。因此加大对相关产业的投入,特别是提高旅游交通的可进入性、旅游住宿的安全舒适性、旅游餐饮的干净卫生程度,营造良好的旅游氛围,提供满足需求的旅游物质条件,是实施旅游精准扶贫的保障性要素。

4.2.3 旅游产品开发系统

随着社会经济的发展,人们可自由支配的收入不断增加,外出旅游的人数逐年递增。人们对于旅游目的地的选择也从传统的观光休闲型向文化体验型转变。民族地区凭借独特的文化、民族风情和文化体验活动吸引了越来越多的求奇求异的旅游者。因此,要加快民族地区民俗旅游资源开发,通过现代性重构,让更多的旅游者能参与体验民俗节庆旅游产品、欣赏民俗演艺产品、制作特色手工艺品,增加旅游产品的供给,丰富旅游产品的类型,满足不同层次旅游者的多样化需求,增强旅游产品的竞争力。

4.2.4 旅游营销推广系统

民族地区的民俗旅游资源由于地处偏远,交通不便,自然景观和社会景观受外界干扰较少而保持了高档次、高品位、独具特色的优势,为民族地区的旅游精准扶贫提供了重要的资源基础。资源通过包装成为特色旅游产品再投入市场,离不开旅游营销推广。销售渠道的开拓、旅游促销的选择、旅游价格的制订、旅游产品的包装,都是为了更好地将产品输送到目标市场,让特色文化资源通过旅游开发产生价值。

因此,在旅游精准扶贫开发系统内部,各个子系统之间相互配合、相互促进,直指旅游消费者市场,旨在通过对旅游者需求的刺激,产生现实的旅游购买行为,让旅游资源更好地转化为经济资源,让民族地区的居民在旅游开发中获得经济收入。

4.3 旅游扶贫开发对传统村落复兴影响的作用机理

借助PSR模型,即压力(Pressure)、状态(State)、响应(Response)的思维逻辑,可以用来分析旅游扶贫开发对传统村落复兴的影响、应对和发展(图4-2)。

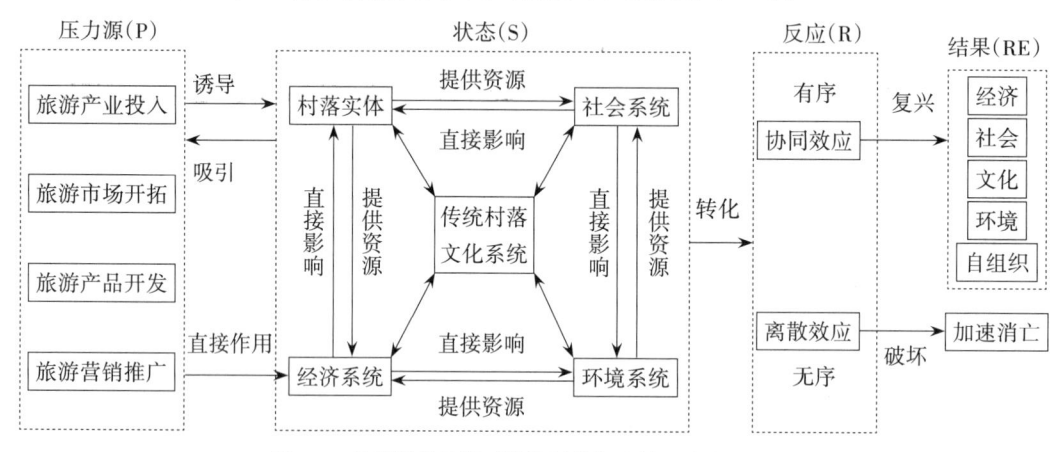

图4-2 旅游扶贫开发对传统村落复兴的影响作用机理

4.3.1 旅游扶贫开发给传统村落带来的压力(P)

大量传统村落在"工业化""城市化"裹挟中日渐式微,其根本的原因在于城乡二元结构下,城市和乡村发展不均衡,乡村的生产要素单方面地流向城市,而城市要素却很少流入农村。旅游业的发展,以及旅游精准扶贫在民族地区的持续推进,将使旅游消费者组成的市场需求方直接和旅游资源的供给方——传统村落发生关联,而连接点就是传统村落提供的独具民族特色的文化旅游资源对旅游者产生的强大吸引力。

大量的旅游者达到旅游目的地,他们在旅游目的地的活动带来人流、物流、资金流和信息流等,这些要素注入传统村落,产生了城市文化和乡村文化的碰撞与交流,对传统村落文化的开发、保护与传承产生压力,可能会导致民族文化的商品化、庸俗化和同质化。在这种压力的作用下,村落系统的经济子系统、社会子系统和环境子系统也会发生变化,进而影响旅游目的地的可持续发展。

但是,我们也要辩证地看待这种压力。压力可以分为积极压力和消极压力两种类型。在积极的压力下,传统村落这个"自组织系统",在目前面临系统崩溃或逐渐衰落的境遇下,借助旅游发展的"外组织系统"强大的压力推动来完成村落内部系统的整合与重构,在经济上形成自我发展的能力,促进传统村落的复兴;但是,若消极的压力过大,超过了村落"自组织系统"的承受、应对能力,旅游扶贫开发反而就会加速传统村落的消亡。因此传统村落能否应对压力,其发展的结果取决于下面几个关键因素:压力应对的资源(S)、应对状态的过程(P)及反映(R)。

4.3.2 压力应对的资源(S)

旅游扶贫开发(压力源)会引起传统村落内部一系列的压力反应。压力应对的资源是压力刺激反应的中介变量,它将直接决定传统村落应对压力反应的状态及最终结果。相关研究结果发现,压力往往因资源的缺乏、损失或威胁而引发(李燕琴,2015)。因此应对压力,需要充分调动传统村落内部特有的文化、社会、环境、物质等多方面的资源,将各种传统的习俗、服饰、饮食、节庆、工艺开发成为旅游者喜爱的旅游产品,村民也在民族文化资源转化为旅游产品的生产、销售中获得经济收入,使民族文化的有用性得到极大体现。

4.3.3 传统村落应对压力的响应(R)

旅游扶贫开发带来的旅游流,在给经济较为落后的民族地区带来压力的同时,也提供了借助民俗旅游资源发展特色文化产业的传统文化振兴之路。虽然文化商品化对民族传统文化保护的负面影响一直为研究者所诟病。但不可否认的是,在文化商品化的过程中,各民族地区一些可能被人们遗忘的传统文化活动和传统习俗重新得到恢复,传统的手工艺品因市场需求的扩大重新得到发展,民间手工艺人的保护与传承得到重视,年久失修的历史建筑重新得到维护与管理,传统的音乐、舞蹈得到重新的发掘和展示。而传统村落的村民能够通过参与旅游开发,从自身生活条件的改善、家庭经济收入的增加、基础设施的逐渐完善等直观感受去认识本土文化的价值与潜在经济利益,在追求文化带来经济利益的行为实践中,找到民族文化的自信,激活他们保护、传承文化的主动性和积极性。

因此传统村落应对压力的响应(R),前提是以充分挖掘民族地区传统文化的价值为核心(文化系统),立足村域特色资源,发展特色产业,由旅游带来的文化有用性,让村民的经济收入提高(经济系统),村域经济再现活力,激发村落的内生动力和村民的文化自信,带动环境系统和社会系统的协同跟进。

4.3.4 传统村落应对压力的结果(RE)

充分利用民族地区的文化旅游资源,围绕旅游开发为村落带来更多的经济收益,让村民在参与旅游开发中受益和发展,再通过经济受益进一步强化村民的文化主体意识,提升文化认同感和归属感,进而更好地保护、开发与传承传统文化,让旅游扶贫开发和传统村落两个系统相互促进、相互推动,发挥协同效应,形成两大系统的正相关连续上升螺旋,带动传统村落的经济复兴、文化复兴、社会复兴、环境复兴和自组织复兴,激活传统村落发展的内生动力,推动村落的可持续发展。如果旅游扶贫开发和传统村落两个系统偏离了协同发展的目标,两者处于无序发展状态,离散效应的发挥反而使得旅游扶贫开发加速了传统村落的消亡。

4.4 旅游精准扶贫与传统村落复兴的协同机理

深入分析民族地区旅游精准扶贫与传统村落复兴协同发展的内在机理,建立两者之间相互促进、互为支撑的过程和方式,充分发挥两大系统的协同效应,借助旅游产业的驱动实现村落内部系统的复兴、保护与传承。

4.4.1 旅游精准扶贫与传统村落复兴相互促进

(1)传统村落复兴为旅游精准扶贫奠定坚实基础。

传统村落的复兴,不仅仅是村落经济的复兴,也包括村落社会、村落文化、村落环境和自组织的全面兴盛。它为旅游精准扶贫的实施奠定坚实基础,主要表现在:传统村落提供的独具特色的民族文化旅游资源是实施旅游精准扶贫的基础。将异质性的文化资源包装成为体验型、参与型的旅游产品,借助旅游目的地的营销推广,对于旅游者具有较强的吸引力。同时,有效地将民族地区的资源优势转化为经济优势,最大化地实现旅游资源的经济价值,带动民族地区的经济发展和当地村民的收入增加。

传统村落的复兴,让热情好客的当地村民、整洁宜居的村落环境、富有效率的自组织也成为重要的人文旅游资源。这对于提升当地的旅游形象、强化游客的体验感知、营造良好的旅游氛围、有效拓展客源市场具有促进作用,有利于提高旅游精准扶贫的绩效。

(2)旅游精准扶贫为传统村落的复兴提供动力。

民族地区的传统村落因地处偏远、交通不便,多分布在连片特困地区范围内,贫困问题突出。快速的城镇化和现代化进程,吸引大量农村人口迁移出乡村,导致村落发展主体缺失、乡村社会空心化、土地撂荒现象严重,传统村落面临快速消失的境地。旅游精准扶贫的实施,借助旅游发展的"外源性系统"强大推动力,带动人流、物流、资金流注入传统村落,打破村落原有的近平衡状态,促使村落内部系统的整合和调整,带来村落经济的复兴和村民的回流,进而带动村落的文化复兴、社会复兴和环境复兴。另外,旅游的发展,让村民认识到自身文化的有用性,村民由追求经济利益而产生的自觉行为激发了他们作为文化持有者的主动性和创造性,增强了他们对本民族文化的认同感和自豪感,让一些濒临消失的传统文化得以延续和传承。

4.4.2 旅游精准扶贫与传统村落复兴相互约束

(1)传统村落的衰落将抑制旅游精准扶贫的进程。

传统村落积淀着厚重的历史信息,鲜活见证了我国的农耕文明,承载着中华传统文化的精华。旅游者在绿水青山、传统建筑、淳朴民风中体验民族风情,增加了其对民族旅游目的地的向往之情。因此,传统村落独具特色的自然、人文旅游资源是实施旅游精准扶贫的基础和保障。如果传统村落无法借助于外部系统的驱动力发展兴盛,那么衰败的村落将对游客失去吸引力,村落主人迫于生计离开故土,乡村社会凋敝、乡村文化衰落、乡村治理不力、乡村环境恶化,将削弱民族地区旅游发展的核心竞争力,很难将旅游精准扶贫与带动区域经济增长有效连接,难以促进旅游与农业、文化、住宿、生态、美食等深度融合,难以延伸旅游产业链,不能充分发挥旅游扶贫带动性强、覆盖面广、持续扶贫效果好的特性,必然会抑制旅游精准扶贫的进程。

(2)旅游精准扶贫实施滞后将制约传统村落的保护与利用。

传统村落保护与利用的主体是当地村民。他们是村落文化的创造者、传承者和保护者。迫于生存的压力和对美好生活的向往,他们流入城市,寻找非农就业的机会。旅游精准扶贫,就是充分利用传统村落的人文旅游资源,针对旅游者的需求包装、组合成为各种类型的旅游产品,在吸引更多旅游者前往目的地消费的同时,带动民族地区经济的发展和村民收入的增加,让当地村民分享旅游开发的成果,解决可持续生计,增强对传统文化保护与传承的动力(潘英海,2017)。旅游精准扶贫实施滞后,传统村落缺乏外源性动力的驱动,将直接影响村落景观和人文资源的价值,降低游客的参与感和旅游体验质量,制约传统村落的保护和利用。

4.4.3 旅游精准扶贫与传统村落复兴的协同机理

正如前文所分析,城市化、现代化进程的快速发展,让封闭落后的传统村落遭遇种种危机,面临快速消失的境地。为振兴乡村,民族地区大力发展旅游业,将旅游精准扶贫作为外源动力系统,通过加大旅游产业投入、旅游市场开拓、旅游产品开发和旅游营销推广,带来资金流、人流、物流和信息流,将其注入传统村落,带动民族地区依托民俗旅游资源发展特色文化产业,在促进村落经济发展的同时也给当地村民带来更多的就业机会,增加家庭收入。

传统村落在外源性动力的驱动下来完成村落内部系统的自适应调整,在村落经济复兴、村民获得经济利益的同时,也增强了当地村民对本民族文化的认同感和自豪感,激发了他们作为文化持有者的主动性和创造性,为旅游精准扶贫的实施奠定基础,带来新的契机。

两者相互促进、协同推进,朝着共同的目标——当地村民的受益与发展呈现正相关的连续上升螺旋,产生"1+1>2"的协同效应。在这个不断螺旋式上升的过程中,旅游精准扶贫带来的产业溢出效应在不断协同发展的过程中对其他相关产业的发展也起到了带动关联、深度融合的催化作用。与此同时,在政府的引导下,旅游活化传统村落、深度挖掘旅游资源、鼓励村民参与旅游业、复兴传统村落、开发多种旅游产品和充分满足村民的利益诉求,为传统村落的全面复兴提供了强有力支持。作为旅游精准扶贫的基础和载体,传统村落系统积极响应旅游精准扶贫外源动力系统,推动自组织系统不断完善和调整,最大程度地发挥两大系统的协同作用,确保共同目标的顺利实现。据此,旅游精准扶贫和传统村落复兴的协同发展机理开始凸显(图4-3)。

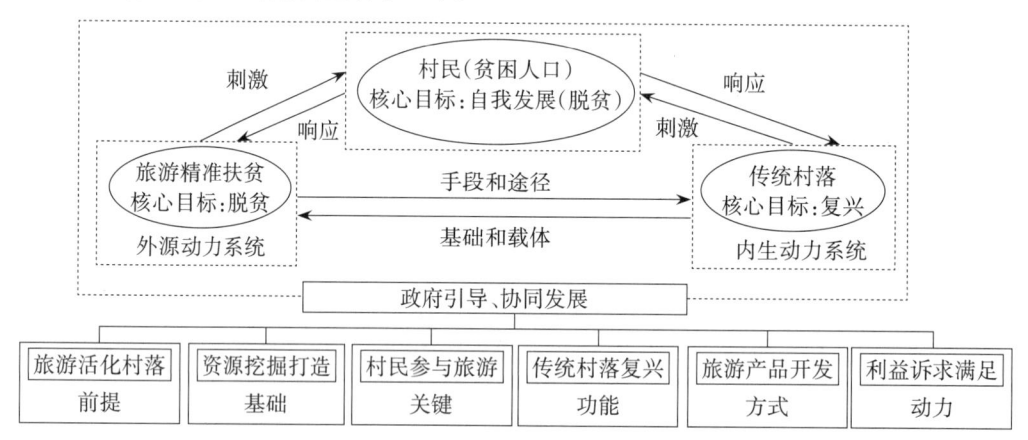

图4-3 旅游精准扶贫与传统村落复兴协同发展机理

4.4.4 旅游精准扶贫与传统村落复兴协同发展的保障性要素

(1)协同的前提:旅游活化村落。

活化(Revitalize)作为物质和非物质文化遗产再利用的一种方式或指导理念,被研究者认为是保护和有效利用非物质文化的有效方式。其核心之意为"使……复兴、振兴、复活",是将曾经"生活"的遗产要素、遗产资源借助旅游、文化创意等机制和手段,在现代社会的情境中"再生活化"的过程。

传统村落是活态遗产,旅游发展成为保护、传承村落遗产的有效渠道。依托传统村落的人文旅游资源,结合客源市场的需求,将资源要素转化为产业要素,打造文化旅游产业、文化创意产业、旅游商品制造业等特色产业,开发具有参与性、体验性、休闲性、教育性的地方旅游产品,通过旅游扶贫开发的外推动力,打破村落原来固有的近平衡状态,使以"村民—游客"互动为媒介的传统村落内部空间与外在的现代空间形成有序的、共享共赢的"交易",继而重建传统村落的空间生产机制,推动村落的经济复兴,吸引村落年轻劳动力回流,进而带动村落的文化复兴、社会复兴、环境复兴。在这个过程中,传统村落内部系统的文化、社会、环境、生态等传统基因不再陷入日渐式微甚至消亡的境地,而是借助旅游,让村落的产业结构重组,将村民日常生活转化为生计的过程,让村民在参与旅游开发的过程中增加经济收入、获得发展机会。

(2)协同的基础:村落文化旅游资源的挖掘与利用。

村落文化是村民在长期的农业生产与乡村生活的过程中,逐步形成并发展起来的一套思维观念、心理意识和行为方式。它源于乡土并依存于乡土,具有很强的地域性,体现村民的生活方式和乡土文化意识。这些不同层面的村落文化资源,对于城市旅游者而言,是极具开发潜力的物质性或非物质性的独特存在。但是资源并不等同于产品,这两者之间还有一个转换的过程。诚然,从村落文化资源到文化产品乃至文化产业的转化,需要经过对资源的挖掘、筛选、创意、设计、包装等适度组织化、技术化的过程。结合旅游者对民俗旅游新、奇、特的需求,开发出不同类型、满足不同层次需求的旅游产品。只有开发出满足市场需要的旅游产品,旅游精准扶贫开发系统才有了营销的对象,传统村落系统也才能够凭借文化旅游产品宣传自身、招徕和接待旅游者,两者之间才有了协同发展的基础性条件。

(3)协同的关键:村民参与旅游业。

少数民族地区的居民既是文化的传承者,也是文化资源的创造者。作为重要的利益主体,他们更清楚旅游资源的独特性和文化价值所在,向游客展示的生产、生活、表演、服务等活动更自然真实,能给游客带来纯正的民俗文化体验,让游客获得高品质的旅游经历。但是Saayman等提出,旅游能获得多大收益以及多大份额被贫困人口所获得,取决于旅游目的地采取何种旅游开发模式(Saayman M, Rossouw R, Krugell W, 2012)。从国内外实证研究的案例分析也不难看出,许多旅游减贫项目的失败,其主要原因之一也是旅游收益为社区精英占有,贫困人口没有享受旅游开发带来的收益,反而要承担旅游开发的负面影响;贫富悬殊差距大、邻里和谐破坏、"守望相助"的淳朴民风受到挑战。因此坚持村民的主体地位,让村民参与旅游信息的咨询,参与重大旅游项目的设计与具体旅游形式的选择,参与旅游利益分配方案的协商,参与旅游经营、旅游收益的分配,是确保旅游精准扶贫和传统村落复兴两者协同发展的关键。

(4)协同的功能:传统村落的复兴。

传统村落的复兴主要包括经济复兴、社会复兴、文化复兴、环境复兴和自组织复兴等五个方面。首先,两者协同发展推动传统村落的经济复兴。村落缺乏相关产业的带动从而导致村落经济的衰退和村民外流,寻找新的就业机会。旅游精准扶贫的实施让文化旅游产业带动村落经济的发展和相关配套产业的完善,有效地将文化资源转化为产业经济优势,让村民在改善生活条件的同时增加了家庭收入,促进村落经济的复兴。其次,两者协同发展推动传统村落的文化复兴。旅游开发,让村民通过从事与民族文化有关的旅游活动获得经济收入。在利益的驱动下,为了获得更多的经济收入,他们积极挖掘和展示本民族文化,激发文化主体的积极性和创造性,文化的自豪感和族群的认同感也得到体现和强化,促使传统文化的复兴。再次,两者协同发展推动传统村落的环境复兴。随着旅游者人数的不断增加,村民收入不断增加,人们逐渐意识到"看得见山、望得见水、记得住乡村"的诗意乡村是人们所追寻的精神家园和灵魂安放之处。"绿水青山就是金山银山"的理念深入人心,对环境的保护、营造好的环境氛围、妥善处理人与自然的关系等意识逐渐形成,切实推动传统村落的环境复兴。最后,两者协同发展推动传统村落的社会复兴。在没有旅游开发前,地处偏远的传统村落保持了淳朴的原生态特质,但工业化、城市化进程使其原生态的特质发生改变,落后的社会经济、缺失的基础设施、滞后的公共服务已不再满足村落青年人的发展性需求,大量的年轻村民流向城市打工,主流社会的生活方式和思想观念取代了本民族的文化心理和历史记忆,传统村落文化受到严峻的挑战。而旅游扶贫开发所带来的经济利益,让村民意识到民族文化可利用的价值,从事旅游经营带来的商机和对家庭收入结构的改变。旅游产业吸引外出打工的村民回流,同时也吸引更多的城里人以新村民的身份加入村落,给当地村落带来先进的生活理念、充裕的资金、更多的产业机会,重塑乡村生活,促进传统村落的社会复兴。

(5)协同的方式:原生态体验型旅游产品开发。

村落文化旅游资源的挖掘与利用是旅游精准扶贫系统与传统村落系统协同发展的基础。而两者要协同发展,其实施路径离不开将资源通过转化升级为旅游产品,在有效满足市场需求的同时实现资源的经济价值。

具体而言,传统村落旅游产品的开发,依托旅游目的地特色资源禀赋,满足游客追新猎奇、参与体验的需求,以地方性知识为鲜明特色,让城市旅游者有机会去了解逐渐远离的乡村和传统,去尊重和学习这些传统背后所彰显的人文精神,去体验不一样的民风民俗,去感悟"天人合一的生态自然观",学习人与人、人与自然的相处之道,重点打造民俗旅游、生态旅游、乡村旅游、节庆旅游、田园风情旅游、康体休闲旅游等原生态体验型旅游产品。

(6)协同的动力:村民的经济利益诉求。

对于传统村落的普通村民而言,民族文化保护与传承的动力主要来源于经济利益。特别是在民族旅游盛行的当下,能成为扶贫开发的参与者与受益者,可以获得实实在在的利益,有更多的获得感。因为如果没有潜在回报的激励,行为主体投入更多的努力和创造力是不值得的,人的逐利的本质促使人的行动必须产生收益(马晓京,2002)。在经济利益的刺激下,村民在参与旅游接待、经营的过程中,能够获得旅游收入,满足生活需要和发展需要,过上富裕的生活。正是这种追求文化有用性、满足村民利益诉求的认识构成了传统村落文化复兴的重要基础,促使传统村落的公共空间得以恢复,民族手工技艺、传统习俗、宗教信仰、人生礼仪、岁时节令、舞蹈戏剧等文化技艺得以激活,历史建筑得到有效修缮和管理,不断优化传统村落的功能结构,重建村民对传统村落的归属感和内聚力,才能从根本上激发村民保护与传承村落文化的持久内生动力。

(7)协同的保障:协同组织的管理机制。

旅游精准扶贫与传统村落复兴协同发展的过程中,建立有效的协同组织管理机制,能确保协同发展的终极目标顺利实现。首先,做好统筹规划。要实现这两大复杂系统的协调发展,必须全盘考虑,为两者的协同发展做好制度设计和发展规划,营造协同发展的内外部环境。其次,做好参与主体的分工与协作。需要利益相关者如政府、贫困人口、市场、社会公众等主体的共同参与。在此过程中分工明确,各司其职,互利合作。最后,加强统筹管理与监督。旅游精准扶贫与传统村落复兴两大系统的发展必须要统筹政府各部门的职责,部门之间互相协调,明确一个共同的发展目标,在自身职责范围内履职,使旅游精准扶贫与传统村落在组织管理机制上协同发展。

4.5 本章小结

旅游精准扶贫与传统村落复兴两个相互促进、相互约束的系统实现协同发展,是实施扶贫攻坚、打赢脱贫攻坚战和传统文化保护战略的重要举措。

本章借用环境质量评价学科中生态系统监控评价子学科中常用的PSR模型,将旅游扶贫开发作用于传统村落系统,给传统村落带来的压力(Pressure)、传统村落的资源应对(State)、传统村落的响应(Response)、传统村落的应对结果(Result)做了系统分析,认为民族地区大力发展旅游业,将旅游精准扶贫作为外源动力系统,通过加大对旅游产业的投入、旅游市场开拓、旅游产品开发和旅游营销推广,带来资金流、人流、物流和信息流注入传统村落,带动民族地区依托民俗旅游资源发展特色文化产业,在促进村落经济发展的同时也给当地村民带来更多的就业机会,增加家庭收入;传统村落在外源动力的驱动下来完成村落内部系统的自适应调整,在村落经济复兴、村民获得经济利益的同时,也增强了当地村民对本民族文化的认同感和自豪感,激发了他们作为文化持有者的主动性和创造性,为旅游精准扶贫的实施奠定基础,带来新的契机。两者相互促进、协同推进,朝着共同的目标——当地村民的受益与发展呈现正相关的连续上升螺旋,最大程度地发挥两大系统的协同作用,产生"1+1>2"的协同效应,确保共同目标的顺利实现。据此,旅游精准扶贫和传统村落复兴的协同发展机理开始凸显。

要促使旅游精准扶贫系统和传统村落复兴系统协同效应的发挥,离不开对两大系统实现协同的保障性要素的探讨。研究分析认为：旅游活化村落是实现协同的前提，村落文化旅游资源的挖掘与利用是实现协同的基础，村民参与旅游业是实现协同的关键，传统村落的复兴是实现协同的功能，原生态体验型旅游产品开发是实现协同的具体方式，村民的经济利益诉求是实现协同的动力，协同组织的管理机制是实现协同的保障。

  传统村落是农耕文明时代留下的宝贵活态遗产，在工业化、城市化快速发展的现代社会，已经失去了赖以生存的现实基础。研究认为：旅游发展成为保护、传承村落文化遗产的有效渠道，可以弥补传统村落在非农经济时代缺少产业的现实不足。通过旅游扶贫开发的介入，借助外源性力量和手段，带动内源性发展，形成相互协调、共享共赢的良性动力机制，引领村民充分利用村落生态、文化等资源要素，在城乡要素互动中，形成经济上的自我发展能力，树立传统文化的自豪感，增强传统文化保护与传承的自觉意识，激活保护传统文化的内驱力，推动传统村落的可持续发展。

第5章 国际旅游扶贫与传统村落复兴的协同路径及启示

国际旅游与反贫困研究最早包含在旅游的经济研究和旅游影响研究之中。20世纪80年代,国际社会开始关注旅游伦理与可持续发展问题,但一直未将消除贫困作为研究目标。随着贫困问题的日益突出,英国国际发展局(DFID)于1994年在可持续发展委员会的报告中提出了PPT(Pro-poor Tourism)的概念,旅游与消除贫困、可持续发展之间建立了联系,将旅游与反贫困直接相连的PPT研究成为学界研究的焦点(黄国庆,2011)。随后,国外出现了大量研究旅游消除贫困的文章和典型案例。

本章以澳大利亚、日本、意大利、南非、泰国等五个国家为例,对其国内旅游扶贫及村落复兴的发展情况进行阐述和分析,尤其选择了典型案例区与民族村落的扶贫案例,分析并探讨旅游扶贫开发对传统村落复兴的促进作用,学习国外旅游扶贫与传统村落复兴协同发展的经验,为国内研究旅游扶贫与传统村落复兴的协同路径提供借鉴。

5.1 发达国家旅游扶贫与传统村落复兴的协同路径

5.1.1 澳大利亚

澳大利亚是一个经济发达的资本主义国家,其自然资源种类多样,畜牧业繁荣兴旺,被称为"骑在羊背上的国家"和"坐在矿车上的国家"。得益于羊、牛、小麦和蔗糖较为多产这一优势,澳大利亚也是世界重要的矿产资源生产国和出口国,丰富的外汇收入是长期靠出口农产品和矿产资源所赚取的。澳大利亚国内中西部地区与东南沿海地区的经济发展水平仍然有很大的差距。分析其原因,是受历史和自然地理环境等因素的影响,特别是土著人居住的地区,经济发展水平落后,长期处于贫困状态(张川杜,2000)。

5.1.1.1 旅游扶贫在澳大利亚的开展

以缩小地区差距,发展当地经济,兼顾提高土著人的经济效益为目的,1997年澳大利亚政府开始实施"土著人旅游业发展战略"。由于土著人在文化、观念上相对落后,他们并没有意识到自己所处地区发展旅游业的巨大潜力。同时,也由于土著地区在资金、技术、基础设施和服务等方面的实力都较为薄弱,社会经济发展水平一直较低。因此,为促进土著地区的旅游发展,政府采取了一系列的措施:

其一,注重旅游开发过程中土著文化的保护与开发,贯彻因地制宜的理念,突出本地区特色。土著地区文化遗产的保护开始作为澳大利亚政府的关注点,旅游可持续发展的观念逐渐深入人心。政府鼓励当地旅游产品特色化,在土著人原住地与文化遗产的修缮和保护方面加大财政投入。澳大利亚政府要求土著旅游经营行业的经营商要从自己经营收入中按照一定比例分出一部分用于文化设施的维护与修缮,使土著文化特色在旅游产品上能够持续体现。同时,保持土著旅游特色是政府对旅游开发的明确要求。把特色土著文化旅游项目作为开发的重点,要与其他地区有所区别。为实现这一目标,相关旅游部门重点关注开发特色旅游项目,如品味丛林食物、观赏古代的绘画和传统的制衣等。在当地旅游部门的帮助下,土著服装制作厂慢慢建立,许多充满当地人文风貌风情和与自然环境相适的旅馆被建造,社区针对当地居民开展传统工艺品制作与旅游经营的教育培训(邓小海,2015)。

其二,大力支持土著地区的旅游规划。由于以下问题的出现:例如相对比较落后的土著地区在发展旅游业过程中,缺乏先行的旅游规划;经济交流局限,特别是与发达地区的交流缺乏。政府渐渐明晰如果要让土著地区旅游发展成为全国旅游业发展的关键部分,就一定要将其与发达地区旅游纳入统一区域考虑。因此,澳大利亚政府鼓励全国各个地区积极制订旅游规划,并提出规划范围要将土著地区纳入,客流共享,推动土著地区旅游的发展,使土著地区的旅游景区(点)和发达地区的旅游景区(点)能够达到串联的效果,并且也增加了旅游线路上的景区和旅游产品类型。得益于政府的规划与支持,土著地区旅游发展获得了来自澳大利亚沿海发达地区的许多服务、资金和技术等方面的支持和援助。这些支持与援助使土著地区旅游和澳大利亚全国旅游发展相融合,全国旅游发展的红利被分享,土著地区旅游业的发展被全方位带动。

其三,有针对性地对土著地区进行资金帮助。受自然地理环境和历史原因等各方面因素的影响,土著地区经济发展水平落后,在旅游发展过程中常常受资金不足的限制。针对这个问题,澳大利亚各级政府采取大量举措。其具体包括:增强土著人参与旅游发展的积极性,动员土著居民自发为旅游发展筹集资金;为不同土著人提供差异性补助;加强与金融企业之间的联系,在旅游贷款方面给予土著人优惠,比如低息贷款、无息贷款、贴息贷款;政府投资改善土著地区的旅游基础设施等,如布加拉土著文化中心,坐落在维多利亚州南部山区,由300多名土著人共同经营,在投资方面,联邦政府出资10万澳元,州政府出资20万澳元,土著人自发筹集10万澳元,其他由银行贷款,共计60万澳元。采取政府补助、自筹和贷款等方法,土著居民通过社区的形式共同开发与经营旅游业,积极融入到旅游发展中。

其四,注重旅游开发过程中的环境保护。澳大利亚政府把不破坏生态环境作为前提去发展旅游,对发展生态旅游业进行标准化规范,如提出旅游住宿设施与自然环境适应这一要求。强调文化旅游与自然生态旅游同步发展,不以牺牲自然生态环境为代价。在澳大利亚中部沙漠地区,有一块长3000米,高348米的巨石,叫作艾尔斯巨石,其被土著人视为圣石。政府把艾尔斯巨石列为国家重点文物加以保护,也被申报为世界文化与自然双重遗产。现该地年接待游客20万人,成为澳大利亚的特色旅游景区。

其五,加大投资与宣传力度。澳大利亚旅游委员会作为专门负责海外市场推广的机构,积极组织澳大利亚著名景区(点)宣传活动。澳大利亚旅游宣传片也有很多明星出镜参与拍摄,着重宣传土著地区独特的自然风光与土著文化,并投放到国外多个电视台播出。

通过政府与当地土著居民的共同努力,澳大利亚土著社区的旅游业蓬勃发展:(1)为土著人增加了就业机会和收入来源,如直接参与到旅游服务行业中,或通过工艺品、纪念品的销售获得收入。其中,土著人艺术家制作的工艺品和纪念品是许多土著社区的重要收入来源(Dyer P, Aberdeen L, Schuler S, 2003)。(2)土著旅游增强了澳大利亚在国际旅游市场的竞争力,丰富了澳大利亚的旅游产品种类。(3)发展土著旅游,不仅保护了土著文化和传统,而且加深了国内游客对当地土著人民的历史和传统的了解,增强了国内游客的民族认同感,促进了非土著居民和土著居民之间的和谐发展(Trinidad E A, Martin F, Min J, 2016)。(4)在土著人生活的地区发展旅游,促进当地基础设施的建设,不仅提高了本地区的可进入性,促进文化交流,也为当地土著居民的生活提供了便利(Jeremy B, Debra G, 2013)。

5.1.1.2 土著文化在澳大利亚的发展

澳大利亚土著人是生活在澳洲大陆上最古老的民族。土著人五万年的文化对于只有现代史的澳大利亚是一笔不朽的财富。然而在20世纪70年代实行多元文化政策前,澳大利亚最为突出的社会问题之一就是土著问题。欧洲人一直对土著人抱以偏见,认为他们是原始的、落后的甚至是野蛮的,各种"漂白"策略在原住居民身上被实施,这些人不再被关注。并且文化发展的滞后性,加之土著居民人数较少,使澳大利亚土著文化、语言几近消失和被同化。但20世纪70年代之后,澳大利亚联邦政府已经认识到保护土著民族文化遗产和文化特性的重要性。如今,土著文化与土著部落摒弃了一开始不被认可和需要"白化"的群体印象,成为今天澳大利亚独具特色的代言人。

为了促进土著文化的复兴与传承,澳大利亚政府主要采取了以下措施,大致可以归纳为两类:

一是将政府管理与土著参与融合,对土著文化资源加以保护。如今土著文化成为澳大利亚民族文化的象征,成为澳大利亚文化的重要组成部分。随着土著事务部在政府职能部门中的设立,土著人将实行自我管理,并且可以任职于政府职能部门。1987年,多元文化政策被联邦政府划为文化、社会和经济三方面内容。这一标准要求,联邦政府鼓励全澳大利亚社会能够积极地包容土著文化的存在,认可土著文化的价值,尊重传统的土著文化风俗(王静,2015)。

二是融入不同文明的艺术形式,延长土著文化遗产寿命。由于地理位置较为闭塞的土著民族长期与外界隔离,没有与其他民族交流的机会,使得土著文化在面临其他文化的侵袭时显得脆弱而敏感。许多宝贵的文化遗产是土著人留下的,如树皮画、岩壁画和沙画等。土著绘画能体现丰富的内涵,能有效地帮助外界了解土著文化和历史。但这些绘画有一个缺点便是不宜长时间保存,这造成了这些特有的艺术面临着消失的危机。正是这个原因,部分土著艺术家试着用非土著的现代文化载体来延长这些艺术品的寿命。另外,不少当代的土著作家在学习多元文化背景下的英语后,开始使用英语向人们讲述土著民族的历史渊源和文化内容。现代文明的艺术形式,使土著文化对于外界更为开放,使更多的人可以了解这样一个独特的民族。

随着旅游业的逐渐兴旺,澳大利亚政府借助旅游活动的文化传播、知识教育宣传,将旅游业发展成为传播土著文化的新载体。近些年的成果证明,土著民族与旅游的结合确实极大地推动了土著文化的传播,提升了土著社区的经济水平和居民生活质量。可见,土著文化旅游的繁荣对于缓解土著问题、振兴土著社区发挥了积极作用。

5.1.1.3 旅游扶贫与土著社区复兴协同发展在澳大利亚的实践

与我国有所不同,澳大利亚并没有"村落",它的贫困地区通常是指中西部地区及北部地区的土著社区,与我国的贫困村、贫困县类似。贫困人群也大多是这些社区中的土著人。澳大利亚现有土著人约45万,各土著社区拥有独特且具个性化的民族风情与传统文化。自澳大利亚政府于1997年实施了"土著人旅游业发展战略"以来,国内各个地区的土著社区便纷纷依靠本土文化旅游发展,实现了旅游扶贫与土著社区复兴的协同发展。

以昆士兰Weipa为例。20世纪70年代,矿产是澳大利亚偏远地区的主要工业,许多的矿产企业位于或靠近土著社区。尽管这些矿产企业为当地人提供了就业机会,然而,一旦矿产资源枯竭,他们会选择搬离,对当地社会、经济、资源等方面造成了消极影响。为此,矿产公司开始采用CSR(Corporate Social Responsibility)策略,为社会和土著社区的可持续发展做贡献,帮助土著居民解决就业问题。如在2006年,Comalco矿产公司中18%的员工来自当地居民。为加强土著社区居民与矿产公司的联系,政府与矿产公司签署了各种协议,如ILUAs(Indigenous Land Use Agreements)以及MU(the Memorandum of Understanding)协议。通过矿产工业与旅游相结合,开发如淘金博物馆、地下矿产冒险、主题公园等不同类型的旅游产品,满足旅游者的多元化需求。发起并组建了Balkanu公益组织,为当地土著居民提供信息咨询、专业技术等服务,帮助其开始商业活动(Jeremy B, Davaid B, 2010)。

位于东吉普斯兰地区(East Gippsland)的古奈族(Gunai)通过发展土著旅游与创新手工艺品吸引游客。他们设计了巴塔卢克文化路线(Bataluk Cultural Trail),吸引游客前来探索库里的历史和文化要素。同时,建立了克洛瓦敦库隆保留地,保存东吉普斯兰古奈人历史的文化遗存,消除了大众对于澳大利亚东南地区土著部落没有文化遗产的误解(Lisa R, Michelle W, Charlee M, 2015)。

位于澳大利亚北领地的周恩族(Jawoyn),与北部旅游集团(Travel North)合作经营合资企业,运营凯瑟琳峡谷旅游项目。1993年,周恩族社区拥有25%的股份,1997年提升至50%,在2005年全部掌控凯瑟琳峡谷旅游项目的股份并独立运营。土著居民经营的这一项目受到了游客的欢迎,创造了大量利润和就业机会,土著居民也在参与旅游开发的过程中获得了自信并学习到社会技能(Chris R, Jeremy H, 2002)。

同样是位于北领地的Weemol土著居民,他们定居于阿纳姆地(The Arnhem Land)中部。在20世纪90年代初,外来者便在土著社区开展旅游活动,实现了通过旅游发展社区、不再依赖政府援助的目标。他们建立了一个小型的狩猎营,雇佣土著居民表演传统舞蹈,讲述当地的本土故事及制作手工艺品。1997年,为响应政府的号召,在当地旅游企业的支持与帮助下建立了一个基金,加大对文化传承人的培养和扶持,用以保护Weemol土著文化,防止年轻人从社区流失。

通过以上案例地的展示,我们可以发现旅游扶贫在土著社区的实践对其文化传播具有极大的促进作用。与此同时,土著社区的旅游业发展也在很大程度上依赖于土著文化。

基于本土文化的旅游发展提升了土著居民的文化认同度,促进了对土著文化的保护与传播。首先,本土文化旅游并非单纯的文化线路游览与文化节日活动,而是具有更为广泛的内涵。旅游融入土著社区的发展中,成为保护文化的一种手段。在大量游客到访土著社区并为感受特色文化而消费时,土著居民开始意识到当地文化的价值。同时,旅游消除了游客固有的关于地域环境和文化的偏见,使当地居民对自身文化保持自豪感,并产生文化自信与文化认同。其次,发展文化旅游的企业为促进当地旅游的可持续发展或响应政府的政策引领,会自觉保护土著文化,引导土著社区年轻一代传承与弘扬传统文化,例如克洛瓦敦库隆保留地与阿纳姆地 Camp Bodeidei 基金的建立。另外,本土文化旅游的兴起与蓬勃发展,得益于土著文化的强大吸引力。本土文化旅游最大的依托是当地文化,为了发展旅游,社区会通过各种形式来展现与传播当地文化,如案例中提到的古奈族创新传统手工艺,设计巴塔卢克文化路线;旅游经营者雇佣土著居民表演传统舞蹈,讲述当地的本土故事及制作手工艺品等。在这些创新与展示的过程中,土著文化得以保存与发展。

旅游企业及非政府组织对传统村落的扶助,真正实现了社区的高度参与。澳大利亚政府提出的"土著人旅游业发展战略",鼓励了旅游企业与一些非政府组织对土著社区的关注,尤其促进了旅游企业与土著社区的合作。企业与非政府组织为当地社区旅游发展提供资金支持、技能培训以及旅游项目经营指导,提升了土著社区居民参与旅游开发的能力和参与的空间。尤其是北部旅游集团与周恩族在凯瑟琳峡谷旅游项目上的合作,企业手把手指导社区经营,帮助社区独立。

政府通过旅游开发引导社区独立,摆脱殖民地制度的不良影响。澳大利亚原为澳大利亚土著居住地,1770年沦为英国殖民地。长期的压迫与被殖民的经历对土著居民的思想及生活方式带来了不良影响。旅游扶贫的实施,倡导对土著文化的保存、开发与利用,帮助社区通过旅游扶贫开发实现经济、文化、社会和环境的复兴,促使社区逐步独立,走出殖民地制度的阴影。

旅游扶贫与土著社区复兴协同发展在澳大利亚的实践,为土著社区的旅游发展增添了活力与生机,促进了经济的繁荣昌盛,缩小了发达地区与欠发达地区的差距,同时也将土著人的多元文化传播出去,既吸引外地游客的到来,又强化了文化的传承与保护。

5.1.2 日本

5.1.2.1 乡村旅游扶贫在日本的发展

自20世纪50年代末,日本经济迅速发展,日本旅游业逐渐关注旅游扶贫,其中,乡村旅游就是其中一种有效的旅游扶贫方式。

农村经济萧条、农民收入减少、城乡差距加大等众多因素催生了日本乡村旅游的产生与发展。第二次世界大战结束后,日本实行工业兴国,大量农村青年人口涌向城市,在城市化高度发展的进程中忽视了农村的发展,导致农村与城市二元结构发展失衡,引发了农业产量变低、农业发展过疏化、农民收入迅速减少、农业地位下降等一系列问题。为了提高农民收入,振兴乡村经济,当地政府出台了一系列政策措施,大力推进故乡游。我国发展乡村旅游与日本的故乡游有同样的目的,即通过鼓励、支持、引导发展乡村旅游,解决三农问题、城乡分化等社会问题,同时促进村落经济的振兴(蒋敬,2013)。

到了20世纪60年代,日本政府已经逐步开始对居民的住宿设施等进行整治,以发展乡村旅游经济。1970年,日本政府在农村经济发展规划中赋予乡村公共休闲娱乐区域的新定位,乡村旅游由此蓬勃发展(任大欣、王秀梅,2015)。20世纪80年代,在日本交通条件的改观和旅游开发热潮的基础上,农村旅游得到进一步发展。日本国营铁道公司JR率先推出了"日本各地之旅"这一大众旅游节目。竹下登内阁适时提出"家乡创生资金",即用政府分别给全国各地的市町村等基层行政单位赠送一亿日元的资金,专门用于当地的"脱贫"。于是,各个基层行政单位纷纷使用这笔资金进行当地旅游资源和特色农产品的开发。然而,在这一过程中出现了因片面追求经济效益而损害生态环境和居民利益的问题(刘刚,1996)。因此,在该阶段后期,乡村旅游发展从单纯追求经济利益逐渐转变为回归自然、提升品质的理念(段会利,2017)。日本政府和学者们开始在乡村绿色旅游经济道路上不断开发与探索,以此作为复兴日本农业经济与乡村经济的必经之路。

日本乡村旅游的发展过程分为观光型乡村旅游、休闲型乡村旅游和文化型乡村旅游三种形式。观光型乡村旅游包括传统观光型和科技观光型,主要依托当地的自然、人文资源,开展观光游览型旅游活动。随着旅游者需求的变化,休闲型乡村旅游逐渐出现在人们的视野中,并且和观光型旅游融合成为乡村旅游的重要形式。休闲型旅游分为休闲娱乐、保健疗养和自我发展三种不同类型。因地制宜地开展特色旅游项目是契合各种模式的最好方式,同时也更能体现地域特色(杨华,2015)。休闲型乡村旅游建立在美丽的自然环境之上,大多数以"农家乐"为主要形式,通过开展渔场捕捞活动、果园采摘活动、农场农庄活动等,使城市旅游者在体验农业活动的过程中,享受农事乐趣,缓解城市快节奏带来的压力。在文化作用备受重视的趋势下,文化型乡村旅游也孕育而生。

同时,日本一直是一个注重育儿教育的国家,强调儿童贴近生活的教育理念。在日本,各级各类学校特别注重培养儿童对于农业活动的认识与个人体验,经常组织开展农业实地演习教育,并且开设农业生产活动这门选修课,为孩子们提供了走进自然、了解自然的机会,让他们了解人与自然和谐相处的重要性。在乡村绿色旅游规划中,策划者根据儿童不同的年龄学段、地区差异特点,设计不同的旅游路线。

在通过乡村旅游发展振兴经济、帮扶贫困的过程中，日本主要采取了以下途径：

首先，采取倾斜政策并通过制定法律文件加以保障。根据各地实际情况出台一系列法律文件，例如《离岛振兴法》（1953年）、《乡村振兴法》（1965年）、《大雪地带振兴法》（1963年）以及《过疏地区对策紧急措施法》（1970年）。1995年，为推动农村地区旅游发展，日本政府制定了《农山渔村逗留型余暇活动促进法》（通称《绿色旅游法》）。

其次，支持农村地区"产业（渔业）转型"，发展"兼业经营"。自20世纪60年代，随着日本经济的发展，日本沿岸的渔业开始衰退，但前往沿岸钓鱼与泡海水浴的人逐渐增多。沿海渔民发现了这一商机，开始一边从事捕鱼业，一边发展旅游业。比如：在休渔期将小型船只出租给垂钓者，为前往当地泡海水浴的游客提供住宿及餐饮、销售当地特产等，发展出"兼业经营"的模式。比如千叶县、神奈川县、静冈县和兵库县等都很重视发展本地休闲渔业，并将其打造成休闲旅游目的地，因而大量投资就放在了主要钓鱼地区；有些县、市则提供财政补贴，支持当地渔民成立相关组织，并由这些组织负责开辟钓鱼场，安排垂钓船，对船只数量进行登记和配备鱼饵等，运用这些手段规范渔业市场秩序。

最后，支持开展农业旅游和开发新型旅游产品。1992年，为了振兴农村山区经济，日本开始倡导"绿色旅游"，并将"绿色旅游"作为发展地区经济的一种重要手段，逐步开始利用已有的农业资源，设计特色旅游产品。2003年召开"生态旅游促进会议"，并于2004年6月通过官民合作的方式提出发展"生态旅游"的五项具体措施。随着人们的需求越来越多样，政府与当地居民合作探索出更多的旅游与农业结合的发展模式。为此，日本建立了一些现代观光农园（农业园区，包括各种果园）、市民农园（农业园区），不仅使原来那种单纯的果业生产（包括果园和蔬菜园等）与旅游开发相结合，而且使单一的市民休假、购物和劳动教育相结合，极大地推动了当地经济的发展。

由于地理位置邻近、古代文化交流密切等原因，我国乡村旅游的起因和背景与日本存在一定相似之处，通过研究日本乡村旅游的发展道路能对我国旅游扶贫和村落复兴起到借鉴作用。日本从最初大力发展乡村旅游以改善农村经济落后问题、帮助村民脱贫致富并取得一定成效之后，逐步加强了对绿色、生态理念的重视，到如今一直坚持走可持续的乡村旅游发展道路，并强调特色乡村的建设。日本在乡村旅游的发展过程中，并没有明确提出旅游扶贫的概念，但乡村旅游对于区域经济发展和居民生活水平的促进作用，一直被当作乡村旅游的发展目标之一。

如今，我国已经经历了日本乡村旅游的初期发展阶段，但由于我国贫困人口规模庞大、部分贫困村落形势复杂、贫困程度较深，再加上原来高能耗、重污染的开发模式难以为继。我国乡村旅游正步入日本乡村旅游的中后期发展阶段，从一味追求经济效益过渡到追求经济效益、社会效益、文化效益和环境效益并存的绿色发展模式,在注重生态环境保护的基础上,通过乡村旅游实现脱困扶贫的目的。

5.1.2.2 村落复兴在日本的发展

同我国一样,日本也是一个靠农业兴起的国家。在1868年明治维新之前,日本居民一直过着传统的农耕生活。因此,日本的传统文化也主要来源于传统村落,村落文化在日本的历史文化发展长河中具有举足轻重的地位。然而,无论是在文化还是经济方面,日本的传统村落都曾经历过一段灰暗的时期,直到乡村振兴运动的兴起,乡村才渐渐恢复了活力。

日本的传统村落文化遗产曾遭受过巨大的破坏,但庆幸的是日本的文化遗产保护意识形成得比较早。1871年,日本颁布了近代第一部关于文化遗产保护的法令《古器旧物保存法》。此后,传统村落文化遗产的保护法令一直在不停地增加和修订,在现代化的冲击下保全了日本的传统村落及其文化遗产。日本于1950年颁布了《文化财保护法》(相当于我国的《中华人民共和国文物保护法》),法令经多次修订后逐步完善,如今文化财被分为有形文化财、无形文化财、民俗文化财、纪念物、传统建筑群落五个类别。日本政府对传统村落中非物质文化遗产的保护格外重视,其认为,传统村落的非物质文化遗产具有活态性的特征,其"传承"问题比抢救问题更为重要并且复杂,且需要的是"活态传承"。要做到"活态传承",最重要的是对"人"的重视,传统村落非物质文化遗产的载体是传承人,有了传承人,传统村落非物质文化遗产才能一代又一代地传承下去(李佳,2016)。一直以来,日本都是一个高度重视传统文化保护与传承工作的国家,其针对传统村落实施的保护措施既确保了文化的传承,也为旅游业的发展注入了活力,催生了乡村旅游的持续发展(王密兰,2018),值得我国吸取经验。

日本传统村落在城镇化、工业化的推进进程中出现了城乡经济发展差距加大、农村资源要素外流和乡村经济社会衰落等问题,经历了一段萧条凋敝的时期。到20世纪50年代中期,日本发起了乡村振兴运动,以帮助传统村落恢复繁荣景象,实现村落的复兴。

日本的村落复兴运动大致分为三个阶段。第一阶段为1946—1960年,主要任务是通过完善相关制度,促进粮食增产,解决粮食短缺问题。第二阶段为1961—1975年,聚焦提振乡村经济,均衡城乡发展。为了保护农民利益,缩小城乡居民收入差距,特别是加快乡村经济发展,保护生态环境,日本还专门出台了《乡村振兴法》。第三阶段为1976年至今,目的是强化政府干预,发挥农业的多功能性,基本消除城乡差距,推进农村三产融合发展。其中最为突出的亮点是"造村运动",即各个地区因地制宜发展特色农业,进而形成以农业特色产品为中心的农村区域发展模式(徐雪,2018)。

在乡村振兴运动中,日本除了依靠不断修订完善的政策法规和充分发挥政府职能外,还采取了多种策略和手段来实现农村的复兴。首先,日本注重对不同乡村特色进行挖掘,提倡因地制宜,树立乡村品牌。发展"一村一品"乡村振兴模式,根据各个村镇自身独特的资源优势,为其选定一项农产品,建立加工场地,打造特色各异的乡村品牌。同时,政府在发展农业的基础上,还利用农业资源发展特色旅游业、体验农业、休闲农业等,充分发挥农业的作用。其次,促进产业融合在乡村的发展。20世纪90年代,日本学者提出"第六产业"的概念,即"一产业×二产业×三产业"融合发展,通过推进二、三产业在乡村的发展,实现三产融合,使传统农业变为农业综合产业,获取更大的附加值,改变了农业日益衰败的现状(吴珍彩,2018)。最后,注重乡村生态环境保护,发展生态农业。日本是一个格外注重环境保护和生态和谐的国家,其针对可持续农业、有机农业以及农村环境保护出台了较为完善的法律(李思经、牛坤玉、钟钰,2018)。

经过近70年的乡村振兴运动,日本在村落复兴方面取得了不错的成绩。其一,农业技术水平提高,农业产量迅速增加。2015年,日本单位面积水稻产量是1950年的1.45倍。其二,农民收入水平逐渐提高并趋于稳定,城乡差距缩小。农户户均年总收入从1950年的21.5万日元增长到1994年的909.1万日元,增长了40多倍,城乡收入差距明显缩小。2016年日本农户户均年收入为521.2万日元,同期日本全国户均年收入为563.3万日元。其三,产业融合取得显著成效,乡村景象繁荣。在很大程度上提高了农产品附加值的加工业、流通业、餐饮业等成为农村多元产业发展的重要引擎(徐雪,2018)。

5.1.2.3 旅游扶贫与村落复兴协同发展在日本的实践——以日本白川乡为例

白川乡位于日本岐阜县西北部白山山麓,是四面环山、水田交错的宁静山村。该村庄以一种"人"字形屋顶的特殊建筑——"合掌造"和独特的"大家族制"成为日本的知名景点。除了独具特色的自然、人文资源外,白川村还以其乡村旅游开发与保护相协调闻名于世,目前已经成为各国研究乡村旅游扶贫和传统村落复兴的经典案例。

在过去,由于白川乡气候条件恶劣,经营农业一直十分困难,所以村民们主要依靠销售木材和养蚕作为主要的经济来源。但除了自然环境的严酷之外,那里时而还会发生自然灾害,人们的生活苦不堪言。尽管到了20世纪60年代,日本经济快速增长,但因为白川乡远离繁华的工业中心,依然没有实现脱贫,持续着贫穷且荒凉的惨淡景象。

乡村旅游的发展为白川乡的复兴带来了机遇。伴随着日本经济的迅速腾飞,国民生活质量的提升,人们开始注重精神层次的发展,寻求心的"故乡"。昔日冷清的村落逐渐恢复了些许生机。为了改变自己的生活、实现家园的兴旺,白川乡居民充分抓住了此次机会,通过发展旅游业吸引更多人前来游玩,带动当地经济的发展。但是当地居民也并未盲目追求经济利益,他们一致认同在保护的基础上进行旅游开发,并强调保护大于开发的原则。正是这种可持续发展的观念,才使得白川乡保留了美丽的生态环境和淳朴的民风民俗。

白川乡实施游扶贫与村落复兴协同发展的具体路径如下:

(1)白川乡对自然生态环境和合掌造建筑的保护既来自村民自身的保护意识,又得益于政府的支持。在村民保护方面,白川乡村民对村落的自发保护意识和保护措施是村庄能够保存完好的首要因素。1971年,成立了村民自治组织——白川乡荻町村落自然环境保护会。保护会颁布了《白川乡荻町部落自然环境保护居民宪章》和《白川乡荻町部落自然环境保护会章》,针对自然环境和合掌式民居的保护做出具体规定。为了保护传统建筑,在制定的《住民宪法》中还规定"不许贩卖、不许出租、不许毁坏"的三大原则。后来,保护会又制定了多个保护条例、规划纲要等。在政府保护方面,政府的支持、专家的引导为合掌造建筑的修复和保护贡献了重要力量。当白川乡合掌村建筑群被归属于重要"文化财产"后,政府专门召集建筑专家成立了合掌建筑群的修复委员会,请他们建造了合掌村的建筑构造模型,以寻找修缮和保护的办法,并为村落提供了大量的经济支持。

(2)在确保村落得以保护的前提下,白川乡实施了多种策略以实现乡村旅游业的兴旺发展。首先,将旅游景观与农业发展相结合,并达成"旅游开发不能影响农业发展"的共识。如何在发展当地农业的同时拓展旅游观光业,是村民们面对的一大挑战。针对如何提高整体经济效益,白川乡积极主动地制定了有关农业发展方向和政策的五年计划。其次,注重将传统文化融入旅游中。白川乡在众多传统文化中深入寻找具有浓厚当地特色的元素,如传统的庆典活动、特色民歌表演等,将其作为旅游活动的一部分,增加了趣味性和体验性,同时也让游客亲自体验了当地的传统文化,有益于文化传播。再次,注重特色的保留,在旅游中加入民俗元素。1973年前后,白川乡开始了民宿经营。为了保证传统建筑不失去民俗特色,同时又能满足旅游者对便捷、舒适的需要,当地在保留了合掌造建筑的外观、室内空间结构和当地特色用具的基础上,采用了现代化的家具设备,改善了基本的住宿条件。最后,建设符合当地特色的商业街。根据白川乡合掌村落自然环境保护协会的建筑规则,商业街店面的装饰材料都尽量选择当地的材料,呈现出和谐统一的美感。同时,商业街的每个店都有各自的特色和卖点,吸引了大量游客(紫嫣,2018)。

(3)白川乡乡村旅游的可持续发展既在很大程度上帮助当地居民脱离了贫困,同时又保留并发扬了珍贵的传统文化。通过旅游扶贫与村落复兴的协同发展,白川乡居民开辟了除农业耕作之外的增收途径,使得经济收入和生活水平都得到很大提升。与此同时,合掌村保留了日本传统建筑技术和聚落文化风格,并于1995年被联合国教科文组织列为世界文化遗产。旅游业的发展为其文化遗产保护和传承带来了具有世界领先水平的技术，沿袭并创造出一系列独特的乡土文化保护措施，使其被誉为"日本传统风味十足的美丽乡村"。

白川乡依靠旅游业传承文化、增加收益，为我们如何在发展乡村旅游的过程中保留住文化与特色提供了诸多经验。

首先，充分发挥社区参与的作用，鼓励原住民加入到乡村旅游的建设中来。白川乡的传统文化之所以能被保留得如此完好，旅游能发展得如此长久，最大的功臣就是当地的居民。他们牢牢把控制住了旅游开发的程度，避免了因过度开发而使环境、文化遭受巨大破坏的情况。同时，他们的参与使乡村旅游显得更有特色。每一个村落的灵魂其实都来自人。当游客行走在乡村中，除了看到美丽的田园风光、独特的传统建筑外，还能感受到村民生活的烟火气息，看到他们的生活习惯、文化习俗，这样乡村才能活过来，旅游也才能充满生机。

其次，重视法律政策的重要性。从白川乡的例子中我们可以发现，日本乡村振兴运动的快速推进离不开一系列相关法律法规的及时出台和修订，以及不同法律法规的相互协调配合。无论是村民还是当地政府，都善于将规定书写成文，将约定变成硬性规定，这样不仅明确了旅游的未来规划、村落的发展原则，也对人们的行为形成了一定的约束。

最后，注重传统文化和村落原始风光的保护。在发展旅游的过程中，白川乡的政府和居民都对传统建筑的保护和传统种植业的发展加以重视，坚持在保护的基础上发展旅游。这样做的结果就是既保留了村落原始风貌，降低了对村民的正常生活的影响，同时又发展了村落经济，实现社会、经济、文化和环境的多重效益。

5.1.3 意大利

意大利地处欧洲南部地中海北岸，领土包括阿尔卑斯山南麓、波河平原地区、亚平宁半岛及西西里岛、撒丁岛等岛屿，陆地领土由山地、丘陵和平原组成，地形狭窄，为典型的地中海气候。一方面，良好的自然地理环境为意大利成为世界农业强国创造了得天独厚的优势条件。另一方面，作为欧洲文化发源地之一的意大利拥有丰富的人文旅游资源，尤其在乡村地区保存了大量珍贵的历史文化遗迹。

然而，在意大利城市化进程不断加快的同时，一些偏远的村落却由于交通不便而受到很大程度的发展限制，陷入贫困、"空心化"，甚至是衰败的窘境。城市与乡村地区发展的极度不均衡性，乡村地区的旅游资源丰富性与当地经济发展的落后性之间的尖锐矛盾引起了意大利政府的高度重视，中央及当地政府在人口脱贫的实践工作中探索出了许多有益的脱贫模式，其中旅游扶贫起到了至关重要的作用。

5.1.3.1 旅游扶贫在意大利的发展

意大利的贫困问题主要表现为南北方发展严重不平衡,意大利南部的发展大大落后于北部。推动南方扶贫开发、帮助其经济振兴是意大利扶贫工程的主要内容。其中,在南方有大量从事传统手工业的村镇,但由于经济发展滞后而处于半荒废状态。为了振兴地方经济,意大利政府做了很多尝试。1950年以来,意大利主要通过促进工业化进程来发展经济,但由于诸多原因,成效一直不太理想。直到后期,意大利才渐渐加大了对第三产业的重视与投入,推动旅游业在南方村镇的发展。

(1)为了拯救濒临消失的传统村镇,意大利政府鼓励发展村镇旅游。2016年,意大利环境协会报告指出,意大利有近2500座人口稀少、房屋破旧的村庄,由于经济发展缓慢造成人口大量流失,有些半荒废,另一些则如鬼城一般陷入死寂。为了抢救这些承载着意大利传统手工艺文化的古城,政府近几年出台了一些措施,其中就包括振兴特色古城镇旅游。这种旅游战略的实施和旅游方式的出现,既能够让游客深入走进意大利,感受到其无限的魅力,同时也拓展了意大利的旅游产业链,带动经济均衡发展,促进古城镇的复兴,使传统文化得以传承。

(2)意大利大力发展农业旅游,提高农民收入,实现农产品价值增值。农业旅游对于诱导性活动具有多重影响,在乡村发展中扮演着关键的角色。1975年,城市化和工业化带来的不可控性和社会认同危机致使人们意识到发展农业旅游的重要性——重建自然和工业社会的平衡。20世纪80年代,"回到乡村"的观念一时之间成为潮流,城市居民显示出对农场产品的偏好,许多居住在城市的居民回到乡村度假、购房,农业学院和大学也不断增设,意大利农业旅游经历了快速发展的阶段。直到如今,意大利的农业旅游发展仍位于世界前列。

出于协助农业振兴、增加农民收入、实现农产品增值和促进农业旅游形式多样化发展的目的,意大利政府在政策上大力支持农业旅游发展,并采取了有效的手段。首先,利用法律手段作为旅游业发展的支撑。意大利是首个将农业旅游纳入法律的欧盟国家。1985年,它的第一部关于农业旅游的国家法律正式生效。法律对农业旅游经营者的从业资格和资质认证进行了严格的规定,以此对行业进行规范化管理。与其他国家不同的是,意大利政府只允许农场主及其家庭成员发农业旅游,规定所开展的旅游活动必须与农业相关,且农业须占据基础地位。此外,法律还规定了从事农业旅游工作者的工作时长。其次,注重绿色有机农业的理念。随着诸多食品安全问题的曝光以及人们消费水平的提高,越来越多的消费者开始关注绿色有机食品。将有机农业与观光休闲相结合,兼顾了农户与游客双方的利益,既提高了农户的收益,又让游客见证有机农作物的生产过程,吃上放心菜。

再次,强调开展独特的体验性活动。农业旅游要做好,除了美丽的田园风光,更需要体验性活动的安排与设计。意大利阿布鲁佐的安韦萨村,曾举行了"领养一只羊"的活动,鼓励游客在网上签订领养奶羊计划,在与农场联系后,领养人可定期获得该农场生产的农产品,例如羊奶奶酪及萨拉米香肠等。该活动拉动了当地经济的可持续发展,缓解了劳动力不足的问题,同时增加了游客的体验度,使其能深入感受乡村的乐趣,获得更多的农学知识。最后,丰富农业旅游产品体系,拓展旅游产业链。在意大利,农业旅游与其他活动项目融合发展是一个普遍现象,常见的有餐饮业、住宿业、娱乐活动(如骑马)、体育活动(如山地自行车)、休闲活动(如登山、徒步旅行)、教育活动等(Iorio M,Wall G,2012)。

(3)意大利注重村镇特色的挖掘,用特色来带动旅游发展。以意大利的白露里治奥古城为例,这是一座拥有约2500年历史的小城镇,坐落在陡峭的山顶上,依靠一条狭长的石头人行桥与外界联系,远处看来就像一座浮在空中的城堡,因而被称为"天空之城"。日本动画大师宫崎骏的著名动画电影《天空之城》的灵感就来源于这里。地理位置偏远和商业萎缩的原因,使这里的年轻劳动力大量外流,古城的经济也曾长期陷入困境。2008年国际金融危机爆发后,城内人口数量长期保持在个位数,直到后来少部分中国游客到访将当地的照片上传至网络,逐渐引起网民的关注,才吸引了一批批游客到访。旅游业的发展为当地增加了收入来源,门票和其他旅游业收入使当地焕发新的活力。2017年,在当地旅游发展旺盛的势头上,古城政府和旅游平台共同修复打造了艺术中心,以此吸引更多艺术家前来创作,同时还举办了电影节,以吸引更多游客。如今,古城成了著名的旅游胜地,其知名度越来越高,许多世界各地游客慕名而来,当地农民的收入水平大大提高,城内夏季常住人口已增长至100人,2018年古城也迎来了游客80万人次。

(4)意大利政府鼓励发展林业旅游,进行森林旅游休闲创新。在日益城市化的今天,越来越多的游客转向森林、林地开展娱乐休闲旅游活动(Font X,Tribe J,2000)。如意大利的特伦蒂诺建立了森林探险公园和专业化的教育农场,充分挖掘和展示了林业旅游的吸引力;意大利与法国、比利时等国共同创立了国际马术旅游联合会FITE(Federation International of Equestrian Tourism),依托森林旅游资源,协助各国开展马主题的体育旅游活动。该协会除了拥有国际马联的奥运马术竞赛体系外,还创新整合了各种依托于民族文化和旅游娱乐的项目,具有很强的趣味性、娱乐性和参与性(Notaro S,PalettoA,Piffer M,2012)。

虽然意大利对于旅游的扶贫功能实践不算早,但目前其利用在农业旅游与村落保护方面已有的实践成果和牢固根基,已在旅游扶贫方面拥有不错的成就,为衰落乡村的经济振兴带来了条件,同时也对村落的复兴、文化的保护带来积极影响。

5.1.3.2 村落复兴在意大利的发展

意大利是一个文化底蕴深厚、历史遗迹丰富的国家。除了罗马、威尼斯等众人皆知的城市外,在乡间还广泛分布着中世纪之前的村镇。但由于地理、历史等众多原因,部分村落面临着交通不便、经济萧条等问题,再加上城镇化、工业化的加速推进,大多数村镇都趋向空心化,传统社区与传统文化面临巨大挑战。庆幸的是,随着乡村旅游、文化旅游的兴起,部分村落的文化价值被重新认识,其独特的自然与人文资源吸引了大量的游客前往,同时,意大利政府对于传统历史文化的格外重视也为传统村镇的繁荣带来新的机遇。

意大利根据本国实际情况,探索并实践出了一套较为完整且可行的方案,以对古村落及传统文化实施保护,并在此方面取得了不错的成绩。主要经验如下:

(1)传统村落作为文化遗产的重要组成部分,意大利政府不遗余力地进行保护。意大利探索出了一套完整的适合传统村落的保护方案和实践体系——村落生态博物馆。这是一种强调整体保护与活态保护的新形态,既对村落中的自然环境、人文环境、有形和无形文化遗产进行整体保护,又使传统文化的本质特征和发展过程得到记忆保护,使文化遗产能够在动态的历史过程中得以储存和延续。例如意大利的特伦托自治省,这里的村落积累了大量的文化遗产,在意大利政府和当地学者、旅游协会的推动下,一些具有文化价值的传统村落被规划为村落生态博物馆,使其自然环境、文化遗产和村民的生活方式得到一体化的保护。这样既保持了村落的活力,同时又可以在保护中发展,将村落多角度地展示给外界,实现可持续的利用(李佳,2016)。

(2)在保护的基础上,意大利政府采取多种措施促进传统村落的复兴。首先,建立完备的法律体系,严格禁止对传统文化遗产有害的行为。意大利制定了《联合法》,规定物主在维修文化遗产之前,必须将修缮计划提交到地方文化遗产监督署;没有经有关部门批准不得拆毁或改建百年以上的历史建筑,同时,其内部的装修也须经文物部门检查和批准;规定了文化保护官员具有独立于《建筑基准法》之外的专控权,负责控制历史文化遗产周边各类建筑物的间距和高度,并对周边环境进行保护。其次,发挥政府主导力量,统筹规划管理工作。意大利在传统村落保护方面实行中央政府垂直管理的行政体制,设立中央政府部门"文化遗产与文化活动部",委任地方代表,对传统村落进行统一的资源调配与规划,为传统村落开发与保护提供了体制化的运作模式。对文化保护工作建立了严格的管理层级,分工明确。如归属于意大利中央政府的历史艺术人类学遗产局、建筑与景观遗产局、考古遗产局,分别负责全国性的出土文物、艺术品、建筑、古图书以及自然景观等文化遗产的保护管理工作,而地方政府的文化和旅游部门则负责当地文化遗产的登录、保护以及向社会团体提供保护及运营经费。最后,积极探索、创新方式以实现古村落、旧城的可持续发展。意大利政府设立"文化遗产周",大力开展宣传活动,增强国民对于本国文化的认同感和自豪感,同时也扩大了国际影响力;积极推动文化与旅游的融合发展,通过将振兴传统村落纳入教育体系之中,鼓励学校通过组织学生进行参观游览、讲解考察的研学旅游方式,加深青少年对意大利传统文化的了解程度,增强爱国情怀,调动共建文化旅游的自觉性与积极性(蔡瀛,2009)。

5.1.3.3 旅游扶贫与村落复兴协同发展在意大利的实践——以波瓦村(Bova)为例

波瓦村位于意大利卡拉布里亚的阿斯普罗蒙特国家公园内,是一个自然风景优美、历史悠久的古老村庄。该村庄是希腊语"飞地"(在意大利领土内,但却说纯粹的希腊语言),这种濒危的语言文化一直延续至今。由于地处交通不便的内陆地区,当地严重缺乏可进入性,这一方面让古老的传统文化得以保存,另一方面致使村庄陷入了贫困和人口大量流失的困境;与此同时,当地历史悠久的传统宗教活动面临失传的危险境地。为解决这些问题,波瓦村大力举办宗教游行活动——棕榈主日,不仅扭转了不利局势,而且促进了村庄的可持续发展。

当地举办宗教活动的探索主要可以归纳为以下几个方面:

(1)积极传承古老手艺。由当地文化协会中的老年人教导年轻人编织"pupazze"的技术,得到当地居民的踊跃参与,在一定程度上实现了传统手工艺的传承,同时也为游行活动的开展提供了极具特色的道具。

(2)丰富文化旅游产品体系。由当地政府和协会组织开展复活节蛋糕品尝会以及神话、喜剧演出等活动项目,丰富了当地的旅游产品体系。

(3)与学术界开展合作。当地政府邀请人类学专家对宗教仪式复兴进行分析,并将其直接纳入Palmeintertwining实验室,促进了文化会议的发展。

(4)争取政府财政支持。2009年,该宗教举行的游行活动得到FAI及意大利文化和旅游部的资金赞助。

(5)多渠道宣传。首先,该地重视游客的"口碑",较高的游客满意度实现了良好的"口碑效应";其次,通过强大的媒体宣传为当地招徕大量的客源,当地政府和协会组织不仅向参观者推荐人文、自然景点,还建议游客与当地居民接触,这一行为得到了游客的肯定;最后,参与线下举办的摄影展,扩大当地的影响力。

宗教游行活动的举办在当地取得了巨大成功,带动了波瓦村的复苏和振兴,其影响主要如下:

(1)发挥了旅游产业的良性催化作用。开展文化旅游为当地居民提供了更多的就业机会,带来了直接的收益,增加了居民的经济收入,提高了地方政府的财政收入;与此同时,具有较高产业关联度的旅游业的发展刺激了当地其他产业的发展,带动了当地经济水平的提升。

(2)吸引人流入驻,缓解村庄"空心化"难题。一方面,开展游行活动将当地部分外出者带回村庄,抑制当地人口的流失;另一方面,宗教游行活动的开展提高了社会公众对村庄的关注度,吸引了更多的人在当地购房,使波瓦村的人口缺失问题得到缓解,当地人口呈现出较稳定状况。

(3)增强当地居民的文化自觉与文化自信。开展宗教游行活动使得当地濒临失传的宗教文化得到活态传承;与此同时,当地独特的语言也得以保留,并且吸引了语言学、人类学等相关领域专家的兴趣与关注;此外,当地居民对当地传统宗教文化有了更深刻的理解,提升了文化自信,增强了自觉保护与传承文化的意识。

(4)提高社区凝聚力与向心力。宗教游行活动的开展使当地经济、社会状况都得到了较大的改善,社区居民作为直接的利益相关者,对于社区的认同感、自信心在很大程度上得到了提高,从而增强了社区的凝聚力与向心力。

在发展文化旅游的过程中,波瓦村庄实现了社区居民、政府、企业和以学者、艺术家、媒体为代表的多方参与、多方协作,最终实现了良好的综合效益,推动了村落的振兴和可持续发展。

5.2 发展中国家旅游扶贫与传统村落复兴的协同路径

5.2.1 南非

南非在1994年举行了首次不分种族的大选,产生了制宪议会和新政府,并于同年终止了种族隔离制度后,在处理种族隔离制度遗留的社会与经济问题上取得了极大的成就。但国内贫富差距仍不断加大,贫困人口(主要是黑人)日益增加,失业问题持续升级(Christian M,2006)。南非政府将旅游扶贫作为解决上述问题的重要方式之一,并对其寄予厚望。

5.2.1.1 旅游扶贫在南非的发展

南非的旅游业潜力巨大,发展迅速,其拥有独特的地理区位,一流的旅游资源与旅游产品,将旅游扶贫作为缓解贫困的措施之一,是符合南非比较优势和实际的战略选择。旅游扶贫理念在南非的实践,是一个循序渐进的过程,需要国家、政府部门及地方政策、计划和法令的促进、推动和保障。这些政策、计划与法令主要包括:政府的宏观经济政策、旅

优先发展的政策、《全面提高黑人经济实力法案》及其宪章和积分卡等（王颖，2006）。同时，从1996年开始，南非政府采取了负责任旅游（Responsible Tourism）、减少贫困计划（Poverty Relief Programme）、旅游公平贸易（Fair Trade in Tourism）、激励旅游扶贫企业（Business Incentives）、创建旅游扶贫试验区（Case Studies and Pilot Sites）等一系列措施，使旅游业成为地方社区经济发展的重要动力。

（1）负责任旅游（ResponsibleTourism）。

1996年，南非政府发表了《南非旅游业发展和促进白皮书》（以下简称《白皮书》），提出发展负责任旅游。它要求，旅游业在当地产生较大的经济利益，使当地人能参与市场运作，提高接待社区的福利，改善工作条件，以及保护当地的文化。尤其强调通过旅游发展规划，支持从前忽视的黑人社区旅游企业的发展并为当地居民创造就业岗位。

在《白皮书》的呼吁下，南非环境事务与旅游局于1996年开始提出了一系列政策，具体见表5-1。

表5-1 南非政府为负责任旅游目标制定的政策和法律法规

针对方向	政策法案名称	颁布时间/年
旅游环境方面	White Paper on the Development and Promotion of Tourism in South Africa 《南非旅游业发展和促进白皮书》	1996
	National Environment Management Act. No. 107 《国家环境管理法案》第107号	2000
	White Paperon Sustainable Coastal Development 《再生海岸线发展白皮书》	1998
文化遗产方面	National Heritage Resources Act. No. 25 《国家遗产资源法案》第25号	1999
	Provisional Declaration of Type of Heritage Objects Notice 630 《遗产类别临时声明公告》第630号	2000
经济产业方面	Competition Act. No. 89 《竞争管理法案》第89号	1998
劳工方面	Regulations of the Standards Generation Body (SGB) for Hospitality, Tourism, Travel Gamingand Leisure 《旅游业从业人员身体标准规定》	1998
能源方面	White Paperonan Energy Policy for South Africa 《南非能源政策白皮书》	1998

1997年，《有关旅游业的发展、就业和再分配报告》（GEAR）进一步宣布坚定地执行《白皮书》的战略和框架，强调旅游业发展应该"政府主导、企业驱动、以社区为基础、员工

参与"。

2002年3月,南非环境事务与旅游局发表了《南非负责任旅游指南》(以下简称《指南》)。这一指南设定了一系列旅游部门需要实现的定量目标,用以指导与启发企业更好地实践。为进一步落实《白皮书》中经济、环境与社会可持续发展的目标任务,争取当地社区优先发展的机会,《指南》要求私营企业做到:

① 发展合伙经营企业,并保证社区占有相当比例的股本,同时强调社区以土地资本入股;帮助社区提升经营能力,使社区参与到企业管理中。

② 购买当地产品,接受当地社区提供的服务。政府对企业在方圆50千米范围内购买的产品与服务的比例进行监测,并要求企业3年内在现有比例上提高20%。

③ 公平、公正、公开地招募职员,尽可能多地聘用当地社区居民。政府为提升企业方圆20千米范围内的社区的就业率与薪资水平,制定了一系列目标。

2003年,南非政府发布了《负责任旅游手册》,该手册针对南非现实情况,配以实际操作的例子,从经济、社会和环境三个方面对"负责任旅游"进行了说明(王颖,2006)。

(2)减少贫困计划(Poverty Relief Programme)。

2001年,"减少贫困计划"被南非环境事务与旅游局推出,它聚焦地方旅游与生态发展对减少贫困人口的作用,旨在通过长期的可持续旅游工作,减少南非的贫困社区。在计划实施中,旅游部门在贫困社区大力建设与完善旅游基础设施,推出多样化的旅游产品,营造优质的旅游环境,提升贫困社区的旅游接待能力,以抓住旅游发展中的新机会。

(3)旅游公平贸易(Fair Trade in Tourism)。

"旅游公平贸易"(Fair Trade in Tourism,简称FTT)是在1999年被发起,根据国际网站定义,是"可持续旅游的主要部分"。FTT认为没有公平的旅游,就不可能实现可持续旅游,其旨在通过兼顾多方的利益和公平的旅游合作使景区利益相关者获利最大化。它支持景区、社区应有参与旅游决策、规划和发展进程的权利。旅游公平的观念在南非被广泛地传播,许多支持公平和负责任旅游的试点也出现了。作为贯彻落实《白皮书》相关要求的一个组成部分,南非旅游中的公平贸易(以下简称FTTSA)的开展具有明显的地区特色。

在南非,FTT的作用是提倡公正的文化,帮助南非旅游业创造公平参与的条件。FTT-SA提出了6项原则,即可靠、透明、公平享受、民主、尊重和可持续发展,专家们把这些原则作为核心理念,转换成可衡量的标准和指标。这些指标包括公平的工资、工作条件、操作、购买、利益分布,民族特有的经营实践,以及对人权、文化和环境的尊重。

(4)激励旅游扶贫企业(Business Incentives)。

旅游企业是贫困社区旅游业发展过程中的重要参与者,旅游企业可以帮助社区居民进行能力培养,为社区提供就业机会,吸引资金流,引进先进技术,同时促进社区基础设施的建设与完善等。因此,为了增加旅游开发过程中贫困社区居民的实际受益,增强旅游企业的责任感,南非实行了一系列激励政策。这些政策主要包括:

①规划获准(Planning Gain)。为实现财务独立与自主经营,南非国家公园(SAN Parks)被授权建设与使用旅游设施。但投标书必须要有关于如何通过投标项目促进贫困居民获益及为新兴企业(尤其是国家公园临近区域的企业)提供商业机会的信息。同时,一些南非的省级环境保护机构还要求投标者提供如何提高穷人进入旅游市场的可能性及旅游企业雇佣当地居民数量等信息。

②资金资助(Access to Finance)。南非的旅游企业可以获得来自扶贫旅游开发项目的资金支持。这些资金可用于旅游基础设施的建设与社区居民的能力提升培训。除此之外,南部非洲发展银行(DBSA)资助进行负责任旅游战略的评估并帮助旅游企业寻找资金支持。

③良好的邻里关系(Good Neighbour Relationships)。南非的农村投资者逐渐意识到与周边社区维系良好关系的重要性,并开始将利益分配给周边各个社区。旅游企业常常采用"企业社会责任"的方式向周边社区分配利益,对学校、诊所、水、卫生设施及奖学金等进行投资。与此相对的是,社区以与旅游相关业务的形式回报企业,例如把社区土地用于旅游开发。

④营销激励(Marketing Incentives)。南非联邦接待协会为接待部门设立了奖项,那些执行可持续经济、社会和环境项目的产业部门和成员都将被奖励。为此有76个企业与南非联邦接待协会签订了执行负责任旅游的条约。

(5)创建旅游扶贫试验区(Case Studies and Pilot Sites)。为了研究PPT战略对地方企业与社区居民的影响,获取战略实践经验,南非设立了许多PPT案例研究区。PPT项目小组与研究区内的企业建立密切联系,特别是英国国际发展署资助的5个旅游企业,通过它们从不同类型客源市场、旅游产品、土地占用情况、能力及与旅游扶贫的相关政策等方面获取PPT项目实施的相关信息,总结经验教训,讨论改进措施,调整政策。除此之外,政府另外设立了南部太阳城旅馆集团、荒野丛林岩石湾、太阳城胜地、斯匹尔休闲区和克·唐狩猎场5个南部非洲旅游扶贫试验项目。利用上述试验区实施相应的旅游扶贫战略和政策,让当地社区贫困人口或当地企业与主要旅游企业建立联系,让他们参与到旅游企业的生产经营活动中,达到旅游业带动贫困人口增收和地方经济发展的目的。

5.2.1.2 村落复兴在南非的发展

首先是立法层面,1999年颁布的《国家遗产资源法》对南非所有遗产管理具有总指导作用：包括建立遗产资源管理体系，制定管理所有遗产资源的原则和准则，建立识别、评估和管理遗产资源的系统，成立南非遗产资源署(SAHRA)，控制文物资源出口和重要文物非法进口，允许各省在管理特定类型的遗产资源方面发挥作用(Cash K，2014)。除了上述法令外，南非政府还颁布了一系列相关政策及法律法规来规范引导遗产的保护和开发，具体见表5-2。

表5-2 南非遗产保护与开发的相关政策和法律法规

颁布时间/年	名称
1996	《艺术与文化白皮书》
1996	《南非旅游业发展和促进白皮书》
1999	《国家遗产委员会法案》第11号
1999	《国家遗产资源法案》第25号
1999	《世界遗产公约法案》第49号
2011	全国旅游行业战略
2012	国家乡村旅游战略
2012	国内旅游增长战略
2012	国家遗产与义化旅游战略
2014	《旅游法》第3号

资料来源：Clinton D，vander Merwe. The Geography of Heritage in South Africa[M]. 2019：133-141.

（1）通过博物馆的形式来进行遗产的保护与展示。如南非历史最古老的博物馆——南非博物馆，1825年建立，馆藏展品150多万件。其中非常有名的展品有远古时代桑族人的岩石绘画和雕刻作品，17世纪的荷兰、英国绘画作品，以及鲸鱼骨骼、动植物化石等。博物馆是一种比较普遍但效果理想的一种遗产保护形式(Thiaw I，2014)。

（2）运用现代数字技术来收集口头文化遗产。如在Makgabeng地区通过故事、歌曲、舞蹈和诗歌进行表达，并使用数字技术收集的口头文化遗产，将有助于保护受到西方文化冲击威胁的非洲价值观。

首先，通过对手工艺人的支持来实现文化的保护和传承。如Still Bay社区在发展旅游过程中成立了社区工艺品中心，当地的手艺人可以在这里进行手工艺品制作，其实也在一定程度上发扬了地方传统手工艺，实现了对传统文化的保护。

其次，通过文化村落(Cultural Villages)的兴建保护传统文化，是现今南非"本土旅游"(Indigenous Tourism)发展最主要的形式。南非的文化村落即在文化工作者的帮助下，人为建造的综合体,它是对某一特殊时期或几个时期的传统村落文化生活的一种模拟。传统农场民宿是文化村落中最主要的吸引物。除此之外,大多数村落还有工艺品商店、传统风味餐厅、酒店,并且提供民俗歌舞表演。这些村落的原住居民几乎都是黑人,但旅游的发展却牢牢地掌握在白人手中。南非文化村落的变革成为南非学者关注的重点,旅游中的社区增权成为文化村落旅游发展重点关注的问题。

5.2.1.3 旅游扶贫与村落复兴协同发展在南非的实践

由于长期的种族隔离制度,南非的黑人在经济、观念上长时间落后。截至目前,南非国内贫困人口主要为黑人。自1994年起,南非国内开始重点推广旅游,旅游扶贫的目标区域是黑人聚居的社区。二十多年的旅游扶贫对黑人文化村落的发展产生了促进作用。

其一,负责任旅游(Responsible Tourism)的持续推进,提升了旅游企业对社区居民的利益关注度。由于黑人社区的旅游发展常常为外来者掌控,当地在文化、科技、技能方面相对落后,社区居民在旅游就业时常常是一些基层岗位,工资保持在较低水平。旅游企业给予社区居民与劳动强度不匹配的低工资,常年侵犯其人权。

1996年,南非政府发表的《南非旅游业发展和促进白皮书》提出的负责任旅游,要求"旅游业在当地产生较大的经济利益,使当地人能参与市场运作,提高接待社区的福利,改善工作条件,以及保护当地的文化"。随着这一观念受到越来越多旅游者支持,企业也更关心社区居民利益,开始给予接待社区居民更多保障,甚至给予社区居民参与旅游企业经营的机会,提升雇佣的当地人职位,增加他们的薪资。

其二,空间发展计划(SDIS)多方面促进文化村落复兴,推行增权旅游为本土旅游发展提供支持。空间发展计划将"增权"作为发展旅游的优先目标,在推进一系列相关工作的过程中提出了发展增权旅游(Empower Tourism),即一种由以前处于劣势的社区或个人拥有与控制的旅游企业所主导的本土旅游发展模式。空间发展计划的推进,使公共部门(Public Sector)参与到本土旅游发展中来,促进各部门间的合作并提出一整套发展战略,为本土旅游发展提供了支持。

其三,土地改革为社区居民参与旅游发展提供了可能性。资源与土地所有权是决定社区居民参与旅游发展的最重要的因素。当社区拥有完整的土地所有权时,他们就可以决定与控制传统村落的旅游发展,利用社区所有的土地开办合资企业,并获取资金支持企业发展。然而,在南非,黑人社区常常被剥夺土地的所有权或仅仅拥有不完整的权利。空间发展计划(SDIS)包含许多项目,其中一项是土地改革。它包含两种形式,第一种形式是归还社区土地所有权与使用权。这一形式在农村地区推行,由于私营企业无法获得完整的土地所有权,社区成了主要的受益者。鉴于此种情况,米德尔堡镇议会(The Middleburg

Town Council)试图推行CPPP项目(Community-Public-Private Partnership),使涉及的社区、公共部门、私营部门多方获取利益;第二种形式为土地的重新分配,即政府授权允许拥有一定资源的个人与团体购买土地以发展旅游。土地改革试图解决黑人社区旅游发展中最大的两个问题之一,即不明确的土地权利,(另一个为黑人社区增权),改变了社区在旅游发展中的被动地位,为社区居民主动参与旅游的发展提供了更多可能。

其四,政府为社区旅游发展提供资金和技能培训项目。在增权旅游的执行过程中,配套实施了一系列资助计划,鼓励旅游创业者。创业者可以申请创业基金(最高限额约为35000南非兰特)用于建立自己的旅游企业,促进社区公共设施的改善。同时,在国家层面上,新兴的从事国际市场经营的小型旅游企业在经营的前四年,可以持续不断获取国家给予的补贴。由于本土居民常常缺乏旅游从业技能,南非政府致力于吸引国际机构、非政府组织及私营机构在国家、地区或企业层面资助或实施技能培训项目。从长期来看,开设了学校课程;从中期来看,1998年,Skills Development Act开始实施国家培训计划(The National Learnership Programme),随后在2000年获得了Business Trust的资助;从短期来看,由Wild Coast SDI成立了创业者与旅游训练项目,这一项目由欧盟资助,计划持续执行四年以上。这些培训主要以处于劣势的年轻人、妇女为目标人群。除此之外,在Maputo Corridor区域,艺术、文化与科技部门(DACST)还专门为文化工艺品的小型生产商提供了专家指导及运营培训。

其五,促进社区基础设施建设。在扶贫基金的支持下,政府把大量资金投在了基础设施建设上,尤其是公路网络的建设与升级。社区基础设施完善水平持续上升,公共服务供给开始匹配社区居民的需求,为社区带来新的旅游发展机会,增加了旅游者数量。

5.2.2 泰国

5.2.2.1 旅游扶贫在泰国的发展

泰国旅游业起步于20世纪60年代,经过70年代的发展,在80年代进入鼎盛期。1982年,外汇收入在泰国旅游业方面达到了238.78亿泰铢,首次成为最多的外汇收入来源。发展至今,旅游业已成为泰国的战略性支柱产业,为泰国的经济发展做出了诸多贡献。

虽然旅游业推动了泰国经济的快速发展,促进了人民生活水平的提高。但早在2004年,泰国经济与社会发展委员会就指出,"泰国人民生活水平已达到6年来最好水平,但社会问题日益严重"。据统计,从2002年到2010年,泰国的基尼系数从0.42增长至0.48,远超出国际警戒线0.4,国内两极分化加剧,社会矛盾问题突出,已经严重地影响到泰国社会的稳定与发展。

泰国政府意识到了贫富差距问题的严重性,鉴于国内经济发展的实际情况,根据

2007年亚洲开发银行提出的经济包容性增长发展理念,采取了一系列措施,使得旅游经济与社会协同发展,发挥旅游在减贫方面的作用,以缩小国内贫富差距。

泰国皇室高度重视旅游经济的发展,在国家顶层设计的基础上,泰国国家旅游局推出了相关政策,推动国内旅游的发展,鼓励公众广泛参与旅游活动,帮助贫困地区发展旅游,以改善国内社会两极分化严重的现状,并由此形成了一种旅游经济包容性发展模式,大大地推动了旅游扶贫的发展。除政府力量以外,泰国旅游扶贫过程中另一个重要力量是社会公民组织,其中典型代表为普下(Phu Phiang)旅游贸易组织,其开展的负责任行动为促进贫困地区经济发展做出了巨大贡献。

(1)旅游经济包容性发展模式。

在国家顶层设计与泰国国家旅游局相关政策的推动下,旅游扶贫通过一种旅游经济包容性发展模式得以实现,这种模式以包容性旅游理念为基础,倡导旅游经济与社会的和谐发展。包容性旅游是旅游扶贫的一种发展理念,即基于均等发展机会,通过旅游增强贫穷人口的就业能力,促进贫困地区旅游相关产业、生产性就业岗位的增加,进一步促进经济成果的公平分配,缩小贫富差距,以达到社会公平发展的目的(王超,2012)。泰国的旅游经济包容性发展模式,关键是政府机构的高效运作,核心是旅游经济的稳定增长和生产性就业岗位的增加,基础是旅游社区社会包容性与均等经济发展机会,支撑是旅游对弱势群体扶贫安全保障制度的贡献。对旅游扶贫的促进作用主要体现在以下几个方面:

其一,政府层面重视旅游扶贫,为贫困地区经济发展营造良好环境。泰国政府非常重视本国旅游发展的国际化,将旅游业发展放在国民经济发展中非常重要的位置,强调旅游经济发展在缩小国内贫富差距方面的作用。在泰国《国民经济与社会发展第九个五年计划(2002—2006)》提出的旅游发展相关政策中,明确提出"以旅游促进就业,把旅游业打造成为创造就业机会与岗位、增加国民收入、赋予农村社区剩余劳动力就业的权利、减少居民贫困的重要产业"。一系列政策法规在泰国的颁布,为贫困地区旅游经济发展营造了良好的政策大环境。同时,政府大力投资相关基础设施建设,提升贫困地区的旅游接待潜力,为旅游发展奠定了基础。

其二,生产性就业岗位的增加,为贫困社区居民就业提供大量机会。旅游经济的包容性发展模式在泰国旅游业的应用,促进了泰国旅游业及相关产业的大发展,带来了极大的劳动力需求。同时在政府引领下,泰国旅游的国际化进程不断加快,入境游客不断增多,创造了大量新的就业机会。泰国旅游经济健康稳定增长,保证了生产性就业岗位的增加,贫困地区居民获得了更多的就业机会,有利于当地旅游经济的发展。

其三,国内社会公平性的提升,为贫困地区旅游发展创造公平机会。包容性发展的理念,指导泰国政府关注旅游经济发展过程中就业教育、劳动生产、贸易竞争等社会公平性问题,为贫困地区的旅游发展提供机会。政府关注就业教育,缩小教育上的男女差距,提升女性劳动能力;修订《劳动保障法》,保证劳动生产中的公平,保障工人的基本权利;鼓励社会公民组织参与贫困地区旅游建设,帮助贫困地区居民获得旅游发展的机会,享受旅游发展带来的福利。

其四,旅游促进区域经济发展,为政府完善社会保障体系提供支持。旅游的发展促进了泰国综合国力的增强,国家财政收入得到一定保障,使国家有能力对国内社会保障体系进行完善,进一步保护弱势群体。泰国致力于建设完善的社会保障体系,针对国内所有居民,尤其是老弱病残等人群,提供了以权利为基础的、系统的、充分的社会保障;协调现有的各种社会保障机制以减少国内的纵向不平等;确保社会保障体系的财务与监督的持续性;在各层面建立社会安全与社会保障机制。这些措施在一定程度上提高了贫困地区居民的生活水平,降低了社会不平等。

(2)普卡旅游贸易组织的负责任行动。

普卡旅游贸易组织是泰国的一个社会公民组织,致力于促进泰国旅游贸易的公平,尤其关注旅游商品交易中弱势群体的公平竞争能力与机会(王超,2014)。其策划了不同类型的负责任行动,为偏远贫困地区带来旅游发展的契机,促进落后地区人民收入的增加。其中,普卡旅游贸易组织在国际公平贸易协会(The International Fair Trade Association,IFTA)的支持下,帮助农村艺术家(Village Artisans)搭建了展销手工艺品的贸易平台;与泰国手工艺协会(The Thai Craft Association,TCA)合作,基于公平贸易的原则,开展了"普卡:手工艺与文化旅行",帮助贫困地区增收。

5.2.2.2 村落复兴在泰国的发展

联合国开发计划署2004年的报告数据显示,泰国乡村人口所占比例为63.3%,远超过周边马来西亚、菲律宾等东南亚国家,且乡村人口受教育水平偏低(邹沁园,2014)。传统乡村地区由于偏远的地理区位所以地区经济发展落后,当地居民将种植鸦片作为主要经济来源,农业和工业发展滞后。1997年亚洲金融危机带来的经济动荡,同时带来了乡村地区的高贫困指数,国家的经济发展和社会和谐受到极度赤贫化的强烈冲击。传统村落经济发展与乡村文化的保护均面临困境,从此泰国政府开始高度重视传统乡村的保护,并鼓励发展乡村旅游促进传统乡村地区发展。

村落文化具有一定特征,村落景观、畜牧业的发展、手工艺的传承、社会的联结方式等共同构成了村落文化。村落的复兴需要对多方面进行整合,整体规划,多元发展。故泰国引进了日本的"一村一品"发展理念,结合国内乡村地区的发展现状,形成了具有重要影响及代表性的"一村一品"——OTOP发展模式。

"一村一品"能够整合乡村、手艺、产业三大部分,并通过内部与外部相结合的方式,最终构建起多元互动的乡村经济、社会、文化发展格局,作为泰国向外推介、展示乡村社会发展的重要平台,多方面推动了传统村落复兴。根据Suriya(2011)的研究成果,在一个以社区为基础的旅游村庄,旅游诱导的活动,尤其是纪念品生产、销售产生的收入可以分配给穷人,从而减少贫困(Suriya K,Gruen C,2012)。原因是制作纪念品的技能要求不高,大部分穷人就可以很容易地参与到这些活动中来,并获得溢出效应。相比之下,核心的旅游活动,如寄宿家庭、徒步旅行、文化展示等,并不能减少村里的贫困,因为这些活动的收入集中在有钱的家庭,他们有能力投资。然而,为了支持社区旅游,政府不能忽视对村里富裕家庭的支持,因为核心旅游活动是旅游诱导活动的前提。没有核心旅游活动,游客就不会来村里买纪念品,届时旅游纪念品生产对减贫的作用将不复存在。

具体而言,泰国推动传统村落复兴的路径主要包括以下几个方面:

(1)政府推动村落传统手工艺的保护与传承,实现村落经济与文化复兴。泰国国内拥有众多少数民族,他们大都聚居在偏远的乡村地区,形成了独特的聚居村落。各村落具有代表性的传统手工艺,是泰国人民勤劳与卓越创造力的体现,更是泰国非物质文化遗产的重要组成部分。早期乡村手工艺发展来源于泰国王室和政府对传统手工艺保护和传承的支持。大致分为两个阶段:第一阶段是1972年,诗纳卡琳皇太后捐助数万泰铢设立"泰国山地手工艺品基金会"。第二阶段是1975年,泰国诗丽吉王后亲自设立的"泰国诗丽吉王后扶持基金会",其宗旨是扩大行业并提供相关技术支持服务,创造就业机会,增加农民家庭收入来源,并保护和复兴濒临消亡的泰国古老手工艺。自泰国引进了日本的"一村一品"发展理念后,成功将传统手工艺与乡村社会发展结合起来。官方评定OTOP手工艺产品以保障产品的质量,并开设专卖店售卖以及进行国内外会展展销,开拓传统手工艺产品的销售渠道。

(2)政府牵头,投入资金,选择村落进行试点发展。政府带头,各地村落开始着手发展传统手工艺。但由于各地手工艺产品良莠不齐,且村落缺乏经营销售经验,项目刚开始就出现了问题。因此,政府开始选择村落进行试点发展,鼓励大学刚毕业的年轻人回老家参与到OTOP项目中,大量投入资金为每个村配备专业的技术培训机构以及现代生产设备设施,集合专家组成了20个项目组,承担手工艺品的市场开发、旅游者咨询、工艺品营销,举行促展会,让村民快速联系上买主,开拓了销售渠道。

泰国与我国的传统乡村地区发展状况具有相似性与可对比性,文化创意产业的发展成为传统村落复兴的一种重要方式。我国传统村落有很多少数民族村落,拥有许多被列为非物质文化遗产的传统手工艺,泰国对传统手工艺的保护与传承经验值得我国借鉴。

5.2.2.3 旅游扶贫与村落复兴协同发展在泰国的实践——以 Chalae 村落为例

Chalae 村地处缅甸与泰国的边界,位于一条非法贩卖毒品的路线上。由于自然及历史原因,村落居民与政府官员之间存在着地理差异与文化隔阂,地区发展的官方规划混乱,政府机构中贪污腐败现象严重,导致村落发展面临严重的土地所有权与毒品问题,社会不稳定因素多,村落居民长期处于贫困状态。

自 2000 年起,在当地非政府组织 MCAC(The Mirror Cultural Arts Centre)的支持下(尤其是在市场营销与企业管理方面),当地村民开始自发发展旅游。这种自下而上的旅游发展模式,起到了有效的扶贫作用。

在初始阶段,村落在 MCAC 工作小组的帮助下制订了一系列战略,为当地居民创造了良好的成长与学习氛围。主要是针对当地的孩子们展开各种各样的活动,例如青年领导者项目(Youth Leaders Programme),用以培养大批优质的导游人才,在年轻一代心中根植保护社区环境与保持长远发展眼光的观念。为了打造健康稳定的家庭与社区关系,创造更好的旅游环境,MCAC 与社区委员会一同分析商讨,制订了社区与旅游发展计划,促进各种各样的手工工艺品的发展,使得当地居民拥有可以谋生的技能,当地妇女们可以远离毒品种植。

除此之外,MCAC 还邀请外来人士融入村落原住居民的真实生活中来,并参与到当地孩子们的教育活动中。这一项目取得了成功,每个月会有大约 20 个拥有不同生活与工作背景的志愿者来到村落,参与到教育活动中。他们与当地孩子同吃同住,开展手工艺制作、游戏、交流、游泳、种植、导游等活动。MCAC 还专门建立了网站,对村落活动进行宣传,吸引人们关注,为村落获取基金援助。

在 MCAC 的帮助与运营下,村落的原住民获取到了极高的收入,是以前村落由外来旅游运营者运营时收入的 25 倍,旅游扶贫对 Chalae 村落发展的促进作用主要表现在以下几方面:

其一,非政府组织的积极参与,为传统村落旅游发展提供机会。从 1991 年至 2009 年,除 Chalae 村落以外,非政府组织 MCAC 还在清莱府的 MaeYao 分区开展了一系列针对贫穷社区的发展项目,使这一地区的 14 个山区村落,近 12000 名阿卡族、拉祜族及卡伦族的居民受益。像 MCAC 这样的社会公民组织还有很多,在泰国政府旅游扶贫政策的鼓励下,它们广泛参与传统村落的旅游发展。和政府的政策支持相比较,非政府组织与贫困社区直接接触,从技能培训与旅游基础设施建设入手,充分与当地居民交流并获得及时反馈,往往更能通过旅游发展直接带动传统村落的经济、文化与社会复兴。

其二，学习型社区的积极建立，有利于村落旅游的可持续发展。非政府组织MCAC工作小组帮助制订的旅游扶贫战略，关注学习型社区的建立，为社区居民创造学习的氛围与环境。帮助居民学习旅游从业技能与管理方法，使以前从事非法职业或无业的村民真正有能力参与村落的旅游发展并从中获利，促进了家庭稳定与社会和谐；开展一系列针对年轻一代的活动，为他们树立保护环境的观念与长远发展眼光，保证村落的环境保护与文化传承，发挥了重要作用。

其三，自下而上的旅游扶贫模式，有利于村落真正从旅游中获利。Chalae村落的旅游扶贫模式，以村民为根本，村民在社会公民组织的帮助下，自主决策、自主发展、自下而上，是一种长期的可持续发展的模式。由于没有外来企业的剥削与过多上级政策的干预，社区从旅游发展中获取利益，实现经济增长，减少了旅游扶贫中"越扶越贫"情况的发生。

5.3 国际经验借鉴及启示

5.3.1 国际经验

无论是发达国家还是发展中国家，都或多或少面临减贫与旅游可持续发展问题，存在保护传统村落或土著社区的需要。在本章内容中，发达国家如澳大利亚、日本、意大利等，较早在政府主导下实施旅游扶贫及传统村落保护。经过多年发展，理论与实践成果丰硕，形成了一大批成熟的旅游扶贫与传统村落复兴协同发展的实践案例，有很多先进理论及发展方式值得借鉴。发展中国家例如南非、泰国等，旅游扶贫与传统村落复兴协同发展模式仍处于探索阶段。由于发展中国家经济水平较低及国内贫富差距大的现实，国内成熟的案例地相对较少，但这些国家的国情与区域经济发展情况与我国有很多相似处，为我国探索旅游扶贫与传统村落复兴的协同发展提供了更多实践参考。

总体而言，国际旅游扶贫与传统村落复兴协同发展的实践案例，呈现出以下一些特征。

5.3.1.1 强调政府主导、相关配套政策及法律支持

在本章案例中，无论是发达国家还是发展中国家，旅游扶贫与传统村落复兴的发展都是由多个政府部门共同参与的，并配套一系列的政策法规。澳大利亚政府实施"土著人旅游业发展战略"，制定了生态旅游业标准化规范、地方旅游发展资金支持的系列政策；日本为发展乡村旅游扶贫，采取倾斜政策并制定系列法律文件加以保障，为促进乡村振兴，颁布《文化财保护法》《乡村振兴法》等法律提供支持；南非更是提出了政府宏观经济政策、旅

游优先发展的政策、《全面提高黑人经济实力法案》及其宪章和积分卡等政策与法令,并由政府主导采取了负责任旅游、减少贫困计划、促进旅游公平贸易、激励旅游扶贫企业、创建旅游扶贫试验区等一系列措施。政府的主导,为贫困地区旅游发展创造了良好的环境,大量政策法规为旅游发展提供了有效保障,引导旅游扶贫有计划的发展。

5.3.1.2 关注社区参与及社区增权问题

社区参与是旅游扶贫精准化的充分必要条件,旅游扶贫的精准化提升了社区居民在村落旅游发展中的参与度,而充分的社区参与促进了旅游精准扶贫"扶真贫""真扶贫"目标的实现。

村落居民是传统村落复兴的基础,居民所传承的传统文化及生活方式是最具吸引力的旅游资源。社区参与及社区增权使村落居民真正受益,让游客欣赏到了真实的村落文化,为自身创造了经济收入,为村落复兴提供了契机。发达国家较早认识到这一点,"政府主导、企业合作、社区宣传",三位一体,促进社区参与,而发展中国家近年才开始关注这一问题,致力于社区增权。

在澳大利亚,政府管理与土著参与融合以保护丰富的土著文化资源。政府设立土著事务部,使土著人也能够管理自己的事务,并逐步在政府职能部门任职;鼓励土著居民参与旅游发展,自行设计文化旅游线路,创新旅游手工艺品;支持旅游企业与当地社区合作经营旅游项目,提升社区居民的社会技能。南非研究者近年将研究重点放在了社区增权上,通过社区增权,保证社区的高参与度。南非政府也提出发展增权旅游(Empower Tourism),进行土地改革,明确土地的所有权与使用权,为社区提供进入旅游业的资本;倡导"负责任旅游",鼓励企业与社区合伙经营,改变居民在旅游发展中的被动地位;设立国家培训计划、企业培训计划,帮助社区居民获取进入旅游业的能力。

5.3.1.3 注重传统文化的保护与传承

传统文化是传统村落的精神内核,是一个村落的灵魂所在。无论是发达国家还是发展中国家,政府都充分认识到了文化在旅游精准扶贫与传统村落复兴协同发展过程中的重要性,采取各种措施保护传统文化,为后续的旅游开发奠定坚实基础。

在发达国家的案例中,澳大利亚关注土著文化在旅游开发过程中的保护,贯彻旅游可持续发展的观念,将政府管理与土著参与融合,以保护丰富的土著文化资源;将不同文明的艺术形式相融合,以延长土著文化遗产的寿命。日本意识到文化是村落的灵魂,针对文化遗产的保护颁布了系列法律法规,同时注重旅游开发中的环保与生态问题。在白川乡的案例中,政府支持而且村民也自发保护白川乡的自然生态环境和合掌造建筑,并注重将传统文化融入旅游中,将传统的庆典活动、特色民歌表演等作为旅游活动的一部分,让游客亲自体验传统文化,有益于文化传播。意大利关注对村落传统建筑的保护,因地制宜,根据不同村落情况详细制定各种旅游发展规划,深度挖掘与保护各个村镇特色文化;传承与发扬传统文化,留住了村落的灵魂;保护原始村落风光,留住了村落的本来面貌。这样做既降低了对村民正常生活的影响程度,同时又发展了村落经济,实现社会、经济、文化和环境的多重效益。

5.3.1.4 鼓励旅游企业与非政府组织的参与

旅游企业与非政府组织作为除政府与当地居民外的第三方力量,是贫困社区旅游业发展过程中的重要参与者,可以帮助社区居民进行能力培养,为社区居民提供就业机会,吸引资金流,引进先进技术,同时促进社区基础设施的建设与完善等。

在旅游扶贫与传统村落复兴协同发展的国际案例中,旅游企业与非政府组织广泛参与,为传统村落保护与发展做出了巨大贡献。各国政府也颁布法令法规,鼓励旅游企业与非政府组织的参与。南非提出激励旅游扶贫企业的系列政策,包括规划获准、资金资助、良好的邻里关系、营销激励等四方面内容,通过增强旅游企业的责任感,鼓励旅游企业参与社区旅游发展;泰国普卡旅游贸易组织致力于提升弱势群体在参与旅游商品交易中的公平竞争能力,为偏远贫穷社区提供发展旅游的机会;当地非政府组织MCAC帮助泰国Chalae村落发展旅游,为村落居民提供市场营销与企业管理等方面的经验支持,并积极创建学习型社区,提升社区居民素质,保证村落旅游的可持续发展。

5.3.1.5 因地制宜选择协同发展模式

不同国家的国情及传统村落的实际情况都各不相同,各国强调"因地制宜",选择了符合实际情况的协同发展模式,具体如下表5-3。

表5-3 案例国旅游扶贫与村落复兴协同发展模式对比表

国家	发展模式	具体内容
澳大利亚	旅游扶贫+土著文化	提出的"土著人旅游业发展战略"; 提升土著居民的文化认同度,保护与传播土著文化; 支持土著地区旅游规划; 对土著地区进行有针对性的资金扶持; 注重环境保护与投资宣传。
日本	旅游扶贫+乡村旅游	旅游景观与农业发展相结合,并达成"旅游开发不能影响农业发展"的共识; 将传统文化融入旅游中; 建设符合当地特色的商业街。
意大利	旅游扶贫+村镇旅游	注重自然灾害的预防和因地制宜的规划; 在保护村庄的基础上进行有特色的开发建设。

续表

国家	发展模式	具体内容
南非	旅游扶贫+文化村落	推行负责任旅游； 发展增权旅游； 进行土地改革； 为社区旅游发展提供资金和技能培训项目； 促进社区基础设施建设。
泰国	旅游扶贫+传统村落	鼓励非政府组织的参与； 非政府组织协助、村民自主决策、自发发展。

在澳大利亚，旅游扶贫的发展方向是本土文化旅游，带动澳大利亚土著人的经济发展并保护土著社区的文化；在日本，选择了"旅游扶贫+乡村旅游"的模式，切合日本振兴农村山区经济的现实要求；意大利存在大量贫困的古村镇，为了拯救濒临消失的传统村镇，意大利鼓励发展村镇旅游，挖掘村镇特色；南非由于其历史原因及独特的殖民地黑人文化，利用旅游扶贫发展文化村落，增加其本土旅游的吸引力；泰国国内有大量少数民族聚居村落，选择民俗旅游，发展村落旅游。

5.3.2 借鉴及启示

在总结出国际旅游精准扶贫与传统村落复兴协同发展案例的特征后，结合我国的具体国情及旅游精准扶贫与传统村落复兴的发展现状，得到了以下启示。

5.3.2.1 强调政府主导，营造良好的政策环境

旅游精准扶贫与传统村落复兴协同发展是响应我国乡村振兴战略的必然要求，也是顺应"十三五"旅游发展规划的重要途径，它有利于脱贫攻坚，有利于解决"三农"问题，有利于推动社会主义精神文明建设。我国旅游精准扶贫与传统村落复兴的协同发展一直以来是在政府主导下进行的，完善政策法规，营造良好的发展大环境是政府的重要任务。

其一，完善保护传统文化与自然环境的法律法规，保证传统村落旅游的可持续发展；其二，制定并完善关于旅游规划的方针政策，并提高旅游规划审批通过的标准，保证旅游规划的整体性与科学性；其三，制定针对旅游企业的激励政策，鼓励旅游企业参与到传统村落的发展中；其四，完善人才引进制度，鼓励有知识有文化的大学生参与到旅游发展中，提升传统村落发展中管理者、经营者及社区居民的文化水平；其五，设立扶贫基金，并明确申请资助的要求与流程等。

5.3.2.2 聚焦社区增权，确保居民受益与发展

随着旅游扶贫政策的不断推进，很多地区逐渐浮现出"旅游扶贫不是扶真贫"的问题，外来开发者或社区富有者常常在扶贫过程中越来越富裕，而穷人因土地被占用、传统生存

方式的改变,生存愈发困难,因此相关研究者提出了"旅游精准扶贫"的概念。旅游精准扶贫的关键是社区参与,而社区参与应该将社区增权作为关键点。

社区增权的核心就是使社区居民真正参与到旅游活动中,这需要多方力量的共同努力。在政府层面,要明确社区居民对土地资源、自然资源的所有权,保证其有资本参与当地旅游开发与经营;推动政企合作,创建学习型社区,加强对社区居民的培训并为其创造学习的氛围,使社区居民真正有能力运营旅游企业,掌控社区旅游发展;帮助社区居民在旅游发展中成为文化的管理者而不仅仅是提供者等。在企业层面,要具备高度的责任感与可持续发展的长远目光,加强与当地政府、社区居民的合作,为当地居民创造就业机会,提供获利可能。在社区层面,社区应建立自我管理组织,带领社区发展,积极与外来经营者创建合伙经营企业,直接获取利润而不被外来经营者剥削;改变传统的发展观念,具备把握旅游发展机会及应对挑战的能力。做好社区增权,实现真正的社区参与,保证居民的受益与发展,促进传统村落环境、社会、经济、文化全面复兴。

5.3.2.3 关注社区教育,培养村落文化的保护者与传承者

我国现阶段的古村落旅游,社区居民仅仅扮演的是文化提供者的角色。提供文化产品的方式有表演、制作手工艺品等,获取利润是其主要目的。居民缺乏与游客的沟通,使得村落文化商品化,真实的民俗被曲解,村落文化传承出现障碍,社区居民在旅游发展中越发被动。在澳大利亚本土文化旅游的发展中,古奈族通过发展土著旅游与创新手工艺品吸引游客,并设计了巴塔卢克文化路线,建立克洛瓦敦库隆保留地保护文化,从文化提供者变为文化传承者。而在日本,白川乡村民对村落原始风光的自发保护意识和保护措施是村庄能够保存完好的首要因素,为后续的旅游开发奠定了基础。因此,在我国的旅游精准扶贫与传统村落复兴协同发展的过程中,也需要帮助社区居民成为村落文化的保护者和传承者,促进旅游的可持续发展。

其一,加强宣传与教育,强化旅游经营者、管理者、社区居民及游客的可持续发展意识,自觉保护传统文化与村落原始风光;其二,引导社区村民正确认识村落传统文化,建立文化自信并厘清文化传承与旅游发展的关系,让村民成为文化管理者,合理开发与利用文化,有效保护与传承文化;其三,坚持严格保护、科学管理与合理开发的方针,保证旅游资源的可持续利用。

5.3.2.4 激励企业参与,增强企业的社会责任感

旅游开发商与经营商是传统村落旅游开发中的重要参与者,他们也是最为活跃的利益参与者,对社区发展与居民获利有着重大影响,同时也最容易与扶贫目标产生冲突。富有责任感的企业可以帮助社区获取经济利益,自觉保护社区文化与环境,而缺乏责任感的

企业,为获得经济利益不择手段,常常与社区居民发生冲突。

增强企业的社会责任感,实现企业与社区的双赢,是政府的重要任务之一。其一,鼓励企业与社区建立合资企业,共同经营,公平分享利益,促进企业与贫困社区合作信任关系的建立;其二,为发展传统村落旅游的企业提供政策支持,为其提供来自扶贫旅游开发项目的资金支持或实施税收减免政策;其三,对旅游企业的管理者进行培训,帮助其意识到与所在社区维系良好关系的重要性。

5.3.2.5 发挥非政府组织的推动作用

作为独立于政府与企业的社会第三方力量,非政府组织在地方区域经济发展中发挥着越来越重要的作用。目前国内非政府组织对旅游扶贫与村落复兴的参与度不足,它们对区域旅游经济发展的促进作用还未有效发挥。建立与非政府组织的密切合作,充分利用它们所拥有的丰富开发经验与资金获取渠道,国内旅游精准扶贫与传统村落复兴会获得更为充分的发展。

其一,政府应鼓励非政府组织扩大其在传统村落旅游发展中的参与范围,促进产业链发展的和谐一致。作为介于政府与企业之间的第三方力量,其立场可以保证其对旅游产业的各个环节进行冷静客观的思考,深入参与到旅游的各个环节中。其二,鼓励非政府组织创新参与方式,有利于其对旅游发展的参与获得更好效果。民间性、公益性是非政府组织的主要特征,在利他主义与奉献精神等价值导向下,非政府组织成员通过各种方式开展组织活动(吴祖梅,2014)。这些多种多样的方式是传统村落开发的有益探索,使非政府组织对旅游产业的参与更加灵活机动。其三,鼓励非政府组织充当不同角色,帮助社区实现多维发展目标。非政府组织在旅游的发展中可以充当多种角色,每一种角色为实现一种既定目标而存在。作为环境的保护者,非政府组织的目标是环境保护;作为扶贫的先锋,非政府组织致力于解决社区贫困问题。因此,鼓励非政府组织尽可能多地扮演一些参与角色,有利于帮助社区实现环境、文化、社会、经济的全面复兴。

5.4 本章小结

本章选取了澳大利亚、日本、意大利、南非、泰国等五个国家为例,从旅游扶贫的发展、村落复兴的发展、旅游扶贫与村落复兴协同发展在案例地的实践等三个方面,探讨旅游扶贫与传统村落复兴协同发展的路径和经验。研究发现五个国家的共同经验是:(1)强调政府主导、相关配套政策支持;(2)关注社区参与及社区增权问题;(3)注重传统文化的保护与传承;(4)鼓励旅游企业与非政府组织的参与;(5)因地制宜选择协同发展模式。

在总结出国际旅游扶贫与传统村落复兴协同发展案例的经验后,结合我国的具体国情及旅游精准扶贫与传统村落复兴发展的现状,得到了以下启示:(1)强调政府主导,营造良好的政策环境;(2)聚焦社区增权,确保居民受益与发展;(3)关注社区教育,培养村落文化的保护者与传承者;(4)激励企业参与,增强企业的社会责任感;(5)发挥非政府组织的推动作用。

第6章 民族地区旅游精准扶贫与传统村落复兴协同发展的现状测度

上一章以发达国家澳大利亚、日本和意大利,发展中国家南非和泰国为例,对国际旅游扶贫与传统村落复兴的典型案例地进行了梳理,分析了两者协同发展的路径和国际经验。但是经验的借鉴,必须针对我国民族地区旅游扶贫和村落复兴协同发展的现状,通过问卷调查、实地访谈等实证研究方法,有针对性地借鉴国际经验,为构建民族地区旅游精准扶贫与村落复兴协同发展的路径,提供切实可行的政策建议。

6.1 调查问卷概述

6.1.1 调查问卷的设计

"民族地区旅游精准扶贫与传统村落复兴协同发展现状的感知调查问卷"分为四部分(附件1)。

第一部分是调查问卷的引言部分,说明此次调查的目的、调查的主要内容、调查单位、保密措施等,感谢被调查者予以的协助。

第二部分是村民对旅游精准扶贫与传统村落复兴协同发展的感知评价。采用李克特量表,从1到5分别代表"完全不同意""不太同意""中立""比较同意""完全同意"五个等级,被调查对象在"完全不同意—完全同意"维度上进行选择。

第三部分是村民参与旅游精准扶贫的受益调查。主要从旅游开发前后村民从事的行业对比、旅游收入占家庭总收入的比例、家庭人均年收入的对比、参与旅游业的障碍性因素等分析村民的实际受益程度。

第四部分是被调查者基本信息。具体包含其性别、年龄、政治面貌、受教育程度、职业类别、从事旅游相关工作的时间、本地居住年限等。

6.1.2 数据收集

本次调研选择了西南民族地区作为样本调查区域,具体包括四川省、云南省、贵州省、重庆市及西藏自治区共三省一市一区。境内生活着苗族、藏族、土家族等50多个少数民族,是我国少数民族的主要聚居区,多为"老少边穷"地区,是国家实施精准扶贫、精准脱贫的重点区域。该地区文化多样性特征突出、传统村落数量大、历史文化悠久、生产生活方式独特、村落景观风格迥异,为当地旅游发展提供了独具特色的人文旅游资源,是我国民族地区开展旅游精准扶贫与传统村落保护、复兴研究的重要区域。

2017年1月至2月、2017年7月至9月,课题组深入西南地区进行了为期五个月的实地调研。本次基线调查包括四川藏区的阿坝藏族羌族自治州汶川县雁门乡萝卜寨村、理县桃坪羌寨、凉山彝族自治州盐源县木垮村;贵州省黎平县铜关村、雷山县郎德上寨、江口县云舍村;重庆市黔江小南海镇新建村、酉阳大河口村、武隆浩口村田家寨;云南省丽江市宁蒗县永宁乡落水村、大理市双廊镇双廊村、迪庆藏族自治州云岭乡雨崩村。围绕民族地区如何通过旅游发展带动当地村民脱贫致富、有效保护当地传统文化等问题深度访谈90人,撰写调研报告10份,共发放调查问卷1000份,回收有效问卷907份,占问卷总数的90.7%。

6.2 描述性统计分析

表6-1为被调查者的基本统计特征描述。从性别分布来看,男性410人,占样本总数的45.2%,女性497人,占样本总数的54.8%,男女比例基本持平。

从年龄来看,被试对象以中青年居多。其中18~35岁的369人,占样本总数的40.7%;36~50岁的387人,占样本总数的42.7%;51~65岁的85人,占9.4%;65岁以上的66人,占7.3%,印证了民族村落外出打工者较少的事实。

从政治面貌看,大部分被调查者为群众,共计678人,占样本总数的74.8%;中共党员108人,占样本总数的11.9%;共青团员121人,占样本总数的13.3%。

从受教育程度看,被调查者受教育程度普遍偏低,其中小学及以下文化程度320人,占样本总数的35.3%;初中文化程度309人,占34.1%;高中文化程度175人,占19.3%;大专及以上文化程度仅103人,占11.4%。

从事旅游相关工作的时间看,被调查者的从业时间较长,有5年以上旅游工作经历的人共计417人,占样本总数的46.0%;有3~5年旅游工作经历的人188人,占20.7%;有1~3年旅游工作经历的人163人,占18.0%;有不足1年旅游工作经历的人139人,占15.3%。

从职业类别来看,被调查者大多以旅游从业人员为主,共计526人,占样本总数的58.0%,与民族地区特色村寨开展民俗旅游接待的现实相吻合;务农人员115人,占12.7%;务工人员79人,占8.7%;专业养殖人员18人,占2.0%;行政人员42人,占4.6%;无职业者18人,占2.0%;在读学生66人,占7.3%;其他人员43人,占4.7%。

从居住年限看,被调查者主要以本地居住超过20年的原住民为主,共587人,占样本总数的64.7%;本地居住10~20年的218人,占24.0%;5~10年的48人,占5.3%;不足5年的54人,占6.0%。

表6-1 样本描述性特征分析表(样本容量907人)

统计项目	特征	样本数/人	百分比/%
性别	男	410	45.2
	女	497	54.8
年龄	18岁以下	0	0
	18~35岁	369	40.7
	36岁~50岁	387	42.7
	51~65岁	85	9.4
	65岁以上	66	7.3
政治面貌	共产党员	108	11.9
	民主党派	0	0
	共青团员	121	13.3
	群众	678	74.8
受教育程度	小学及以下	320	35.3
	初中	309	34.1
	高中	175	19.3
	大专及以上	103	11.4

续表

统计项目	特征	样本数/人	百分比/%
从事旅游相关工作的时间	不足1年	139	15.3
	1~3年	163	18.0
	3~5年	188	20.7
	5年以上	417	46.0
职业	务农	115	12.7
	务工	79	8.7
	专业养殖	18	2.0
	行政人员	42	4.6
	旅游从业人员	526	58.0
	无职业	18	2.0
	在读学生	66	7.3
	其他	43	4.7
居住年限	<5年	54	6.0
	5~10年	48	5.3
	10~20年	218	24.0
	>20年	587	64.7

6.3 协同发展现状的指标构建

6.3.1 指标构建原则

构建旅游精准扶贫与传统村落复兴协同发展的指标评价体系,合理判断和评估民族地区旅游精准扶贫与传统村落复兴两大系统交互发展规律和协同发展状态,找到协同发展过程中存在的障碍性因素,构建两大系统的协同路径,是解决贫困地区精准扶贫、精准脱贫和全面步入小康的迫切需要。因此,在综合分析、全面考察的基础上对协同指标进行科学筛选、因地制宜确定各级评价指标的权重,在此基础上构建旅游精准扶贫与传统村落复兴的协同发展评价体系应遵循以下基本原则。

(1)以人为本原则。

旅游精准扶贫作为国家脱贫攻坚的重要力量,引起学者和各级政府的高度重视,纷纷探索旅游精准扶贫、传统村落保护与促进贫困人口脱贫奔康的协同路径,其根本出发点是在提高当地村民生产、生活水平的同时,保护、传承与发展民族文化,实现人的全面发展(李忠斌、郑甘甜,2013)。因此,协同发展的评价指标体系应充分体现村民的主体地位,客观反映村民比较关心和重视的系列民生问题,比如村民增收、就业机会增加、基础设施配套、教育培训、社区参与、收益分配、居住环境改善等指标,以体现当地村民的发展意愿和对美好生活的向往。

(2)针对性原则。

民族地区传统村落由于所处的自然环境、经济社会发展水平、文化多样性等存在差异,指标体系的选取就不能千篇一律,应尽力体现民族地区传统村落与旅游扶贫开发的地方性、民族性特色。对于民族服饰、传统建筑、传统生活方式、村落格局、村落环境、村落旅游产品等一系列具有地方民族特色的指标予以适当的权重倾斜。

(3)系统性原则。

旅游精准扶贫和传统村落复兴两个系统在不断交互作用中实现动态发展,继而上升到一个新的稳定的有序状态。因此,在确立各项评价指标时,要用发展的眼光看待问题,既要能综合反映传统村落作为一个由社会、经济、文化、环境等多种要素构成的有机整体,又要刻画出旅游精准扶贫系统与传统村落复兴系统交互作用中的动态发展,比原有水平的明显进步,更要保证与"实施扶贫攻坚、打赢脱贫攻坚战和传统文化保护战略"政策目标的连贯性和衔接性,反映出旅游精准扶贫与传统村落复兴发展的基本内涵、主要特征和现实状况,使评价目的和评价指标构成一个完整的逻辑系统,更好地引导当地村民积极投身于传统村落的复兴建设。

(4)科学性原则。

科学性原则是指评价指标体系的具体内容能够将精准扶贫与传统村落保护工作的基本要义客观、科学地指标化、抽象化,使得每个评价指标概念清晰、内涵明确,能够保证评价指标体系在基本逻辑结构上合理、严谨,是对被评价对象的客观反映和抽象(李立清、李明贤,2007);指标设置的涵盖面能够抓住两大系统的共性特征和实质内容,以保证评价结果的客观性和真实性;由评价指标构成的评价指标体系,其构建方法是遵循两大系统的内在协同机理和基本运行模式,所构建的评价指标体系能够全面、客观地体现评价目的。

(5)可操作性原则。

在确定旅游精准扶贫与传统村落复兴协同发展的指标体系时,要充分考虑评价指标的微观可操作性,要从民族地区传统村落的社会、经济发展的实际出发,尽量简明扼要、切实可行。大部分指标能够通过精准扶贫(传统村落复兴)的主体——当地村民的实际感知获得,通过评价指标体系计算得出的评价结果,也方便各级政府和当地村民的理解和认同。

6.3.2 评价指标的层级体系

旅游精准扶贫与传统村落复兴的协同发展是一个包含了多方面要素的综合概念,当其作为评价对象时,需要从多维度、多层次进行剖析。首先,要明确评价指标体系的目标层,即科学评判某一传统村落的复兴发展与旅游精准扶贫的协同现状。其次,要厘清目标层下面的准则层,即需要从哪几个子系统出发,具体阐述目标层,搭建协同发展评价指标体系的基础。最后,要筛选出具有考察意义的操作层,即这些指标能否反映旅游精准扶贫和传统村落复兴的相互作用或协同发展的交互状态。为此,根据旅游精准扶贫与传统村落复兴协同发展评价指标体系构建应遵循的基本原则,结合文献梳理和课题组成员于2017年7月—2017年9月前往12个传统村落实地调研,就传统村落旅游精准扶贫政策实施过程,传统村落发展现状,贫困村民对精准扶贫、传统村落保护的感知及态度等问题,与当地村民、基层管理人员进行了深度访谈,基于当地村民感知的视角,从经济协同、社会协同、文化协同、环境协同和管理协同五个方面,构建民族地区旅游精准扶贫与传统村落复兴协同发展评价指标体系准则层,并设置31个操作层指标(见表6-2)。

表6-2 民族地区旅游精准扶贫与传统村落复兴协同发展的指标体系构建

一级指标(目标层):协同度(U)	
二级指标(准则层):U_i	三级指标(操作层):U_{ij}
经济协同度 (U_1)	基础设施完善程度(U_{11}) 旅游接待设施完善程度(U_{12}) 家庭年收入(U_{13}) 家庭旅游年收入占家庭年收入的比例(U_{14}) 乡村产业结构的调整(U_{15}) 村民就业机会的增加(U_{16})
社会协同度 (U_2)	村落的治安状况(U_{21}) 村民贫富差距(U_{22}) 村民素质能力(U_{23}) 村民人际关系和谐程度(U_{24}) 人地矛盾的冲突程度(U_{25}) 村民对待游客的态度(U_{26})

续表

一级指标(目标层):协同度(U)	
二级指标(准则层):U_i	三级指标(操作层):U_{ij}
文化协同度 (U_3)	村落建筑的民族性(U_{31}) 村民服饰的民族性(U_{32}) 村民传统生活方式的原真性(U_{33}) 民族艺术表演的原真性(U_{34}) 游客对村落旅游产品的期望与传统村落旅游资源开发的协调度(U_{35}) 村民对传统民族文化的认同感(U_{36}) 村民对传统技艺的传承与保护程度(U_{37})
环境协同度 (U_4)	传统建筑与传统村落的协调性(U_{41}) 旅游接待设施与传统村落的协调性(U_{42}) 游客对村落环境、拥挤度等的影响(U_{43}) 垃圾存放及污水处理设施(U_{44}) 村落环境卫生状况(U_{45}) 村民对保护村落环境的态度(U_{46})
管理协同度 (U_5)	扶贫对象认定的透明度和公平性(U_{51}) 扶贫资金使用的透明度和公平性(U_{52}) 村民参与旅游经营决策的程度(U_{53}) 村民参与旅游收入利益分配的程度(U_{54}) 村民参与教育培训的状况(U_{55}) 帮扶措施的成效性(U_{56})

6.3.3 指标的选取与说明

(1)经济协同度。

旅游扶贫本质上是一种产业扶贫。因此经济发展类指标的设置,紧密围绕旅游开发与传统村落特色产业发展的相互促进,共设置6个评价指标,主要从产业投入和产业产出两个方面分别考察经济协同状态。其中产业投入包括基础设施完善程度、旅游接待设施完善程度、乡村产业结构的调整等指标,产业产出主要有家庭年收入、家庭旅游年收入占家庭年收入的比例、村民就业机会的增加情况等指标。

具体而言,基础设施的建设可改善传统村落的交通可进入性,促进传统村落的旅游发展;旅游公共设施的完善程度也可促进传统村落的复兴建设,两者的综合状况能有效反映旅游精准扶贫与传统村落发展的相互促进作用,进而带动乡村产业结构的调整。因此,基础设施建设、旅游接待设施完善程度、乡村产业结构的调整等三个指标从产业投入的角度反映旅游精准扶贫与传统村落复兴的协同状态;家庭年收入包括从事旅游经营接待、农业生产、特色商品销售、就近打工的总收入,反映村落的综合建设给当地家庭带来的综合经济收益,同时家庭年收入也能从侧面反映旅游对传统村落经济发展的带动作用(唐克敏、袁本华,2008)。此外,家庭旅游年收入占家庭年收入的比例、村民就业机会的增加充分反映当地村民从事旅游经营的受益情况(郭舒,2015),受益程度越大,对传统村落复兴发展的内驱动力就越强、自发程度就越高。因此,家庭年收入、家庭旅游年收入占家庭年收入的比例、村民就业机会的增加等三个指标从产业产出的角度反映旅游精准扶贫与传统村落复兴的协同状态。

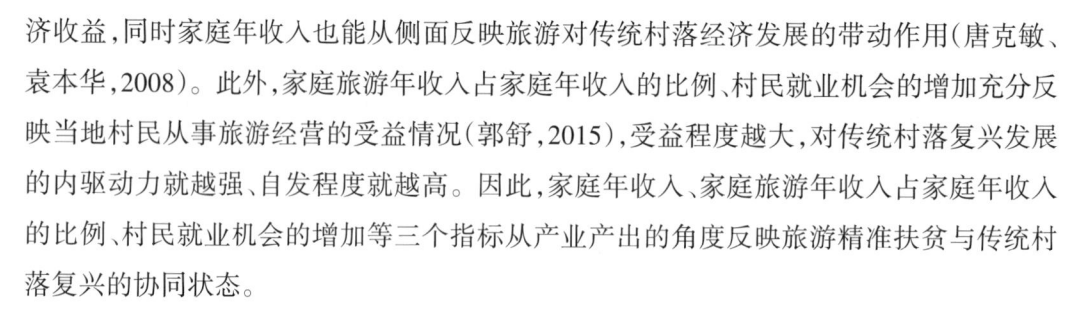

(2)社会协同度。

社会协同度指标着重考察旅游开发对传统村落的影响,传统村落促进乡风文明建设的基本情况,共设置6个评价指标。从旅游开发对传统村落的影响方面衡量,主要有村民贫富差距、人地矛盾的冲突程度、村落的治安状况等指标。从传统村落促进乡风文明建设方面衡量,主要有村民素质能力、村民人际关系和谐程度、村民对待游客的态度等指标。

一方面,近年来,由于贫富差距悬殊和旅游开发导致的人地矛盾冲突的不断升级,影响了旅游的可持续发展和传统村落的社会稳定(田翠翠、刘黎黎、田世政,2016)。村民贫富差距状况、人地矛盾的冲突程度、村落的治安状况等三大指标能够有效反映旅游扶贫的益贫性、村落社会的稳定性和旅游开发与传统村落建设的社会协调性。另一方面,村民素质能力的提升,是保障旅游精准脱贫成果得以巩固的有效方式,也是传统村落得以复兴发展的关键。淳朴、热情好客的村民是推动村落旅游可持续发展的关键。因此,村民的素质能力、村民人际关系的和谐程度、村民对待游客的态度反映了村民自身、村民与村民之间、村民与游客之间的和谐程度,从侧面印证了传统村落复兴在推动乡风文明建设方面的协同程度。

(3)文化协同度。

文化协同度指标主要考察在传统村落旅游开发中,民族文化传承与发展的基本情况,共设置7个评价指标。从民族文化的传承方面衡量(李刚、徐虹,2006),主要有村民对传统民族文化的认同感、村落建筑的民族性、村民服饰的民族性、村民传统生活方式的原真性、村民对传统技艺的传承与保护程度。从民族文化的活化利用方面衡量,主要有民族艺术表演的原真性、游客对村落旅游产品的期望与传统村落旅游资源开发的协调度等指标。

保护、传承民族文化既是传统村落复兴的重要指导思想,也是实施旅游精准扶贫的核心资源载体。村民对传统民族文化的认同感、村落建筑的民族性、村民服饰的民族性、村民传统生活方式的原真性、村民对传统技艺的传承与保护程度等五大指标是衡量旅游精准扶贫与传统村落复兴协同发展的重要尺度,注重对传统文化根基的保护;提倡传统文化的活化利用,在动态发展中保护民族文化的精髓,避免旅游扶贫在打破民族地区"富饶的贫困"陷阱的同时导致传统文化的变异和商品化。本研究从民族艺术表演的原真性、游客对村落旅游产品的期望与传统村落旅游资源开发的协调度等民族文化利用的视角反映旅游扶贫与传统村落复兴的协同发展程度。

(4)环境协同度。

环境协同度主要从村民的居住环境与旅游发展的人文环境两个方面考察旅游开发与传统村落复兴发展的协同情况,共计6个评价指标。从村民的居住环境方面衡量,主要有垃圾存放及污水处理设施、村落环境卫生状况等指标(周欣雨,2016)。从旅游发展的人文环境方面衡量,主要有村民对保护村落环境的态度,传统建筑与传统村落的协调性,旅游接待设施与传统村落的协调性,游客对村落环境、拥挤度等的影响等指标(高伟,2009)。

2015年11月29日,《中共中央国务院关于打赢脱贫攻坚战的决定》将精准扶贫与传统村落的保护写入文件中,提出坚持扶贫开发与经济社会发展相互促进、与生态保护并重、与传统村落保护的有效协同,特别强调对村落人居环境的整治。因此本研究选取垃圾存放及污水处理设施、村落环境卫生状况等两大指标,既体现村落环境整治中居民的主要诉求点,又反映旅游扶贫开发与传统村落复兴的协同发展程度。良好的人文生态环境既是旅游资源,也是吸引旅游者前往的重要因素。作为资源依托型的村落旅游开发,离不开和谐的人文生态环境的营造(周阳月,2016)。本研究选取村民对保护村落环境的态度,传统建筑与传统村落的协调性,旅游接待设施与传统村落的协调性,游客对村落环境、拥挤度等的影响等四大指标来评估旅游开发与传统村落复兴的协同发展程度(卢宏,2012)。

(5)管理协同度。

在持续推进精准扶贫、精准脱贫战略中,我国政府重视基层政府在实施精准扶贫、村落复兴中发挥的重要作用。本研究共设置6个指标考察管理协同状态。具体而言,本地区扶贫对象认定的透明度与公平性、扶贫资金使用的透明度与公平性等指标反映了在精准扶贫战略实施中,基层政府在贫困对象识别、扶贫资金使用等方面是否公开透明,是否体现了精准扶贫的益贫性;同时,贫困人口的参与是实现精准扶贫、村落复兴和可持续发展的有效途径(桂拉旦、唐唯,2016)。村民参与教育培训的状况、村民参与旅游经营决策的程度、村民参与旅游收入利益分配的程度等指标从社区参与层面刻画了旅游精准扶贫实施中当地村民(贫困人口)的受益程度(龙梅、张杨,2014),从侧面反映了基层政府在旅游扶贫政策实施、扶贫资源配置、旅游经营决策制订等方面对贫困人口的倾斜;帮扶措施富有成效是实现两者协同发展的重要条件,也是衡量基层政府在传统村落旅游发展、保护利用与村落复兴方面的实际工作绩效。

6.4 民族地区旅游精准扶贫与传统村落复兴协同发展现状评价

6.4.1 调查问卷说明和协同度评价标准

为统一量度,本调查问卷主要采用李克特的5级量表设计模式,即对量表中每一问题均给出5个备选答案,设为M_1,M_2,M_3,M_4,M_5,这5个备选答案都按照协同性递增的顺序排列,相应赋值为1,2,3,4,5。然后再根据后述的协同度评价模型分别计算出经济协同度、社会协同度、文化协同度、环境协同度、管理协同度等单项协同度以及综合协同度。由上述计算方法可知,单项协同度与综合协同度都是介于1至5之间的数值。为便于对协同度进行评价,本研究借鉴卢宏的评价标准,把协调度分成8个等级,其评价标准和对应等级如表6-3所示。

表6-3 协同度分级评价表

协同度标准	1~1.4999	1.5~1.9999	2~2.4999	2.5~2.9999	3~3.4999	3.5~3.9999	4~4.4999	4.5~5
协同度等级	极度失调	高度失调	中度失调	低度失调	低度协调	中度协调	高度协调	极度协调

资料来源:卢宏.乡村旅游与新农村建设"协调度"评价的实证分析[J].暨南学报(哲学社会科学版),2012(10):146-154.

6.4.2 对操作层指标的统计分析

在对三省一市一区完成问卷调查后,对907份有效问卷进行整理,将问卷填写结果转化为原始数据,再利用原始数据进行初步统计分析,获得如表6-4所示的操作层指标统计数据。其中指标均值V_{ij}反映了原始数据的集中趋势;标准差S_{ij}反映了原始数据的离散程度,数值愈大,离散程度就愈高。

从指标的标准差来看,指标U_{14}的标准差最大,说明被调查者对家庭旅游年收入占家庭年收入比例的看法存在较大的分歧。反映出民族村寨居民由于资金、经营旅游的能力、客源市场开拓能力、管理经验的不同,在参与当地旅游业发展、分享旅游收益的程度上存在差异。

指标U_{53}的标准差第二大,这一方面说明当地居民参与旅游经营决策的程度不一,另一方面也反映出旅游发展中在涉及全体居民利益方案的土地征用补偿、居民参与旅游经营、旅游收益的分配、社区公共福利改善等关键问题上,社区居民缺乏话语权。

指标U_{22}的标准差第三大,说明当地居民对贫富差距悬殊的看法存在分歧,这既与居民对旅游发展带来经济变化的主观认知有关,也反映了居民的参与能力、参与方式、参与程度存在差异,致使旅游受益不均,进而导致贫富悬殊。

相反,指标U_{16}的标准差最小,这说明旅游发展能给当地居民带来更多的就业机会,实现"在家门口就业"的目标,因而居民对旅游发展普遍持肯定和欢迎的态度,与我们实地调研的结果一致。指标U_{15}的标准差为0.511(较小),均值为4.02(偏大),说明旅游发展的确带动了当地产业结构的调整,居民由单一的农业生产逐渐向旅游接待、住宿、农家乐、交通运输、小商品经营等第三产业转移,传统生计模式发生了改变。其余指标的标准差含义不再做太多的说明。

表6-4 民族地区旅游精准扶贫与传统村落复兴协同发展现状调查操作层指标统计数据

准则层(U_i)	操作层(U_{ij})	均值(V_{ij})	标准差(S_{ij})
经济协同度(U_1)	基础设施完善程度(U_{11})	3.97	0.680
	旅游接待设施完善程度(U_{12})	3.64	0.877
	家庭年收入(U_{13})	3.97	0.941
	家庭旅游年收入占家庭年收入的比例(U_{14})	3.67	1.091
	乡村产业结构的调整(U_{15})	4.02	0.511
	村民就业机会的增加情况(U_{16})	4.16	0.506
社会协同度(U_2)	村落的治安状况(U_{21})	3.57	0.660
	村民贫富差距状况(U_{22})	3.39	0.996
	村民素质能力(U_{23})	3.89	0.640
	村民人际关系和谐程度(U_{24})	3.29	0.799
	人地矛盾的冲突程度(U_{25})	3.25	0.835
	村民对待游客的态度(U_{26})	4.26	0.584
文化协同度(U_3)	村落建筑的民族性(U_{31})	3.61	0.882
	村民服饰的民族性(U_{32})	3.63	0.798
	村民传统生活方式的原真性(U_{33})	3.24	0.872
	民族艺术表演的原真性(U_{34})	3.93	0.614
	游客对村落旅游产品的期望与传统村落旅游资源开发的协调度(U_{35})	3.52	0.683
	村民对传统民族文化的认同感(U_{36})	4.25	0.593
	村民对传统技艺的传承与保护程度(U_{37})	4.23	0.604

续表

准则层(U_i)	操作层(U_{ij})	均值(V_{ij})	标准差(S_{ij})
环境协同度(U_4)	传统建筑与传统村落的协调性(U_{41})	3.65	0.843
	旅游接待设施与传统村落的协调性(U_{42})	3.69	0.868
	游客对村落环境、拥挤度等的影响(U_{43})	3.75	0.804
	垃圾存放及污水处理设施(U_{44})	3.73	0.741
	村落环境卫生状况(U_{45})	3.86	0.580
	村民对保护村落环境的态度(U_{46})	4.14	0.769
管理协同度(U_5)	扶贫对象认定的透明度和公平性(U_{51})	2.62	0.902
	扶贫资金使用的透明度和公平性(U_{52})	2.65	0.752
	村民参与旅游经营决策的程度(U_{53})	3.27	1.074
	村民参与旅游收入利益分配的程度(U_{54})	3.74	0.833
	村民参与教育培训的状况(U_{55})	3.03	0.768
	帮扶措施的成效(U_{56})	3.05	0.740

资料来源:根据调查问卷数据整理而得。

接下来,根据前述的协同度分级标准对各操作层指标进行初步的协同性分析。

处于"高度协调"的指标有6个,占指标总数的19.35%。其中指标U_{15},U_{16}反映了旅游发展促进乡村产业结构的调整、村民就业机会的增加,这与我们在各地的调研结果一致。指标U_{26}反映了旅游者的到来给传统村落的经济发展注入活力,为村民提供了更多的就业机会,在参与旅游经营的过程中受益和发展,因此村民普遍对游客的到来持欢迎的态度。指标U_{36},U_{37}反映当地村民对传统文化的认同感和对传统技艺的传承与保护的程度。这是村民通过参与各种与本民族文化有关的旅游活动获得经济收入,由经济利益带来的自觉行为,激发了村民保护、传承民族文化的动力,更乐意强调自己的少数民族的身份,民族认同意识得到强化。指标U_{46}反映村民对保护村落环境持的态度,认为整洁宜居的乡村环境也是吸引旅游者前来旅游的重要因素,说明"绿水青山就是金山银山"的理念深入人心。

处于"中度协调"的指标16个,占指标总数的51.61%。其中指标U_{11},U_{12},U_{13},U_{14}反映了旅游发展促进当地基础设施的完善、旅游接待设施的完善、家庭年收入的增加、家庭旅游年收入占家庭年收入比例加大,说明旅游业对民族地区经济发展、设施完善、贫困人口的就业增收等方面具有广泛的带动作用,是区域反贫困最有效的途径之一,这与我们的实地调研结果一致。但是在居民参与旅游经营的过程中,受益不均、发展程度不一的问题也客观存在。指标U_{21},U_{23}反映旅游发展让村民接触了外部的世界,开阔了眼界,在与游客交往的过程中提升了素质和能力,村落的治安状况也得到改善。指标$U_{31},U_{32},U_{34},U_{35}$说明当地村民认为村落建筑、村民服饰、民族艺术的表演具有民族性,提供的村落旅游产品能够满足游客的期望。这在一定程度上反映村民对本民族文化的认同感和自豪感,认为提供的旅游产品和娱乐服务原汁原味地展现了本民族的特色,即使民族歌舞和艺术表演根据时代的发展做了调整和重新编排,更具参与性和观赏性,他们也认为这是传统和现代的融合,是增强民族传统文化竞争力和活力的有效途径。指标$U_{41},U_{42},U_{43},U_{44},U_{45}$说明当地村民认为传统建筑与传统村落、旅游接待设施与传统村落具有协调性,游客对村落环境、拥挤度等的负面影响不大,垃圾存放及污水处理设施、村落环境卫生状况相比以前有很大的改善。但实地调研中村民也普遍反映,"增人不增地"的土地政策,让他们的住房面积不能满足基本需求,迫于现实条件的约束,的确也存在传统建筑改变了原貌和违章搭建的情况。

处于"低度协调"的指标7个,占指标总数的22.58%。其中指标U_{22},U_{24},U_{25}说明旅游开发在促进当地经济发展的同时,也给村民带来了贫富差距悬殊、人际关系冲突、人地矛盾冲突的负面影响。指标U_{33}说明在城镇化、现代化的冲击下,村民的生活逐渐脱离了传统,其居住、生产、生活方式发生了一定的改变。指标U_{53},U_{55},U_{56}说明在旅游扶贫开发中,村民参与经营决策、参与旅游利益分配等方面还有进一步提升的空间,帮扶措施的实用性和针对性有待改进。

相反,处于"低度失调"的指标2个,占指标总数的6.45%,分别是指标U_{51}和U_{52}。其中得分最低的是指标U_{51},说明当地村民对于扶贫对象认定的透明度与公平性持不满意态度,认可度较低(均值仅为2.62)。其次是指标U_{52}得分也较低(均值为2.65),说明扶贫资金使用的透明度和公平性也备受村民质疑。村民普遍认为国家的政策是好的,但是落实到基层就变了味,对地方政府和村委会的管理颇有微词,这与我们的实地调研和对居民访谈的结果基本相符(见第7章相关访谈内容)。

6.4.3 准则层指标和操作层指标权重的确定

(1)研究方法。

Satty在20世纪70年代中期正式提出了多层次分析法(Analytical Hierarchy Process),简称AHP。多层次分析法是根据问题要达到的总目标,把复杂问题分解为不同的组成因素,并按照因素间的相互关联影响和隶属关系进行分组,形成多层次的分析结构模型。然后通过两两相比,确定各个因素的相对重要性,根据决策者的综合判断,最终确定决策方案的相对重要性的总排序。它是系统化、层次化、定量和定性相结合的综合分析方法。

(2)构造两两比较判断矩阵及一致性检验。

将评价指标分解为递阶的层次结构,上一层元素 U 相对于下一层元素 $U_1, U_2, \cdots, U_n$ 的相对重要性称为权重。权重通常按照比例标度进行赋值,通过比较 n 个元素之间相对重要性得到两两比较判断矩阵,然后进行元素相对权重的计算以及进行判断矩阵的一致性检验。计算一致性比例 C.R.(Consistency Ratio),当其值小于0.1时,认为判断矩阵的一致性是可以接受的,否则应该对判断矩阵做适当修正。最后,计算各层元素对目标层的总排序权重。总排序权重要自上而下地将单准则下的权重进行合成,并逐层进行总的判断矩阵一致性检验,当所有一致性检验值均小于0.1时,即表示整个判断矩阵一致性检验符合要求。

(3)对协同度评价指标进行一致性检验计算。

邀请5位专家对每个指标进行相对重要性判断,以协同度评价第一层和第二层指标为例进行一致性检验计算,检验的结果如下:

表6-5 各级指标一致性检验值

项目	总体协同度	经济协同度	社会协同度	文化协同度	环境协同度	管理协同度
一致性值	0.0789	0.05962	0.04972	0.05845	0.02359	0.07533

资料来源:根据问卷调查结果整理。

从表6-5可以看出,各级指标一致性检验值均小于0.1,说明每个判断矩阵的一致性都是可以接受的,一致性检验通过。

(4)准则层指标和操作层指标权重。

通过对指标权重排序结果的分析(表6-6),得出的结论是:第二层经济协同度的权重是0.500141,说明民族地区实施旅游精准扶贫和传统村落复兴的协同发展,需要通过特色产业的带动,提高居民的经济收入、促进地区经济发展、增强传统村落的活力、吸引劳动力回流,这是实现两者协同发展的动力,因而权重较高。

社会协同度的权重是0.133842,文化协同度的权重是0.290267,说明在旅游精准扶贫实施过程中,加强社区居民的内聚力和对传统文化的认同感,妥善处理村民与村民、村民与外来游客、村民与当地政府之间的关系,既关系村落内部的有序发展和自主管理,也关系外来游客对村落文化的主观感知,更关系村落的可持续发展。它是实现协同发展的核心。

环境协同度的权重是0.044425,管理协同度的权重是0.031325,相比经济、社会、文化因素而言,权重相对较低,但也是实现协同发展的保障性要素。

表6-6 指标体系权重表

准则层(U_i)	权重	操作层(U_{ij})	权重
经济协同度(U_1)	0.500141	基础设施完善程度(U_{11})	0.209611
		旅游接待设施完善程度(U_{12})	0.093084
		家庭年收入(U_{13})	0.493248
		家庭旅游年收入占家庭年收入的比例(U_{14})	0.046811
		乡村产业结构的调整(U_{15})	0.132239
		村民就业机会的增加情况(U_{16})	0.025007
社会协同度(U_2)	0.133842	村落的治安状况(U_{21})	0.033518
		村民贫富差距状况(U_{22})	0.076177
		村民素质能力(U_{23})	0.446391
		村民人际关系和谐程度(U_{24})	0.241167
		人地矛盾的冲突程度(U_{25})	0.154584
		村民对待游客的态度(U_{26})	0.048162
文化协同度(U_3)	0.290267	村落建筑的民族性(U_{31})	0.124717
		村民服饰的民族性(U_{32})	0.081539
		村民传统生活方式的原真性(U_{33})	0.041184
		民族艺术表演的原真性(U_{34})	0.059792
		游客对村落旅游产品的期望与传统村落旅游资源开发的协调度(U_{35})	0.025465
		村民对传统民族文化的认同感(U_{36})	0.389239
		村民对传统技艺的传承与保护程度(U_{37})	0.278065
环境协同度(U_4)	0.044425	传统建筑与传统村落的协调性(U_{41})	0.257314
		旅游接待设施与传统村落的协调性(U_{42})	0.159395
		游客对村落环境、拥挤度等的影响(U_{43})	0.043386
		垃圾存放及污水处理设施(U_{44})	0.37534
		村落环境卫生状况(U_{45})	0.064026
		村民对保护村落环境的态度(U_{46})	0.100539
管理协同度(U_5)	0.031325	扶贫对象认定的透明度和公平性(U_{51})	0.07859
		扶贫资金使用的透明度和公平性(U_{52})	0.05433
		村民参与旅游经营决策的程度(U_{53})	0.38314
		村民参与旅游收入利益分配的程度(U_{54})	0.27994
		村民参与教育培训的状况(U_{55})	0.17232
		帮扶措施的成效性(U_{56})	0.03167

资料来源：根据问卷调查结果整理。

6.4.4 准则层指标和目标层指标协同度现状分析

首先利用操作层指标值 U_{ij} 以及操作层指标在准则层 U_i 中所占权重 W_{ij}，计算出准则层指标 U_1,U_2,U_3,U_4,U_5 的值；再利用准则层指标值 U_i 以及准则层指标在目标层中所占权重 W_i，计算出目标层指标"协调度"U 的最后取值，计算结果如表6-7所示。

表6-7 协同度评价三级指标数据汇总表

目标层指标U及指标值	准则层指标 (U_i)	指标值	在上一层中所占权重	操作层指标 (U_{ij})	指标值	在上一层中所占权重
协调度U：3.5917	经济协同度 (U_1)	3.8132	0.5001	基础设施完善程度 (U_{11})	4.1393	0.2096
				旅游接待设施完善程度 (U_{12})	4.0574	0.0931
				家庭年收入 (U_{13})	4.0246	0.4932
				家庭旅游年收入占家庭年收入的比例 (U_{14})	2.1475	0.0468
				乡村产业结构的调整 (U_{15})	2.8852	0.1322
				村民就业机会的增加 (U_{16})	4.0246	0.0250
	社会协同度 (U_2)	3.5853	0.1338	村落的治安状况 (U_{21})	3.6721	0.0335
				村民贫富差距悬殊 (U_{22})	3.6066	0.0762
				村民素质能力 (U_{23})	3.8770	0.4464
				村民人际关系和谐程度 (U_{24})	3.1803	0.2412
				人地矛盾的冲突程度 (U_{25})	3.1803	0.1546
				村民对待游客的态度 (U_{26})	4.1148	0.0482
	文化协同度 (U_3)	3.3596	0.2903	村落建筑的民族性 (U_{31})	3.0984	0.1247
				村民服饰的民族性 (U_{32})	3.2213	0.0815
				村民传统生活方式的原真性 (U_{33})	3.4508	0.0412
				民族艺术表演的原真性 (U_{34})	3.9344	0.0598
				游客对村落旅游产品的期望与传统村落旅游资源开发的协调度 (U_{35})	3.1803	0.0255
				村民对传统民族文化的认同感 (U_{36})	3.6721	0.3892
				村民对传统技艺的传承与保护程度 (U_{37})	2.9590	0.2781

续表

目标层指标U及指标值	准则层指标(U_i)	指标值	在上一层中所占权重	操作层指标(U_{ij})	指标值	在上一层中所占权重
	环境协同度(U_4)	3.1808	0.0444	传统建筑与传统村落的协调性(U_{41})	3.2295	0.2573
				旅游接待设施与传统村落的协调性(U_{42})	3.2295	0.1594
				游客对村落环境、拥挤度等的影响(U_{43})	3.2705	0.0434
				垃圾存放及污水处理设施(U_{44})	2.9590	0.3753
				村落环境卫生状况(U_{45})	2.9590	0.0640
				村民对保护村落环境的态度(U_{46})	3.9098	0.1005
	管理协同度(U_5)	2.8182	0.0313	扶贫对象认定的透明度和公平性(U_{51})	3.1475	0.0786
				扶贫资金使用的透明度和公平性(U_{52})	3.2787	0.0543
				村民参与旅游经营决策的程度(U_{53})	2.7131	0.3831
				村民参与旅游收入利益分配的程度(U_{54})	2.7131	0.2799
				村民参与教育培训的状况(U_{55})	2.8443	0.1723
				帮扶措施的成效性(U_{56})	3.2705	0.0317

资料来源：根据问卷调查结果整理。

就准则层5个单项协调度来看，经济协同度得分是最高的，为3.8132，处于"中度协调"的状态。一方面，说明旅游精准扶贫对传统村落复兴在经济方面的促进作用。经济较为落后的民族村落地区通过实施旅游精准扶贫，让文化资源优势转化为产业发展优势，通过发展民俗旅游、文化演艺、旅游商品加工等民族文化产业，获得了经济收益，成为民族地区新的经济增长点。当地村民也从自身生活的改善、家庭经济收入的增加、交通设施的完善等去认识旅游开发给他们带来的积极经济影响。另一方面，也反映了两者协同发展的现实水平。相对较低的分数也客观说明传统村落实施旅游精准扶贫，存在当地居民受益不均、贫富差距悬殊、旅游漏损严重、淡旺季明显等问题，会弱化旅游扶贫的效果，影响居民的可持续生计。

社会协同度得分为3.5853，处于"中度协调"的状态。总的来看，民族地区的旅游发展，为当地居民接触外部世界提供了机会，促进其观念的更新和转变，居民的素质、能力得到提升，对游客的到来持热情友善的态度。但是，在旅游发展过程中，由于人地矛盾、居民经营旅游的利益冲突也影响了人际关系的和谐，加剧了人际关系的紧张。

文化协同度得分为3.3596,处于"低度协调"的状态。"低度协调"可以较为准确地反映民族地区实施旅游精准扶贫与传统村落复兴协同发展的真实现状。一方面,随着民族旅游的发展,村落文化成为重要的旅游吸引物,传统的习俗、节庆、服饰、饮食、手工艺成为旅游者喜欢的旅游产品。当地居民在生产、销售民族旅游产品中获得了收入。旅游开发所带来的巨大经济利益让村民认识到民族文化的价值,增强了内聚力、自豪感和认同感。另一方面,也反映民族地区在实施旅游精准扶贫过程中,民族文化遭到现代文明的冲击,村落建筑、节庆仪式、衣着服饰的民族性正在逐渐丧失,特别是"村落建筑的民族性"得分偏低,在不同程度上出现了商业化趋势。

环境协同度得分为3.1808,处于"低度协调"的状态。这说明随着民族地区旅游业的蓬勃兴起,外来旅游者数量的增多,对村落环境、旅游接待设施带来一定程度的压力。当地村民和外来经营者为了追求经济利益,往往更加重视经济价值层面的发展和市场需求的满足,导致传统建筑、旅游接待设施兴建与村落整体风貌的协调性降低,村落的环境卫生、垃圾存放及污水处理设施有待改善。

管理协同度得分为2.8182,处于"低度失调"的状态。这说明民族地区基层政府各方面的管理工作做得尚不尽如人意,有待逐步改善,集中反映在村民对参与旅游经营决策、参与旅游收入的利益分配、参与教育培训等方面意见很大,得分值偏低。这也说明在旅游精准扶贫实施中,基层组织忽略了村民的利益和诉求,缺乏对村民主体意识的培育,会弱化帮扶措施的效果,影响旅游扶贫的绩效。

最后,再看综合协同度。这是一个综合反映民族地区旅游精准扶贫与传统村落复兴协同发展程度的指标,得分为3.5917,处于"中度协调"状态。笔者认为,"中度协调"较为准确地反映了民族地区实施旅游精准扶贫与传统村落复兴协同发展的现状。一方面,说明两者在发展过程中存在不协同的因素,需要补齐短板,强化监督管理,最大程度地发挥协同效应;另一方面,也应该看到民族地区仍存在两者协同发展的有利因素,尊重两者协同发展的规律,充分发挥民族文化资源优势,强化内部要素的协同跟进,助力民族地区脱贫致富、传统村落复兴发展。

6.5 民族地区旅游精准扶贫与传统村落复兴协同发展的影响因素

6.5.1 信度检验

信度检验也称可靠性检验,即检验数据结果的稳定性,是衡量一份问卷可靠性的重要指标。本文主要运用克隆巴赫（Cronbach）信度系数法（简称α系数）对结果进行检验。当α系数取值大于0.7时，表明该量表信度较高；若α值处于0.6~0.7之间，该信度可以接受；若α值小于0.6则应考虑对量表进行修正。在数据处理过程中，若"修正后的项与总计相关性（CITC值）"小于0.3，可考虑将该项删除；若删除项后的α系数明显大于总体α系数，也可考虑将该项删除。本量表数据分析结果见表6-8、表6-9。

表6-8 总体信度检验

克隆巴赫α	项数
0.813	31

资料来源：根据问卷调查结果整理。

表6-9 变量信度分析

题 项	删除项后的标度平均值	删除项后的标度方差	修正后的项与总计相关性	删除项后的克隆巴赫α
完善了基础设施	107.90	71.772	0.433	0.805
完善了旅游接待设施	108.16	70.006	0.473	0.802
增加了家庭年收入	107.90	71.389	0.347	0.807
旅游年收入占家庭年总收入比例大	108.33	69.928	0.381	0.805
促进了乡村产业结构调整	107.98	71.513	0.461	0.805
增加了就业机会	107.82	72.290	0.359	0.807
改善了治安状况	108.02	70.650	0.528	0.802
导致村民贫富差距悬殊	108.72	75.262	−0.030	0.826
提升了村民素质能力	108.04	70.671	0.539	0.802
影响了人际关系和谐	108.95	71.664	0.189	0.815
加剧了人地矛盾冲突	108.72	80.180	−0.310	0.838
对客持欢迎态度	107.92	72.010	0.356	0.807
村落建筑保持了民族性	108.25	69.500	0.501	0.801
村民服饰具有民族性	108.30	70.748	0.367	0.806
村民生活方式保持了传统	108.48	68.907	0.482	0.801
艺术表演具有真实性	108.13	72.431	0.255	0.810
旅游产品开发符合游客的期望	108.32	70.776	0.372	0.806

续表

题项	删除项后的标度平均值	删除项后的标度方差	修正后的项与总计相关性	删除项后的克隆巴赫α
村民对传统文化具有认同感	108.05	71.162	0.462	0.804
村落建筑与环境具有协调性	108.30	68.410	0.544	0.799
旅游接待设施与村落环境具有协调性	108.29	70.219	0.420	0.804
游客破坏了村落环境	109.80	74.311	0.097	0.815
完善了垃圾处理和污水处理设施	107.86	73.987	0.210	0.811
村落的卫生状况得到了改善	107.72	73.797	0.191	0.812
村民愿意自觉保护村落环境	107.58	74.431	0.107	0.814
扶贫对象认定是公平的	109.16	69.689	0.323	0.808
旅游教育培训	108.99	66.705	0.595	0.795
旅游经营决策制定	109.10	70.296	0.264	0.812
旅游收入利益分配	109.01	66.410	0.524	0.798
扶贫资金使用具有透明性	109.17	69.893	0.402	0.804
帮扶措施富有成效	108.93	71.668	0.278	0.809
村民愿意保护和传承传统技艺	108.05	71.232	0.409	0.805

资料来源：根据问卷调查数据结果整理。

总体α系数为0.813，信度较好，结合变量信度检验，考虑删除"导致村民贫富差距悬殊""游客破坏了村落环境""加剧了人地矛盾""影响了人际关系和谐"四项。调整后的信度分析如表6-10所示。α值为0.865，量表信度极高，适合进行下一步深入分析。

表6-10 调整后总体信度检验

克隆巴赫α	项数
0.865	27

6.5.2 效度检验

效度是指测量的结果能够有效代表事物真实水平的程度。信度与效度存在一定的关联，效度必须建立在信度的基础上（谢彦君，2018）。常见的效度分析方法为KMO和巴特利特球形检验（Bartlett）。当KMO值介于0.6~0.8之间时，表示量表适合做因子分析；当KMO值大于0.8时，则说明非常适合进行因子分析；若KMO值小于0.6，则不适合做因子分析。巴特利特球形检验是检验各变量之间是否存在相关关系的方法,若该结果值显著性概率小于设定值(一般设 α=0.05),则拒绝零假设相关系数矩阵为单位阵,即变量存在相关关系。本量表分析结果如表6-11。量表整体KMO值为0.790,巴特利特球形检验近似卡方为2653.678,显著性水平为0,小于0.05,因此拒绝零假设,表明所检验变量间存在相关关系,可进一步做因子分析。

表6-11 KMO和巴特利特球形检验

KMO 取样适切性量数		0.790
巴特利特球形检验	近似卡方	2653.678
	自由度	351
	显著性	0.000

6.5.3 旅游精准扶贫与传统村落复兴协同发展的影响因素

因子分析是变量简化的数据处理、分析方法,是将有内在关系的变量提取为一个"因子",这些内在关系通常为线性相关,通过因子载荷来表示变量与因子之间的相关系数,因子载荷越大表示相关性越强。利用SPSS17.0软件进行因子分析,主要运用降维思想选取特征值大于1.05的主变量,利用最大方差法进行旋转,得到分析结果如表6-12、表6-13。

由表6-12可知,提取的5个因子特征值均大于1.05,且5个因子可解释样本58.054%的信息,表明本研究测量效度较好,适合提取5个因子。对于各因子的权重,计算公式为:因子权重=该因子提取载荷的方差百分比/总载荷累计方差百分比。

表6-12 总方差解释

成分	初始特征值			提取载荷平方和			权重
	总计	方差百分比	累计方差百分比	总计	方差百分比	累计方差百分比	
1	6.754	25.016	25.016	6.754	25.016	25.016	42.76%
2	3.260	12.073	37.089	3.260	12.073	37.089	20.64%
3	2.524	9.347	46.436	2.524	9.347	46.436	15.98%
4	2.000	7.406	53.842	2.000	7.406	53.842	12.66%
5	1.259	4.663	58.505	1.259	4.663	58.505	7.97%

资料来源:根据问卷调查数据结果整理。

表6-13 旋转后的成分矩阵a

公因子	题项	成分 1	成分 2	成分 3	成分 4	成分 5
社会文化协同因子a	村民对传统文化具有认同感	0.770				
	艺术表演具有真实性	0.734				
	旅游接待设施与村落环境具有协调性	0.723				
	村落建筑与环境具有协调性	0.716				
	村落建筑保持了民族性	0.648				
	提升了村民素质能力	0.531				
	村民愿意保护和传承传统技艺	0.525				
经济协同因子	增加了家庭年收入		0.778			
	增加了就业机会		0.732			
	旅游年收入占家庭年总收入比例大		0.711			
	改善了治安状况		0.659			
	完善了基础设施		0.646			
	促进了乡村产业结构调整		0.591			
	完善了旅游接待设施		0.581			
管理协同因子	旅游经营决策制定			0.805		
	旅游收入利益分配			0.718		
	旅游教育培训			0.717		
	扶贫资金使用具有透明性			0.653		
	扶贫对象认定是公平的			0.644		
	帮扶措施富有成效			0.630		
社会文化协同因子b	村民服饰具有民族性				0.822	
	旅游产品开发符合游客的期望				0.811	
	对客持欢迎态度				0.582	
	生活方式保持了传统				0.551	
环境协同因子	村落的卫生状况得到了改善					0.831
	完善了垃圾处理和污水处理设施					0.782
	村民愿意自觉保护村落环境					0.759

由表6-13可知,因子载荷均大于0.5。题项1~7归为因子1,命名为"社会文化协同因子a";题项8~14归为因子2,命名为"经济协同因子";题项15~20归为因子3,命名为"管理协同因子";题项21~24归为因子4,命名为"社会文化协同因子b";题项25~27归为因子5,命名为"环境协同因子"。

结合表6-12,其中"社会文化协同因子a"和"社会文化协同因子b"的总权重为55.42%,可见社会文化协同是旅游精准扶贫与传统村落复兴最重要的影响因素;其次是"经济协同因子",权重为20.64%;"管理协同因子"权重为15.98%;"环境协同因子"影响力最小,所占权重仅为7.97%。

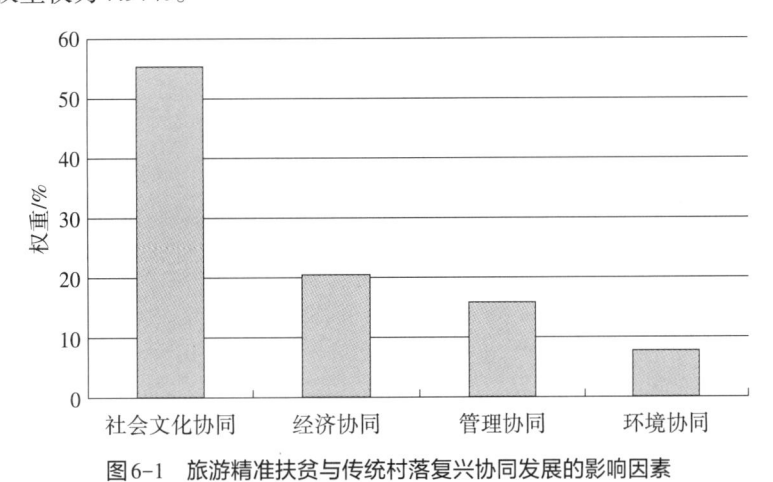

图6-1 旅游精准扶贫与传统村落复兴协同发展的影响因素

6.6 本章小结

为了进一步摸清民族地区旅游精准扶贫与传统村落复兴协同发展的现状,课题组深入四川省、云南省、贵州省、重庆市及西藏自治区共三省一市一区进行了大量的实地调研,掌握了一手资料。

构建了旅游精准扶贫与传统村落复兴协同发展的指标体系。结合文献梳理和课题组成员的实地调研,基于当地村民感知的视角,从经济协同、社会协同、文化协同、环境协同和管理协同等5个方面,构建民族地区旅游精准扶贫与传统村落复兴协同发展评价指标体系准则层,并设置31个操作层指标。

评价了民族地区旅游精准扶贫与传统村落复兴协同发展的现状。运用层次分析法(AHP)对收集到的有效问卷进行分析,得出民族地区旅游精准扶贫与传统村落复兴协同发展的综合协同度得分是3.5917,处于中度协调状态。就准则层5个单项协调度来看,经济协同度得分为3.8132,社会协同度得分为3.5853,处于"中度协调"状态;文化协同度得分为3.3596,环境协同度得分为3.1808,处于"低度协调"状态;管理协同度得分为2.8182,均处于"低度失调"状态,有待进一步改进和完善。

探讨了民族地区旅游精准扶贫与传统村落复兴协同发展的影响因素。运用SPSS17.0软件进行因子分析,研究发现:民族地区旅游精准扶贫与传统村落复兴协同发展的影响因素分别是社会文化协同、经济协同、管理协同和环境协同。其中,社会文化协同因子的权重为55.42%,是最重要的影响因素;其次是经济协同因子,权重为20.64%;再次是管理协同因子,权重为15.98%;影响最小的是环境协同因子,权重仅为7.97%。

第7章 传统村落居民对旅游精准扶贫与传统村落复兴协同发展的感知评价

上一章定量分析了民族地区旅游精准扶贫与传统村落复兴协同发展的现状,探讨了两者协同发展的影响因素,在一定程度上反映了西南民族地区旅游精准扶贫与传统村落复兴协同发展的基本情况。在本章,将通过定性研究的方法,选择典型案例地,通过共时对比的研究方法,探讨不同旅游经营管理模式下,当地村民对旅游精准扶贫和传统村落复兴协同发展的感知评价,提炼影响协同发展的主要因素,以期为传统村落选择适宜地方特色的协同发展路径提供经验借鉴和参考依据。

7.1 案例地选择的理由

本研究涉及三个民族地区的四个传统村落,分别是重庆市黔江区小南海新建村土家十三寨、贵州省黔东南苗族侗族自治州雷山县郎德上寨、黎平县铜关村,四川省阿坝藏族羌族自治州理县桃坪羌寨。选择依据如下:

7.1.1 四个案例区的普适性和典型性

四个案例区都是国家实施精准扶贫、精准脱贫的重点区域,兼具民族地区传统村落的共性特征:现存传统建筑风貌完整,村落选址和格局保持传统特色,非物质文化遗产活态传承,列入了中国传统村落名录,分别反映了土家族、苗族、羌族和侗族村民的生产生活以及与之相适应的文化形态,具有浓郁的民俗风情或地域特色,在旅游资源的构成上具有典型性(表7-1)。

表7-1 传统村落案例选择点情况

案例选择点	民居建筑	民族风情	地域特色	代表性和典型性
土家十三寨	吊脚楼	土家族风情	沿板夹溪两岸错落有致地分布,保存着碾房、水车等农耕特色文化和土家原始生活风貌	全国第一家土家族生态博物馆,中国目前规模最大、最美的土家族原生态聚居带
郎德上寨村	吊脚楼和美人靠	苗族风情	位于雷公山峦的丹江河畔,苗族农业景观及生活方式	中国民间艺术之乡、全国百座特色博物馆、全国重点文物保护单位
铜关村	侗寨	侗族风情	位于黎平县岩洞镇,四周大山环绕,侗族村落的生产、生活方式	侗歌之乡,全国首个"互联网+乡村"行动计划实验点,侗族大歌生态博物馆
桃坪羌寨	羌族碉楼	羌族风情	位于杂谷脑河下游,羌族农业景观及生活方式	世界羌文化遗址、羌族建筑艺术的活化石

7.1.2 四个案例区的代表性

四个案例区地处重庆、贵州、四川,分别采用政府主导型、村委会自治、外来企业主导、NGO扶持等四种民族地区传统村落旅游开发的模式,反映了社区村民参与旅游开发的不同阶段和受益程度大小,在扩大案例地域范围的同时,也增加了样本分析的代表性。

7.1.3 四个案例区的推广性

四个传统村落的旅游开发有早有晚,处于旅游产业发展生命周期的不同阶段。对于不同旅游发展阶段的传统村落,采用何种适宜的协同发展路径,是学术界和业界普遍关心的问题。因此对四个样本的剖析和比较研究,有利于打造村落旅游精准扶贫的样本,为各级政府推动旅游精准扶贫、传统村落文化保护提供路径支撑、决策参考和政策建议,具有推广性和示范效应。

7.2 研究方法

四个案例区均采用现场深度访谈和实地问卷调研相结合的方法收集相关资料。具体方法如下。

7.2.1 深度访谈

访谈对象主要锁定传统村落的村民和村委会干部。在当地学生的引荐下,对案例区的居民进行访谈。访谈主题主要围绕旅游发展对传统村落带来的经济、社会、文化、环境、管理等方面的影响。访谈内容用手机录音,并采用边听边记录的方式留存,事后用主题分析法、高频词提取来分析访谈结果。

7.2.2 问卷调查

采用第6章设计的问卷,用李克特量表,分为完全不同意、不太同意、中立、比较同意、完全同意5个等级来测定当地村民对旅游精准扶贫与传统村落复兴协同发展的感知评价。其中1代表"完全不同意",5代表"完全同意"。调查时间为2017年7月—9月,调查对象也包括暑假回家的学生、外出工作回家探亲的本地居民。回收问卷情况第6章也做了详细阐述,此处不再赘述。调研回收问卷采用SPSS17.0进行数据分析。

7.2.3 辅助文本材料

研究者从网络新闻报道、相关案例区的学术论文和学术专著、官方获取的旅游宣传手册、历年的统计数据、村委会相关文件获取的这些辅助文本材料有助于研究者了解案例区的基本情况和旅游发展状况。

7.3 四川省理县桃坪羌寨旅游精准扶贫与村落复兴协同发展

7.3.1 案例区概况[①]

桃坪(羌语称"切子")羌寨位于四川省阿坝藏族羌族自治州理县,坐落于岷江支流杂谷脑河下游,东距汶川县城20千米,西距理县县城40千米,距成都130余千米,紧邻国道317线,属于九黄线旅游圈。地理位置如图7-1所示:

[①] 资料来源:一是查阅理县门户网站公开发表的有关桃坪羌寨的统计数据;二是通过村委会、旅游公司管理人员等获取部分未公开的内部数据;三是通过在案例地实地访谈,并查询相关文献获取信息。

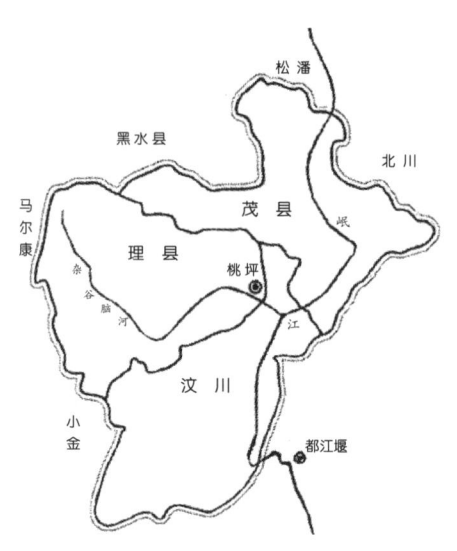

图7-1 桃坪羌寨地理区位图

桃坪寨在行政区划上属四川省阿坝藏族羌族自治州理县桃坪镇(5个行政村14个村小组)桃坪村。桃坪村有桃坪、孔地坪、谢溪沟3个村小组。桃坪组包括裕丰岩和桃坪寨两个自然村落。

桃坪羌寨始建于公元前111年,是目前世界上保留最完整的、尚有人居住的、与居民融为一体的羌寨,现有196户498人。其中劳动力200余人,外出务工20人左右,99%都是羌族,以刘姓居多。男女比例大致为1∶1。现有耕地面积322亩,新寨面积150余亩。2014年有25户贫困户,2017年剩下3户贫困户,且在2017年底全部实现脱贫。

桃坪羌寨景色优美,旅游资源丰富,其中羌族建筑是寨内最具价值的人文资源。羌族建筑外以黄泥片石为墙,内以木架构,历经三次大地震屹立不倒。整个寨子屋屋相通,没有单门独户的房子;寨子下面遍布了密密麻麻的水网,既是古羌民的逃生通道,还兼具防火的功能。

桃坪羌寨地处汉藏之间,属于文化过渡区,当地文化也因此充满了原始性和多样性。羌族人的宗教信仰是多神崇拜,白石崇拜是其中一种,在他们心目中白石代表天神。此外,羌民族还很崇拜释比,释比是类似于一般意义上的巫师,负责祭山、祈祷还愿、除秽祈雨等。除了受到本民族巫教的影响,当地人还受到道教、佛教以及藏族喇嘛教的影响。

综合看来,桃坪羌寨旅游资源呈现存量大、地理集中、文化原始的特点,具有高度的历史文化价值、科学考察价值和观赏价值。2010年被世界文化地理研究院地标研究中心、亚太农村社区发展促进会等评为"中国十大古村";2011年由第三届中国景观村落评审委员会评为"中国景观村落",属于全国重点文物保护单位,被誉为"世界羌文化遗址""羌族建筑艺术的活化石"。

7.3.2 桃坪羌寨的旅游发展历程[①]

(1)村民自主经营模式(20世纪80年代末到1998年)。

最初,桃坪羌寨因其独特的建筑风貌、民俗风情和田园风光,吸引了少量学者、游客和艺术工作者前往寨子写生和考察。然而,村里缺乏旅游接待设施,村民缺少旅游经营意识,只是免费招待前来的客人。1996年9月,桃坪羌寨正式发展旅游。这离不开其中一个重要人物——桃坪羌寨旅游开发的领跑者龙小琼。她首先恢复装修家中的碉楼,打出"小琼羌家"的招牌,还成立了"土风歌舞队",到317国道、桥上或坝子载歌载舞,向过往的游客展示羌寨的民俗风情。桃坪羌寨位于成都至"米亚罗—古尔沟"风景区的必经之路,在龙小琼的争取下,桃坪羌寨作为该线路的赠送景点为旅行社推出,主要提供义务讲解和羌族歌舞表演服务。村寨门票5元/人。1996年的门票收入4万多,由村委会统一分配,在支付清洁人员和舞蹈人员的工资后,剩余的钱按人头平均分给村民。随后几年的门票收入,还投资村里道路设施、露天舞场、旅游接待设施的建设。

(2)国有开发公司经营管理模式(1998—1999年)。

随着旅游接待量和旅游收入的不断增加,1998年9月,理县政府介入桃坪羌寨的旅游开发,成立桃坪羌寨旅游开发管理委员会,负责景区的日常经营管理。组建成立桃坪羌寨旅游开发公司,负责景区的对外宣传营销、资源的保护与开发。旅游公司对游客统一收15元/人的门票费,不久就涨到20元/人。管理委员会承诺,每年将门票总收入的50%分给村民,但实际分到村民手里的数目远远低于管委会事先承诺,村民颇有微词。

(3)外来企业主导经营模式(2000年至今)。

2000年,理县政府引进桃坪羌寨旅游发展有限责任公司[②],又称"大管局",形成外来投资。2004年,桃坪羌寨由加州集团管理,负责联系客源和门票收入,桃坪羌寨管理处则负责协调公司和村民关系。接待大户获得了大部分收益,村民的收入呈现不均衡状态。2006年,桃坪羌寨修建新区,负责游客住宿、餐饮接待。而老区则由文物局出资进行保护,只进行观光游览。同时,加州集团加入"大管局",实行股份制[③](外来企业股份份额占优势),公司向游客收取25元/人的门票,随后涨到60元/人。这一时期游客大量涌入,旅游门票收入剧增,但村民却反映每年从巨额门票收入中分红比例不到5%。村民们完全自由竞争,甚至私自向游客收取小门票,互相竞争拉客,村民人际关系紧张。2008年汶川发生

[①]根据对社区精英龙小琼和杨家大院主人杨登富的深度访谈,并查询相关文献,综合整理所得。
[②]桃坪羌寨旅游发展有限责任公司由九寨天堂温泉酒店有限责任公司、理县米亚罗桃坪景区管理局、大九寨国际旅游开发有限责任公司三方组成。
[③]政府以资源入股的方式参与景区开发占比9%,当地社区居民以属于自己私有财产的民居入股占30%,加州集团及九寨天堂温泉酒店有限责任公司投入2100万占51%,大九寨国际旅游开发有限责任公司占10%。

大地震,新寨倒塌,旅游活动暂停,加州集团退出。这一时期村民们失去旅游经济收入来源,回归于务农务工。尽管家庭收入有所降低,但清闲的生产生活使得曾经紧张的人际关系有所缓解。2010年,因湖南援建,羌寨重新对外开放,理县政府设立桃坪景区管理处。2014年开始,景区按照一年400万门票保底收益外包给公司进行经营,老寨门票价格维持60元/人。公司承诺每年将门票总收入的25%分给村民。

7.3.3 村民对旅游精准扶贫与传统村落复兴协同发展的感知评价

（1）经济协同感知。

为深入分析村民对经济协同的感知,研究者对村民实施了问卷调查,总均值较高[①],达4.36,表明村民对旅游扶贫开发与传统村落复兴的经济协同感知强烈,绝大部分村民都认同旅游开发能增加家庭年收入、提高生活水平(如表7-2)。

表7-2 桃坪羌寨村民对旅游扶贫开发与村落复兴的经济协同感知

经济协同感知题项	均值	标准差
完善了基础设施	4.40	0.507
完善了旅游接待设施	4.27	0.594
增加了家庭年收入	4.47	0.834
旅游年收入占家庭年总收入比例大	4.03	0.724
促进乡村产业结构调整	4.40	0.737
增加了就业机会	4.60	0.507
总均值	4.36	

资料来源:根据问卷调查结果整理。

从"完善了基础设施"和"完善了旅游接待设施"来看,均值分别为4.40和4.27,说明旅游业发展,对当地基础设施和旅游接待设施的改造、完善起到了重要作用,这与当地高速公路修建和水电基础设施完善的实际情况相符。一位卖土特产品的大娘在接受笔者访谈时说,"就是因为旅游搞起来的啊,我们这里通水通电,方便得很,外头就是高速公路,走成都、走汶川都快。"对于旅游接待设施的完善,大部分村民认同旅游发展促进了当地旅游接待设施的完善,但也有村民反映存在公共厕所数量少、卫生条件差的情况,调研过程中也未发现专门的医疗救助站、邮局和购物商店等旅游配套设施。

从"增加了家庭年收入"来看,均值为4.47,说明旅游发展对家庭年收入的增加,村民对此持肯定的态度。旅游开发前,当地家庭人均年收入在3500元以下的占78.7%;旅游开

---

① 均值1~2.4表示反对,2.5~3.4表示中立,3.5~5表示同意。

发后,家庭人均年收入在3500元以上的村民占了97.4%(表7-3)。说明旅游开发,让当地村民的经济收入大幅增加,传统生计模式发生了很大的改变。正如龙小琼说:"旅游开发前,家里就种粮食、水果,拿出去卖,我们家条件一直都还算比较好的,那个时候光卖苹果,人均年收入也有三四千;旅游开发后,人均年收入远远大于6000元。现在我觉得主要的障碍不是资金了,而是自然灾害这种不确定因素,才是致命的打击。"

表7-3 桃坪羌寨村民旅游开发前后家庭人均年收入对照表

旅游开发前家庭人均年收入	频率	百分比(%)	旅游开发后家庭人均年收入	频率	百分比(%)
2300元以下	58	49.6	2300元以下	0	0
2300~3500元	34	29.1	2300~3500元	3	2.6
3501~4600元	19	16.2	3501~4600元	33	28.2
4601~5700元	2	1.7	4601~5700元	66	56.4
5700元以上	4	3.4	5700元以上	15	12.8
合计	117	100	合计	117	100

资料来源:根据问卷调查结果整理。

同时,我们也应该看到(图7-2),旅游开发后在家庭人均年收入增长的同时,仍然有22.2%的村民获得的旅游年收入占家庭年总收入的40%以下。虽然以龙小琼为首的旅游接待大户通过旅游发展收入大幅增加,但一些普通村民的收入来源则非常有限,通常只能依靠卖土特产获得少量收益。一个家里开着副食店卖特产的小伙子说:"我觉得羌寨真正赚钱的只有十几户,要么有关系的,要么家里有导游的,他们把客源全部拉走了,我们的生意就凭运气,我也不晓得能撑好久。"可以看出,当地旅游业发展尽管很成熟,但受益程度不均。还有部分开酒店的一般旅游接待户,虽然旅游收益远不及旅游接待大户,但是比起售卖土特产品的普通村民来说,情况还算比较乐观。

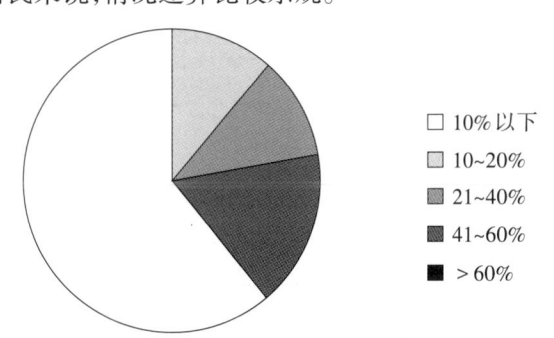

图7-2 桃坪羌寨村民旅游年收入占家庭年总收入的比例

□ 10%以下
□ 10~20%
▨ 21~40%
■ 41~60%
■ >60%

选项"促进了乡村产业结构调整"和"增加了就业机会",均值分别为4.40和4.60,说明旅游发展调整了村寨的产业结构,居民的生计方式发生改变,同时也为大多数村民提供了更多的工作岗位。在旅游开发前,当地主要以农业为主。1996年9月发展旅游后,由旅游开发初期的"农业为主、旅游为辅"转变为"旅游为主、农业为辅",大多数人家都以经营农家乐、出售旅游手工艺品、担任导游讲解、参加羌族歌舞表演等方式参与旅游业,更有社区精英进入旅游公司成为景区的管理者。旅游成为当地居民的主要生计选择。

(2)社会协同感知。

如表7-4所示,通过分析发现,相比旅游开发带来的经济协同感知,旅游发展所带来的社会协同感知更为复杂,但是总体上较为积极,均值为3.74。具体而言,"改善了治安状况"、"提升了村民素质能力"和"对客持欢迎态度"均值较高,分别为3.73、4.27、4.80,说明村民赞同旅游发展让当地的治安状况比以前有所改善;村民认为"在旅游开发的过程中,有机会与不同国别、不同地域的游客打交道,开阔了视野,提升了自身的素质"。同时,村民普遍欢迎游客的到来,这符合羌族人热情好客的特质,易于维持游客与当地居民之间的友好关系,有利于当地旅游业的持续发展。

选项"导致村民贫富差距悬殊"均值为3.63,如前所述,并非所有村民都因旅游发展而受益,同时受益的程度也未必相同。由于能力差异、人情关系等原因,村民参与旅游的程度不一、受益不均,出现了一定的贫富差距悬殊。

选项"影响了人际关系和谐"和"加剧了人地矛盾冲突"均值较低,分别为3.33和3.20。这说明超半数村民认为邻里关系和谐融洽,也有部分村民认为人际关系随着旅游发展遭到不同程度的破坏,出现难以修复的裂隙。"汶川地震后,村民们失去旅游经济收入来源,回归于务农务工,尽管家庭收入有所降低,但清闲的生产生活使得曾经紧张的人际关系有所缓解。"此外,人地矛盾冲突较大,对居民生活造成了不小的影响。尤其是新区建设占地120亩,建筑面积4500平方米,是占用村民的耕地修建起来的,村民不可能回到过去的农耕生活了。

表7-4　桃坪羌寨村民对旅游扶贫开发与村落复兴的社会协同感知

社会协同感知题项	均值	标准差
改善了治安状况	3.73	0.799
导致村民贫富差距悬殊	3.63	0.834
提升了村民素质能力	4.27	0.704
影响了人际关系和谐	3.33	0.900
加剧了人地矛盾冲突	3.20	1.014
对客持欢迎态度	4.80	0.414
总均值	3.74	

资料来源:根据问卷调查结果整理。

(3)文化协同感知。

如表7-5所示,通过分析发现,村民对旅游发展所带来的文化协同感知,总体上较为积极,均值为4.06。从"村落建筑保持了民族性"和"村民服饰具有民族性"来看,均值分别为4.60和4.64,这表明绝大部分村民认为羌族的特色建筑和民族服装保持了民族性。尽管有少数村民在访谈中提到,"新寨房屋内已经全部安装上了现代化设施,从这个角度看不算完全保持民族性"。

从"村民生活方式保持了传统"来看,均值为2.73,表明大多数村民对此持中立态度,意见出现分歧,标准差为1.163。长期以来,羌寨村民以农业和畜牧业为主要的生产生活方式。持反对意见的村民认为,发展旅游以来,大多数人逐渐以旅游业为主,生活方式与儿时相比大相径庭。但是依然有超过半数的村民认为自身生活方式依然传统,屋内正中间仍设置神龛,神龛下是传统的火塘。持中立态度的村民认为生活方式虽然随着旅游开发发生了一些新的改变,比如思想更加开放,生活更加娱乐化,但从根本上依旧维持了羌族人的传统。

从"艺术表演具有真实性"和"旅游产品开发符合游客的期望"来看,均值分别为3.87和3.73。说明大多数村民认为他们提供的艺术表演在维护真实性的基础上,也会为了满足游客的期望而进行适当改编。但也有人保持中立态度,杨登富大爷说:"羌历年是羌族一年中最隆重的节日,其中最重要的活动就是'跳锅庄'表演。现在的'跳锅庄'表演成了当地的旅游活动项目,每天都在跳,和我们羌人发自内心喜悦的跳舞,那感觉完全不一样了。"正如杨大爷所说,随着旅游的发展,民族表演、节庆仪式等产品在不同程度上"变了味",虽然保留着传统的质朴风格,但也会为了迎合游客随时表演。

从"村民对传统文化具有认同感"和"村民愿意保护和传承传统技艺"来看,均值分别为4.67和4.20,说明大多数村民依然认同羌族文化,认为传统的羌族文化是羌族人的根。同时,在旅游发展带来的积极影响下,越来越多的年轻人愿意传承民族文化。正如一位经营酒店的受访者所言:"以前外出打工都不好意思说自己是羌族的,现在旅游发展了,通过旅游发家致富,更有底气承认自己是羌族人,同时,我们也接触了很多朋友,他们对我们的文化很有兴趣,这让我对我们的传统文化有了新的认识。"

表7-5 桃坪羌寨村民对旅游扶贫开发与村落复兴的文化协同感知

文化协同感知题项	均值	标准差
村落建筑保持了民族性	4.60	0.507
村民服饰具有民族性	4.64	0.488
村民生活方式保持了传统	2.73	1.163
艺术表演具有真实性	3.87	1.060
旅游产品开发符合游客的期望	3.73	0.458
村民对传统文化具有认同感	4.67	0.516
村民愿意保护和传承传统技艺	4.20	0.542
总均值	4.06	

资料来源:根据问卷调查结果整理。

(4)环境协同感知。

如表7-6所示,通过分析发现,村民对旅游发展所带来的环境协同感知明显,均值为3.94。从"村落建筑与环境具有协调性"和"旅游接待设施与村落环境具有协调性"来看,均值分别为4.60和4.53,说明几乎所有村民都意识到桃坪羌寨的四座碉楼是羌寨最为明显的文化标志,是吸引旅游者前来旅游的地标性建筑。笔者发现,虽然新村的房屋在内部装饰上完全采用现代化、时尚化的素材,但外部建筑布局力图与老寨一样保持错落有致的形态,在碉楼建筑外观上仍然是石头砌成的,窗户上保持传统的木结构窗棂,使羌族的传统文化符号得到了强化(吴其付,2015)。正如当地讲解员大娘说:"这是我们古羌族先辈的智慧。"

从"游客破坏了村落环境"来看,均值为2.73,说明绝大多数村民并不认同游客的到来,会给村落环境带来负面影响。羌族人热情好客,对于远道而来的客人都会拿出最好的饭菜和酒肉来招待就是例证。

从"完善了垃圾存放和污水处理设施""村落的卫生状况得到了改善"和"村民愿意自觉保护村落环境"来看,均值分别为3.67、3.73和4.40。通过访谈发现,随着羌寨旅游业的发展,垃圾存放和污水处理设施也得到了完善,促使村民增强环保意识,主动利用设施维护环境整洁,进而使村落的卫生状况得到日益改善。而持反对意见的村民则认为村寨环境相比从前尤显脏乱,这是源于部分烤肉摊贩未及时处理废物垃圾。

表7-6　桃坪羌寨村民对旅游扶贫开发与村落复兴的环境协同感知

环境协同感知题项	均值	标准差
村落建筑与环境具有协调性	4.60	0.507
旅游接待设施与村落环境具有协调性	4.53	0.516
游客破坏了村落环境	2.73	0.884
完善了垃圾存放和污水处理设施	3.67	0.900
村落的卫生状况得到了改善	3.73	0.704
村民愿意自觉保护村落环境	4.40	0.828
总均值	3.94	

资料来源：根据问卷调查结果整理。

(5)管理协同感知。

如表7-7所示，通过分析发现，村民对旅游发展所带来的管理协同感知不明显，得分较低，均值仅为2.59。选项"扶贫对象的认定是公平的"均值为2.40，结合"扶贫资金使用具有透明性"（均值为2.53）来看，这两个要素都充分说明村民并没有感受到旅游扶贫的公平性。村民们表示，"村里从来没有开过关于认定扶贫对象的相关会议，导致完全不清楚扶贫对象的认定过程，对于扶贫资金的使用与分配一概不知，村委会拥有直接决定权"，不过村支书却说，"我们定期召开了村民大会的，贫困户是村民推选出来的，并且会在公告栏告示出来"。

从"村民参与旅游经营决策制定"来看，均值最低，仅为1.67（高达95%的村民选择了不同意），这明显反映出村民并没有参与旅游经营决策的制定，政府和旅游开发公司也没有给村民参与决策的机会。村支书则表示："我觉得老百姓只能说是适当地参与旅游经营决策制定，肯定不会是全部。我们经常'走村串户'，家家户户地去了解情况，收集他们的意见，就是要把国家政策落到实处。"

从"村民参与了旅游收入的利益分配"看，均值为3.40，说明旅游业的发展确实给村民带来了收益，虽然也因收入分配不均而产生了贫富悬殊现象，但村民普遍表示充分理解和接受，认为脱贫的关键在于自身的勤劳。

从"村民参与了教育培训"来看，均值为2.93，说明多数村民持中立态度，正如笔者前面提到的那位年轻村民所说的，"我们没有接受过啥子培训，懂都不懂。就只是一天卖点烧烤、卖点牛肉干"。

从"帮扶措施富有成效"来看，均值为2.60。由于桃坪羌寨旅游开发较早，居民参与旅游业不同程度受益，经济基础相对较好，贫困户数量少。2014年，村寨还有25户贫困户，到2017年只剩下3户,且在2017年底全部实现脱贫,扶贫工程实施良好,因此村民对扶贫措施富有成效的感知不明显。

表7-7 桃坪羌寨村民对旅游扶贫开发与村落复兴的管理协同感知

管理协同感知题项	均值	标准差
扶贫对象认定是公平的	2.40	1.352
扶贫资金使用具有透明性	2.53	1.356
村民参与了旅游经营决策制定	1.67	0.724
村民参与了旅游收入的利益分配	3.40	1.183
村民参与了教育培训	2.93	1.033
帮扶措施富有成效	2.60	1.254
总均值	2.59	

资料来源:根据问卷调查结果整理。

7.4 贵州省黎平县铜关村旅游精准扶贫与村落复兴协同发展

7.4.1 案例区概况①

铜关村位于贵州省黎平县岩洞镇西南部,海拔380米,距岩洞镇政府驻地7公里,东边邻近岩洞镇岑卜自然寨,西边毗邻茅贡镇中闪村,南边接壤岩洞镇宰拱村,北边靠近岩洞镇述洞村。就铜关侗寨的地貌而言,居住地是瓢形,三面青山环抱,关隘紧密,犹如铁打铜铸,故名"铜关"。

全村共有大寨、小寨、燕洞3个自然村寨。村民小组有8个,居民447户,共1796人,包括侗族、汉族、苗族等3个民族,少数民族人口占总人口的98%,其中93%的人口是侗族。劳动力人口1562人,外出务工人员569人,男女比例大致为1:1。

铜关村景色优美,村寨依山傍水而建,寨边梯田层层,寨脚溪水长流。侗族的吊脚楼是铜关村一道亮丽的风景线,一般使用木头建造而成,多为两层,楼上住人,楼下圈养牲畜或堆放杂物。侗族的服饰多种多样,布料以自纺自织自染的侗布为主,每逢侗族的传统节日,村民们就穿着传统服饰,聚在一起唱侗歌、跳民族舞蹈。除此之外,铜关村还是世界非物质文化遗产侗族大歌的发祥地之一,被誉为"侗歌之乡",有着鲜明的少数民族文化特

---

①资料来源:一是通过走访当地村民所获得信息;二是查阅铜关村微信公众号和网上相关报道所获取。

色。总的看来,铜关村拥有着独特的少数民族旅游资源,有着重要的历史文化价值、欣赏价值和考察价值。

7.4.2 铜关村旅游发展概况[①]

(1)旅游自主经营阶段(21世纪初—2013年)。

铜关村旅游初步开发阶段,当地与世隔绝的美丽风景和令人赞叹的侗族歌声,吸引了少许周边村镇、县城的游客,但由于地处偏远、交通不便,没有兴建专门的旅游接待设施,因此旅游接待人数极少,游客也都是当天往返。

(2)NGO组织参与旅游开发阶段(2014—2016年)。

2014年,腾讯公益慈善(以下简称"腾讯基金会")基金会投资1500万元,组织当地村民采用传统建筑技术,建造了侗族大歌生态博物馆。2015年8月,生态博物馆正式落成试运营。2016年,博物馆正式开门迎接客人。这一时期,前往铜关村的游客明显增加,村民获得了一定的经济收益。

(3)NGO组织参与旅游发展阶段(2017年至今)。

在NGO组织的帮扶下,目前铜关村旅游业处于发展阶段。相关数据显示,2016年博物馆正式运营当年就实现收支平衡。2017年,村民们开始围绕旅游开发种植、养殖、刺绣等综合产业,自主创新发展生产。更多的村民加入了侗歌歌唱队,学习侗歌成为村落里的一种趋势。2017年旅游和农副产品营收近200万元。

7.4.3 NGO参与下的铜关村旅游扶贫概况

2009年6月,NGO组织腾讯基金会启动"腾讯筑梦新乡村"的实验性项目。2012年,腾讯基金会注意到这个富有魅力的村庄——铜关村,打算通过互联网凝聚各方力量,整合各方资源打造出一个移动互联网村。

NGO参与的扶贫工作主要从三个方面开展:首先是解决铜关村的硬件问题。腾讯基金会联系运营商对铜关村(以下简称"中益公益")实施4G全覆盖,提供免费的数据流量。不仅如此,腾讯基金会还联系中兴通讯公益基金会赞助全村每户一台智能手机。第二步是对当地旅游资源进行开发。腾讯基金会出资为村庄修建了占地面积约46亩、建筑面积约5600平方米的侗族大歌生态博物馆,博物馆依山傍水,建筑外观与民居环境、周围山水有机融为一体。整个博物馆功能齐全,不仅有侗族大歌音乐厅、十洞十三寨民俗展演厅、农耕文化体验区、传统织染刺绣区、民俗歌舞观演台,还有客房、办公大楼、工作人员宿舍等。项目团队邀请铜关村村民,为博物馆提供侗歌表演、织染刺绣制作、节庆风俗体验等,策划了铜关村侗族大歌生态博物馆深度体验游方案,设计了服务体验闭环,打造出一个永

---

①根据报刊对"为村"创始人陈圆圆的报道,走访当地村民所获得信息并查询相关文献,综合整理所得。

续的铜关村旅游生态系统(图7-3)。第三步是消除信息获取的障碍。腾讯基金会教会村民使用微信沟通、从网络获取信息,除此之外还建立了"为村贵州黎平铜关村"微信公众号(图7-4),包括村友圈、党务、村务、为村课堂等多个专题。村民可以通过村友圈售卖商品、发布招聘,游客也可以在线预约、购买特产。它不仅是铜关村村民之间、村委会与村民之间的信息交流的渠道,也是铜关村向外展示的窗口。

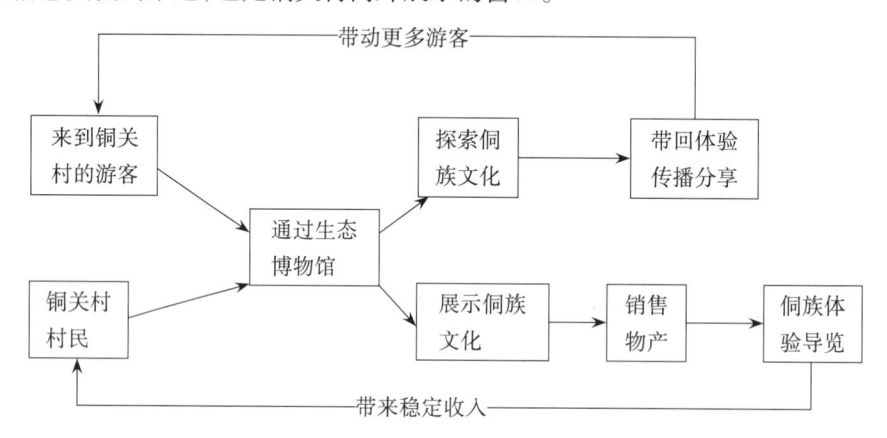

图7-3 永续的铜关村旅游生态系统①

图7-4 铜关村微信公众号截图

---

① 数据来源:为乡村做服务设计——贵州铜关村旅游服务设计总结。

7.4.4 村民对旅游精准扶贫与传统村落复兴协同发展的感知评价

(1)经济协同感知。

腾讯基金会的"为村"计划,为铜关村村民提供了一定的发展机会。其积极的影响主要体现在村民家庭年收入的提高和就业机会的增加,问卷中这两项的均值都大于3.5[①]。根据铜关村微信公众号公布的数据显示:铜关村博物馆建成后,2016年农民人均年收入6253元,2016年村集体经济收入为5.2万元。我们的问卷调查结果显示:NGO组织参与铜关村旅游扶贫前,当地村民家庭人均年收入低于3500元的占86.9%,而在旅游扶贫后,家庭人均年收入高于3500元的占80.4%,有82%的人认为家庭年收入增加(表7-8)。

从问卷结果我们也可以看到,NGO组织进行旅游扶贫后仍有19.7%的村民家庭人均年收入在3500元以下,仅有1.7%的认为旅游年收入占家庭年收入的比例大,说明旅游扶贫带来了一定的经济效益,但仍不是村民的主要收入来源,甚至有一少部分村民并未享受到旅游发展所带来的经济效益,因此"旅游收入所占比大"均值仅为1.79。村委会一位负责人在接受访谈时也谈到这点,"村委会和腾讯铜关村侗族大歌有限公司是相互独立的,现在生态博物馆由公司管理,村委会极少参与当地的旅游团的接待,只是配合腾讯铜关村侗族大歌有限公司搞好卫生。村民的收入来源就是唱歌、织布,每人一次30元(这是部分村民会参加可以获得的)。还有就是向游客出租侗家衣服,男性衣服20元一天,女性衣服30元一天"。

表7-8 铜关村村民旅游开发前后家庭人均年收入对照表

旅游开发前家庭人均年收入	频率	百分比(%)	旅游开发后家庭人均年收入	频率	百分比(%)
2300元以下	35	57.4	2300元以下	2	3.3
2300~3500元	18	29.5	2300~3500元	10	16.4
3501~4600元	6	9.8	3501~4600元	37	60.7
4601~5700元	2	3.3	4601~5700元	10	16.4
5700元以上	0	0	5700元以上	2	3.3
合计	61	100	合计	61	100

资料来源:根据问卷调查数据整理。

如表7-9所示,从"完善了基础设施"和"完善了旅游接待设施"来看,均值分别为3.98和3.75,说明旅游业的发展对当地基础设施和旅游接待设施的改造、完善起到了重要作用,这与博物馆的修建和当地公路的修建实际情况相符。

---

① 均值1~2.4表示不同意,2.5~3.4表示中立,3.5~5表示同意。

从"促进了乡村产业结构调整"一项来看，均值仅为2.82，说明NGO组织参与下的旅游扶贫在一定程度上调整了铜关村的产业结构，但仍有较大提升空间。虽然大部分村民除了从事农业活动外，也参与到旅游相关行业中去，但这种比例仍然不够高。

对于"增加了就业机会"，均值为3.85，说明NGO组织参与的旅游扶贫的确为当地村民提供了大量的就业机会，实地调研访谈也证实了这点。生态博物馆修建时全部雇佣的是当地村民，支付了大约400万元的工钱，建成后也雇佣了村民作为馆内的服务人员，同时还有不少村民通过在馆内表演侗歌、侗戏和民俗舞蹈赚取报酬，每表演一次能获得几十元到一百元的报酬。除此之外还有村民通过开民宿、卖侗族刺绣赚钱。比如村民吴国荣利用自家靠近博物馆的优越地理位置，将房屋改造成了民宿，一楼180平方米供自己和家人住，二楼被规划成6间客房，全部采用木质结构，有着鲜明的侗族特色，民宿总造价25万，客房每晚128元，一间与博物馆错层次消费，腾讯基金会为他提供了10万元免息贷款。

表7-9　NGO参与下铜关村村民对旅游扶贫经济协同的感知

经济协同感知题项	均值	标准差
完善了基础设施	3.98	0.90
完善了旅游接待设施	3.75	1.06
增加了家庭年收入	3.74	1.18
旅游年收入占家庭年总收入比例大	1.79	1.36
促进了乡村产业结构调整	2.82	1.09
增加了就业机会	3.85	0.912
总均值	3.32	

资料来源：根据问卷调查数据整理。

(2)社会协同感知。

如表7-10所示，社会协同感知因子的均值为2.92。说明铜关村的旅游发展处于起步阶段，外来游客较少，当地村民参与旅游业的受益有限，旅游的负面影响相对较少，因而村落人际关系和谐、对游客持欢迎态度。其中，"改善了治安状况"一项均值为3.00，说明在旅游扶贫的过程中村落的治安状况并未受到太多的影响。

"提升了村民素质能力"一项均值为3.57，说明NGO组织参与旅游扶贫后，村民的素质在一定程度上得到了提高，正如村民吴珍祥所说："以前我们这里的老人好多都听不懂普通话，现在有的都听得懂了，还能说几句。他们在博物馆当工作人员的，还被带到韩国、深圳等地参观学习，基本上每年都要去一次。能够明显感受到大家的素质都在不断提高。"村支书吴荣盛也向我们表示:"腾讯基金会在创建的铜关村公众号里开设了为村课堂,村民都可以登录进去学习,里面经常会更新一些有关艺术欣赏、安全教育的话题,这对于村民素质的提升有一定的帮助。"

"导致村民贫富差距悬殊"和"影响了村民人际关系和谐"两项的均值分别为1.57和1.31,均低于2,这说明铜关村村寨氛围良好,村民相处融洽,NGO组织参与下的旅游扶贫并没有打破坏村寨的和谐。村民普遍认为财富的获得依靠的是自身能力。正如村民陈刚所说:"我觉得没得好大的影响,我们从小生活在这里,感情好得很。他们在博物馆里找了工作,可以唱歌跳舞拿钱,那是别人的本事,没啥子好嫉妒的,我在为村工作人员的帮助下也开了网店,也是谋生的一种手段。总之,各有各的活法,不能因为钱影响我们的感情。"

"加剧了人地矛盾的冲突"一项,均值为3.48。说明旅游业发展初期,铜关村当地的人地矛盾比较突出,在"增人不增地"的政策约束下,村民兴建砖房子,破坏了传统村落的建筑风貌。村民吴应磊坦言:"政府不允许圈田造房,但没有规划出一块地用来给村民建砖房。"

"与表7-10一致对客持欢迎态度"一项,均值达到了4.61,说明铜关村的村民对游客普遍持欢迎的态度,体现了侗族人热情好客的特点。

表7-10 铜关村村民对旅游扶贫开发与村落复兴的社会协同感知

社会协同感知题项	均值	标准差
改善了治安状况	3.00	1.21
导致村民贫富差距悬殊	1.57	0.62
提升了村民素质能力	3.57	1.20
影响了人际关系和谐	1.31	0.53
加剧了人地矛盾冲突	3.48	0.98
对客持欢迎态度	4.61	0.59
总均值	2.92	

资料来源:根据问卷调查结果整理。

(3)文化协同感知。

如表7-11所示,文化效应因子均值较高,为3.90,其中"村落建筑保持了民族性"和"村民服饰具有民族性"两项的均值分别为3.41和3.51。在调研中我们看到,铜关村的建筑以木质吊脚楼为主,同时伴有少量现代风格的楼房,在日常生活中少见村民穿着民族服饰。有的村民们向我们解释,"平时穿侗服做事情不太方便,每逢重要的节日以及参加表演时,我们便会穿上侗族的传统服饰"。

"艺术表演具有真实性"一项均值达到了4.56,正如村民吴应磊所言:"我们唱的侗戏,都是根据生活中发生的故事来唱的,就是讲我们这里的生活。"

"村民对传统文化具有认同感""村民愿意保护和传承传统技艺""旅游产品开发符合游客的期望"三项均值都在4.00以上,这充分体现了铜关村村民对于本民族的传统文化有着强烈的认同感和保护意识,在旅游开发的过程中也树立起了高度的民族自信,在展示文化的同时也渴望着将侗族传统文化发扬光大,走出贵州乃至走出中国。如同村民吴国真所说:"我们唱侗歌,外地来的游客都喜欢,我还去过香港表演,唱的时候就穿我们的民族服饰,这个就是传播我们侗族的文化,年轻人以前就主要唱流行歌曲,但是现在也有学唱侗歌的了,这是我们民族流传下来的东西,我希望以后能世世代代流传下去。"

但"村民生活方式保持了传统"一项均值仅为2.66,说明旅游业的开发也明显冲击着铜关村村民的传统生活方式。不过这种冲击在目前调研看来,并未造成较大的破坏性,而更多地体现在生活条件的改善。比如互联网的开通,让他们可以与在外打工的亲人视频通话,购物时可以用微信支付,旅游产品也可以通过网络售卖。

表7-11 铜关村村民对旅游扶贫开发与村落复兴的文化协同感知

文化协同感知题项	均值	标准差
村落建筑了保持民族性	3.41	1.20
村民服饰具有民族性	3.51	1.25
村民生活方式保持了传统	2.66	1.05
艺术表演具有真实性	4.56	0.53
旅游产品开发符合游客的期望	4.00	0.84
村民对传统文化具有认同感	4.62	0.55
村民愿意保护和传承传统技艺	4.56	0.59
总均值	3.90	

资料来源:根据问卷调查结果整理。

(4)环境协同感知。

如表7-12所示,村民对旅游发展所带来的环境协同感知明显,均值为3.36。其中"村落建筑与环境具有协调性"和"旅游接待设施与村落环境具有协调性"的均值分别为3.43和3.77,说明NGO组织参与下的旅游扶贫对建筑与村落环境保持协调性起到了一定的积极作用。侗族大歌生态博物馆,采用传统的建筑风格和技术修建,由19栋木质吊脚楼组成,与周围的山水、民居住宅有机地融为一体。但在实地调研中我们发现已有不少村民将自家房屋改造成水泥砖瓦结构,这在一定程度上破坏了建筑与环境的协调性。村民吴大爷告诉我们:"前几年下了一场冰雹,好多木头修的老房子都被砸烂了,现在我们还是比较倾向修水泥砖瓦结构的房子,牢固。"为了让村子整体看起来更协调,政府出资让建砖房的村民用土黄色的油漆粉刷建筑表面。

"游客破坏了村落环境"一项,均值低至1.44,说明在旅游开发后游客也并未对铜关村的环境造成负面影响。

"完善了垃圾存放和污水处理设施""村落的卫生状况得到了改善"和"村民愿意自觉保护村落环境"三项均值都在3.50以上,说明NGO组织在参与铜关村旅游扶贫时对当地的环境保护起到了积极影响,并且在一定程度上增强了村民保护当地环境的。村民吴桂芳告诉我们:"村寨里设立了专门的垃圾站,大家把垃圾都扔进路边的垃圾桶,平时也有专人负责回收垃圾。卫生状况改善了,我们住在这里也舒服,游客来了也愿意留下来多待几天。"村里的年轻人更是"绿水青山就是金山银山"理念的践行者,在为村公众号自发开展了"铜关是我家,美丽家乡靠大家"的公益筹款行动。

表7-12 铜关村村民对旅游扶贫开发与村落复兴的环境协同感知

	均值	标准差
村落建筑与环境具有协调性	3.43	1.01
旅游接待设施与村落环境具有协调性	3.77	0.88
游客破坏了村落环境	1.44	0.59
完善了垃圾存放和污水处理设施	4.13	0.81
村落的卫生状况得到了改善	3.58	1.27
村民愿意自觉保护村落环境	3.79	1.16
总均值	3.36	

资料来源:根据问卷调查结果整理。

(5)管理协同感知。

如表7-13所示,管理协同因子的均值较低,为2.85。其中"扶贫对象认定是公平的"和"扶贫资金使用具有透明性"两项的均值都为2.79,说明村民对扶贫对象的认定、扶贫资金使用的透明性存在不同的看法,满意度较低。有村民向我们表示:"认定贫困户时,村委会有召集村民开会讨论,听取大家的意见,会后大家的意见很少被采纳。"也有村民证实,"村委会在认定贫困户时,是根据了一定的条件,相对来说还是比较公平的,比如家里有车的人、新修了房子的人就没有认定的资格,不存在一些作弊的行为"。在访谈中,铜关村的村支书也说:"贫困户的认定是动态的,今年你家经济比较困难或者有孩子考上大学,就把你家认定为贫困户。腾讯基金会帮助我们建立了公众号,我们会在上面发布各种村务信息,包括贫困户的认定、扶贫资金的使用明细等,但有的村民因为年龄太大或自身教育程度较低,不会登录使用公众号,无法接触到此类信息,导致了信息沟通不畅。"

"村民参与了旅游经营决策制定"的均值低至1.77。根据访谈我们得知NGO组织对于旅游扶贫过程中的各项管理工作,更多的是交给了村委会自己决定,村民在管理过程中缺少话语权,并未实质性参与。

"村民参与了旅游收入的利益分配"一项,均值为3.90,这与村民在NGO组织参与下的旅游扶贫中经济收入提升、村落基础设施完善的事实相符。据村民吴珍祥介绍:"博物馆建成后就捐给了村里,现在已经是属于铜关村的财产了,博物馆的收入也都是归村里所有,其中有49%的收入直接给村民分红,51%用于搞教育和社区建设。"

"帮扶措施富有成效"均值为3.41,说明NGO组织在参与旅游扶贫的过程中,给贫困户解决了一定的实际困难。一位经营旅馆的老板娘告诉笔者:"对待贫困户参与旅游、经营博物馆有一些措施,主要是拨两万元的资金让贫困户建立民居旅馆"。但仍有少数村民表示并未感受到NGO组织解决了贫困户的实际困难,村民吴大爷向我们反映:"腾讯基金会的旅游扶贫我没有太大的感受,我也没有参与到旅游工作里面去,都是政府给我发的钱。"

"村民参与了教育培训"一项均值为2.41,说明NGO组织在参与旅游扶贫过程中对当地村民的培训教育仍有所欠缺。村民吴阿姨告诉我们:"在博物馆内工作的人参与过培训,还带他们出去考察交流过。我们没有参加过,也没有专门的人通知我们去参加。如果通知了我,我还是愿意去。"

表7-13 铜关村村民对旅游扶贫开发与村落复兴的管理协同感知

管理协同感知题项	均值	标准差
扶贫对象认定是公平的	2.79	1.27
扶贫资金使用具有透明性	2.79	1.05
村民参与了旅游经营决策制定	1.77	0.86
村民参与了旅游收入的利益分配	3.90	0.85
村民参与了教育培训	2.41	1.17
帮扶措施富有成效	3.41	1.30
总均值	2.85	

资料来源:根据问卷调查结果整理。

7.5 贵州省雷山县郎德上寨旅游精准扶贫与村落复兴协同发展

7.5.1 案例区概况[①]

郎德上寨村位于贵州省黔东南苗族侗族自治州雷山县,地处苗岭主峰雷公山麓的丹江河畔,距雷山县城16千米,距州府凯里市28千米。寨子建于元末明初,迄今已有600多年的历史。它是全国最早的一座民族村寨博物馆,2001年被列为"全国重点文物保护单位",闻名中外,是考察苗族文化、领略苗族风情的首选村寨,也是贵州省"巴拉河乡村旅游扶贫示范项目区"规划的民族村寨之一(李天翼、孙美璆,2010)。

全村共有上寨和包寨2个自然寨,6个村民小组,共216户796人,全部是苗族同胞,以陈、吴二姓为主。劳动力464人,其中外出务工225人,2015年有37户贫困户,2016年有21户贫困户,其中脱贫的16户贫困户主要靠外出打工脱贫[②]。

郎德上寨建筑系木质结构,框架由榫卯连接,村民造房时利用坡倾斜度较大或者濒临水、沟的一侧,使屋的前半部分临空悬出,形成独特的木结构、穿斗式吊脚楼景观。寨内设有铜鼓场和芦笙场,是全寨颇具地方特色的人文景观。用铜鼓舞来祭祀祈福,男女老少齐聚铜鼓场,围鼓而舞,芦笙舞则显相对随意。上寨的村民热情好客,每当有远方的贵客到来时,村民们便会在村门口的田坎上摆设十二道拦路酒,穿上他们的传统服饰迎接贵客的到来。其节日丰富多彩,包括苗年、敬桥节、吃新节和重阳节等,其中苗年最为隆重热闹。

郎德山清水秀的自然景色、别具一格的吊脚木楼、别有情趣的十二道拦路酒、动人心弦的铜鼓芦笙、工艺精湛的银饰盛装,吸引了大批中外客人的到来,如今它已成为贵州省东线旅游的一颗璀璨明珠。

7.5.2 郎德上寨的旅游发展历程[③]

(1)"工分制"自治管理期(1986—2008年)。

1985年,郎德上寨在贵州省文化厅1万元的经费支持下,全村村民投工投劳对寨中的铜鼓场、道路、宅门进行整修。1986年郎德上寨开门迎客。作为贵州第一批通过旅游发展带动少数民族村寨脱贫的试点,郎德上寨先后从文化、旅游、消防、城建等部门获得资金支持,雷山县政府也大力推荐苗寨旅游,鼓励开设"苗家乐",组织相关领域专家为村民免费提供培训。这一时期,郎德上寨的旅游接待主要以歌舞表演为主,表演一场收费500~600元,包场表演按演员参与人数收费,其中20人以上收费1000元,16人以下收费800元,

---

[①] 资料来源:一是查阅学术期刊网上公开发表的有关郎德上寨的文献资料;二是通过对村委会成员的访谈获取村寨的相关信息;三是通过案例地实地调研获得的相关信息。
[②] 相关数据由村支书陈民军2017年7月提供。
[③] 根据对村支书陈民军、第一任老支书陈正涛的深度访谈,并查询相关文献,综合整理所得。

平均每天表演6~8场。

为避免旅游收入分配不公，老支书陈正涛创造性地采用"工分制"，实行按劳分配的原则。以家庭为单位逐人逐次登记，根据角色、贡献的差异对参与迎宾、歌舞表演的本寨村民发放面值不同的工分牌，对旅游表演收入进行分配，同时工分重点向老人、在读学生等弱势群体倾斜(见表7-14、7-15、7-16)。

工分牌的发放由村支书、村主任等村委会领导负责，工分的统计工作由接待主任、副主任、旅游出纳、旅游会计等组成的旅游接待办公室成员具体实施。其中旅游接待主任、旅游出纳和旅游会计由全村村民投票选举产生。表演结束后，各组发牌人员负责收缴登记，再到旅游会计处汇总，将每场接待中每个家庭的工分登记到"郎德上寨民族旅游接待工分表"，每月结账一次。每场旅游接待和表演费用的30%用于与旅游接待有关的集体性支出，剩余70%按工分平均分到每个家庭。旅游收入和分配情况定期公示，接受村民的监督。一些出工较多的家庭每月可分红500~600元，少的家庭每月分红200元左右。

表7-14　郎德上寨旅游接待角色工分表

角色名称	桌长	迎宾	芦笙	陪场	演员	学生
工分值	1	9	6	4	1~5	18

资料来源：根据实地调查整理。

表7-15　郎德上寨旅游接待着装工分表

着装名称	长衣	便衣	盛装	盛装加银衣	盛装加银衣银角
工分值	10	9	11	15	20

资料来源：根据实地调查整理。

表7-16　郎德上寨老人、小孩旅游接待工分表

类型	一至三年级	四至六年级	初、高中、大学生	年满70岁的老人	常年患病的病人
工分值	4	8	10	6	6

资料来源：根据实地调查整理。

(2)旅游发展的低迷期(2008—2016年)。

2008年9月，贵州省第三届旅游产业发展大会在西江千户苗寨召开之后，雷山县政府的营销宣传重点便转向千户苗寨，西江的知名度大增，使郎德上寨的游客数量直线下降。旅游收入的减少，导致旅游基础设施的维护和修缮缺乏资金支持，给游客生活带来诸多不便。村委会日常工作的重心由过去组织村民参与旅游接待、负责旅游收入的分配转

变为落实、完成地方政府下达的各项任务。大量的年轻劳动力纷纷外出打工,旅游不再是当地人收入的主要来源渠道。

(3)社区主导、政府有限介入时期(2016年10月至今)。

2015年5月,雷山县县委、县人民政府成立了雷山县郎德景区文化旅游开发建设指挥部。2016年10月,郎德文旅公司作为西江旅游公司的子公司进入郎德。之后,西江旅游公司每月投入10万元,每天购买2场演出,村民的旅游表演收入仍采用"工分制"进行分配。2017年5月1日,郎德文旅公司正式进入郎德负责运营,对外收取门票50元/人。

7.5.3 村民对旅游精准扶贫与传统村落复兴协同发展的感知评价

(1)经济协同感知。

通过问卷调查分析村民对经济协同的感知,其总均值为3.72①,表明村民对旅游扶贫开发与传统村落复兴的经济协同感知较为强烈,认同旅游开发能增加家庭年收入、提高生活水平。

表7-17 郎德上寨村民对旅游扶贫开发与村落复兴的经济协同感知

经济协同感知题项	均值	标准差
完善了基础设施	3.83	0.576
完善了旅游接待设施	3.17	1.029
增加了家庭年收入	3.52	0.790
旅游年收入占家庭年总收入比例大	3.63	0.853
促进了乡村产业结构调整	3.91	0.417
增加了就业机会	4.26	0.209
总均值	3.72	

资料来源:根据问卷调查结果整理。

如表7-17所示,从"完善了基础设施"来看,均值为3.83,说明旅游业发展对当地基础设施的改造、完善起到了重要作用。这与我们实地调研的情况相符合。从凯里汽车站到郎德的S308省道,交通便捷,全程仅需40分钟。步入寨门,道路和院坝全部用鹅卵石和青石铺砌,消防安全建设被列入重中之重,防控措施细致周全;人畜饮水工程、排污系统建设落实到位,网络通畅,村民均表示满意。

从"完善了旅游接待设施"来看,均值为3.17,说明村民对此持中立态度,看法不一。标准差1.029也说明了这个问题。部分村民认同旅游发展促进了寨子接待设施的完善,也

---

①均值1~2.4表示反对,2.5~3.4表示中立,3.5~5表示同意。

有村民表示,"寨子的住宿接待设施满足不了游客的需求,比如木房子不隔音,房间内没有卫生间;寨子没有公共厕所,游道标识也不是很完善;一到晚上,整个寨子没有相关娱乐休闲设施,夜间的灯光照明不足,行走很不安全"。在实地调研过程中发现的确存在上述问题,也没有在郎德上寨村发现医疗诊所、邮局、购物商店、游客接待中心等旅游配套设施。

从"增加了家庭年收入"来看,均值为3.52,说明村民对旅游发展对家庭年收入的增加持肯定态度。旅游开发前,村民以从事农作物种植(73.9%)、外出打工(26.1%)为主,当地家庭人均年收入在3500元以下的占87.9%;旅游开发后,家庭人均年收入在3500元以上的村民占了97.6%的绝对比例(表7-18)。目前,郎德上寨村的村民除了农耕收入外,其他收入来源主要由以下四个方面构成:一是村民参与集体旅游接待项目(民族歌舞表演),根据工分制获得旅游收入。二是经营家庭旅馆及农家乐餐饮的收入。据村民陈毅兰介绍,"目前寨子能够提供住宿的家庭旅社共有10多家,经营'苗家乐'的有12家(政府认可授牌的)。一般而言,经营好的年收入可达几万元,经营较差的村民每年收入也会有几千元"。三是向游客出售刺绣、蜡染等工艺品。郎德上寨村目前有65户人家出售旅游工艺品,主要是留守老人和妇女参与经营,每个月的收入在600~1000元之间。四是青壮年外出务工收入。缺乏旅游经营能力和歌舞表演技能的青壮年,纷纷选择外出务工,每月收入3000~5000元不等。但扣除基本开销和往返交通费用,收入较少,很多人也希望在家门口就业,节约开支。

表7-18 郎德上寨村民旅游开发前后家庭人均年收入对照表

旅游开发前家庭人均年收入	频率	百分比/%	旅游开发后家庭人均年收入	频率	百分比/%
2300元以下	45	54.2	2300元以下	0	0
2300~3500元	28	33.7	2300~3500元	2	2.4
3501~4600元	9	10.9	3501~4600元	23	27.7
4601~5700元	1	1.2	4601~5700元	46	55.4
5700元以上	0	0	5700元以上	12	14.5
合计	83	100	合计	83	100

资料来源:根据问卷调查结果整理。

从选项"旅游年收入占家庭年总收入比例大"来看,均值为3.63,说明当地以"工分制"为基础的旅游开发模式让村民普遍受益,85.6%的村民参与旅游发展所获得的旅游年收入占家庭年总收入的40%以上(图7-5),随着寨子旅游总收入的增加,村民个体收入也随之上升(表7-19)。

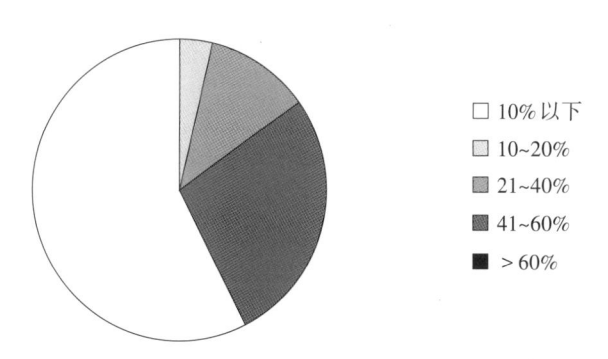

图7-5 郎德上寨村民旅游收入占家庭总收入的比例

表7-19 1986—2016年郎德上寨村接待游客数与历年旅游收入

年份/年	游客数/人	旅游收入/元	年份/年	游客数/人	旅游收入/元
1986	947	5676	2002	7097	81900
1987	1178	7068	2003	11217	168210
1988	1705	10230	2004	13860	236700
1989	1816	10896	2005	24726	370890
1990	1753	10518	2006	68243	1023645
1991	1888	15104	2007	183600	275400
1992	4031	32248	2008	238100	3571500
1993	2349	21141	2009	35100	526500
1994	4472	35776	2010	58000	4800000
1995	5378	47024	2011	50000	2100000
1996	4375	69036	2012	259500	15100000
1997	5753	69036	2013	178500	15200000
1998	5982	71784	2014	220800	19700000
1999	6012	72144	2015	437000	33600000
2000	6538	78459	2016	518100	44800000
2001	4468	67020			

资料来源:雷山县郎德上寨村旅游接待办公室提供。

从"促进了产业结构调整"和"增加了就业机会"来看,均值分别为3.91和4.26,说明随着旅游发展,村民的生计方式发生了改变。在旅游开发前,当地主要以农业为主,1986年发展旅游后,由旅游开发初期的"农业为主、旅游为辅"转变为现在的农业和旅游接待兼顾,大多数人家都以参与民俗风情歌舞表演、经营苗家乐、家庭旅馆、销售旅游工艺品等方式参与旅游业,旅游成为当地居民的主要生计选择。正如芦笙队队长陈光文所说:"我以前在云南民俗村跳苗舞,每个月3000多元的工资,但是长期在外,孩子没人管,田没人种,上有老下有小都需要照顾,确实很艰难。现在旅游搞起来了,来的游客多了,都喜欢看我们吹芦笙、跳苗舞。孩子他妈就让我回来了。我现在担任芦笙队长,组织演员,编排了我们苗族的歌舞,家门口就能就业,我觉得挺好。"

(2)社会协同感知。

苗族热情好客的民族习俗和坚守传统农业生产的观念让郎德上寨村的村民在参与旅游发展的过程中,并没有将经济利益放在首位,相反非常重视寨子的团结和本社区的内部认同,因此村民对旅游扶贫与村落复兴的社会协同感知更为强烈,总均值为3.30。

如表7-20所示,在"改善了治安状况"选项上,均值为3.57,说明村民认同旅游发展改善了寨子的治安状况,但是更多的村民则表示,"发展旅游前后,寨子的治安状况一直很好,这些都是传下来的规矩,不得破坏的"。

从"导致村民贫富差距悬殊"和"影响人际关系和谐"来看,均值分别为2.36和2.46。在其他调研地,普遍存在社区参与不足、贫困人口受益有限、贫富差距悬殊等问题。但在郎德上寨村,由于采用"工分制",提倡收入的公平分配,使贫富差距得到了控制,和谐的人际关系也得到维护,社区认同感受到强化。

从"提升村民素质能力"来看,村民普遍持肯定态度(均值为3.70),他们都自豪地提起,"我们寨子每年接待中外游客数万人次,胡锦涛、朱镕基、温家宝等国家领导人也来我们寨子视察过,和不同地域、不同国别的人打交道,让我们也增长了见识,他们还教会我们发微信,通过朋友圈营销推广我们的苗寨"。村民的访谈充分说明旅游发展,让村民的自身素质、旅游接待能力均得到了提高。

从"加剧了人地矛盾冲突"来看,村民普遍持中立态度(均值为3.04)。在国家重点文物保护单位的郎德上寨村,大兴土木的现象很少见,多年的田间劳作与旅游经济相结合是郎德人主要的生产生活方式,因而旅游发展加剧人地矛盾的冲突不明显。

选项"对客持欢迎态度"均值较高,达4.64,说明当地村民对游客的到来持欢迎态度。郎德上寨村的十二道"拦路酒"和寨中芦笙场上的"铜鼓舞"正是对来访贵宾最隆重的欢迎。

表7-20 郎德上寨村民对旅游扶贫开发与村落复兴的社会协同感知

社会协同感知题项	均值	标准差
改善了治安状况	3.57	0.728
导致村民贫富差距悬殊	2.36	0.878
提升了村民素质能力	3.70	0.635
影响了人际关系和谐	2.46	0.767
加剧了人地矛盾冲突	3.04	0.767
对客持欢迎态度	4.64	0.562
总均值	3.30	

资料来源：根据问卷调查结果整理。

(3) 文化协同感知

如表7-21所示，通过分析发现，村民对旅游发展所带来的文化协同感知，总体上非常积极，总均值为4.41。选项"村落建筑保持民族性"和"村民服饰具有民族性"，均值都为4.70，这说明村民认为木结构、穿斗式的吊脚楼和苗服银饰延续了苗族的传统文化。老支书陈正涛谈道："寨子从1986年开始搞旅游接待，在我们村，禁止建砖房是几十年来大家共同遵守的村规民约。发展经济是第一要义，但不能违背传统。"

从选项"村民生活方式保持了传统"来看，均值为3.17，表明大多数村民对此持中立态度。认为村民生活方式遵循传统的老支书陈正涛说："当地的传统节日，我们一直都遵从原来的习俗在过。"现任村支书陈民军的一番话或许更能代表大部分村民的意见，"我们这个寨子，保护传统民居，大力发展原生态旅游固然是对的。但是光保护，不发展，让村民住在年久失修、衰败破烂的木房子里继续传统的生活方式，成为旅游者参观的'笼中之鸟'也有失公平"。新、老支书对传统的不同看法，充分说明妥善处理好传统与现代、旅游开发与保护、居民与游客的关系，改善民生、共享红利、实现村民对美好生活的向往迫在眉睫。

选项"艺术表演具有真实性"的均值为3.91，说明大多数村民认为他们表演的十二道"拦路酒"、铜鼓舞和吹芦笙就是苗族传统文化的展示，具有真实性，但也有人持中立的态度，老支书陈正涛就说："以前只有在特定的场合才能敲击铜鼓"

选项旅游"产品开发符合游客的期望""村民对传统文化具有认同感"和"村民愿意保护传统和传承传统技艺"的均值均在4.5以上，充分说明郎德上寨的村民对于本民族的传统文化有着强烈的自豪感、认同感和保护意识。在旅游开发过程中，在追求文化带来经济利益的行为实践中，激活了传承民族文化的自觉性和积极性。芦笙队长陈光文之子，贵州大学音乐系大三学生陈海华也坦言，"毕业后我愿意回到村里，传承我们本民族的文化。

因为我喜欢民族文化,在贵州大学音乐系我学的也是芦笙。看着村里的寨老们一个个变老,吹芦笙的人越来越少,我就有一股强烈的使命感,希望我能带动更多村里的年轻人,传承我们的民族文化。当然,收入是吸引年轻人回归的重要因素"。

表7-21　郎德上寨村民对旅游扶贫开发与村落复兴的文化协同感知

文化协同感知题项	均值	标准差
村落建筑保持民族性	4.70	0.765
村民服饰具有民族性	4.70	0.635
村民生活方式保持了传统	3.17	0.778
艺术表演具有真实性	3.91	0.417
旅游产品开发符合游客的期望	4.57	0.788
村民对传统文化具有认同感	4.91	0.417
村民愿意保护和传承传统技艺	4.91	0.596
总均值	4.41	

资料来源:根据问卷调查结果整理。

(4)环境协同感知。

如表7-22所示,村民对旅游发展所带来的环境协同感知明显,总均值为4.08。其中"村落建筑与环境具有协调性"均值为4.78,这与我们的实地调研事实相符。在旅游"接待设施与村落环境具有协调性"上面,村民普遍持肯定态度,均值为3.78。如前所述,村民们把村寨房屋建设纳入村规民约管理,为接待设施与环境的协调提供了保障。

"游客破坏了村落环境"均值仅仅为2.57,说明村民对此持中立态度。据我们观察,游客参与的旅游活动多集中在铜鼓场观看歌舞表演、逛寨子、参观博物馆、穿苗服拍照等,当天往返,只有少量散客选择住宿,因而对寨子的环境影响不是很大。

选项"完善了垃圾存放和污水处理设施"和"村落的卫生状况得到了改善"的均值都超过了4.00,这与我们的实地调研情况相符。据村支书介绍说:"郎德上寨村作为贵州省第一批少数民族旅游扶贫示范点,先后得到省政府、文物保护部门、住房和城市建设厅等各级部门的资金资助,增设了垃圾处理设备、排污系统设备,安装了消防安全设施,村集体将旅游表演收入的30%作为旅游产业发展基金,专门用于寨子环境卫生、基础设施维护等。"基础配套设施的兴建和完善,对于村寨宜居环境的打造发挥着重要作用。

选项"村民愿意自觉保护村落环境"的均值为4.80,说明旅游发展使村民朴素的生态环保观念得到进一步强化,他们愿意自觉保护环境、营造好的旅游氛围,吸引更多的游客。

表7-22　郎德上寨村民对旅游扶贫开发与村落复兴的环境协同感知

环境协同感知题项	均值	标准差
村落建筑与环境具有协调性	4.78	0.795
旅游接待设施与村落环境具有协调性	3.78	0.827
游客破坏了村落环境	2.57	0.843
完善了垃圾存放和污水处理设施	4.04	0.367
村落的卫生状况得到了改善	4.52	0.288
村民愿意自觉保护村落环境	4.80	0.834
总均值	4.08	

资料来源：根据问卷调查结果整理。

(5)管理协同感知。

如表7-23所示，郎德上寨村的村民对旅游发展所带来的管理协同感知较为明显，总均值为3.52。这说明村民对"村支两委"领导班子在国家政策执行、为民办事、带民致富等方面持肯定态度。

具体而言，从"扶贫对象认定是公平的"和"扶贫资金使用具有透明性"来看，均值都为2.80。村民们表示，"村里发了通知，召开过认定扶贫对象的会议，认定的对象在公告栏也公示过。但对于扶贫资金的使用我们不清楚，上头也没有说过，我们平头百姓也管不了这些事。"说明村民知晓扶贫对象的认定，具有透明性，但对扶贫资金使用的透明性持中立态度。

在"村民参与了旅游经营决策制定"选项上，均值为4.17。充分说明有关郎德上寨村旅游发展中的重要经营决策，全体村民有知情权和话语权。针对"西江公司即将进入，对郎德进行二次开发"的事件，部分村民在访谈中也提到，"西江公司进入郎德进行旅游开发，村上召集我们全寨人开了会，我们也说了我们的顾虑和要求"。村支书陈民军也强调，"村民选举我当支书，就不能辜负这份信任，就要对得起村民，要尽心尽力为全寨乡亲谋福利。我们在征求村民意见的基础上，提出了歌舞表演必须以原生态的展示为主、表演形式不改变、表演时间固定（每天上午10点30分、下午4点30分）、表演者必须是寨子里的村民、不允许聘请外来演员、允许村民从事工艺品销售等条件，双方达成一致后，西江旅游公司每月投入10万元，每天购买2场演出，确保村民的旅游收入"。

在"村民参与旅游收入的利益分配"选项上，均值较高，为4.91。这说明在旅游收入的分配上，"工分制"让村民普遍受益，并最大程度地照顾了老人、小孩、病人等弱势群体。

在"村民参与了教育培训"选项上,均值为2.93,说明在旅游发展过程中,村民渴望通过专业培训,提高自身能力,更好地经营旅游业。正如村民陈毅兰所言:"政府如果能够开设刺绣课,让我们能够在传统刺绣的基础上,刺绣图案有创新,刺绣技艺有提高就好了!"

在"帮扶措施富有成效"选项上,均值为3.49,说明大部分村民持中立态度。作为贵州省第一批少数民族旅游扶贫示范点,当地政府前20年在郎德实施帮扶措施的相关政策是富有成效的。2008年后,政府的旅游产业发展重心转移到西江苗寨,对朗德旅游业造成了不小的打击。2016年政府提出"郎德的二次开发",重新为其点燃了旅游发展的希望。因此在一定程度上说明,政府的"政策导向"对贫困地区旅游产业的发展起到了决定性的作用。

表7-23 郎德上寨村民对旅游扶贫开发与村落复兴的管理协同感知

管理协同感知题项	均值	标准差
扶贫对象认定是公平的	2.80	0.822
扶贫资金使用具有透明性	2.80	0.559
村民参与了旅游经营决策制定	4.17	0.714
村民参与了旅游收入的利益分配	4.91	0.417
村民参与了教育培训	2.93	0.825
帮扶措施富有成效	3.49	0.650
总均值	3.52	

资料来源:根据问卷调查结果整理。

7.6 重庆市黔江区十三寨旅游精准扶贫与村落复兴协同发展

7.6.1 案例区概况[①]

土家十三寨景区为国家AAAA级景区,位于重庆市黔江区小南海镇新建村,海拔高度720~1200米,东邻小南海,南靠八面山,西接武陵仙山,北连鸡公山,处于黔江国家森林公园的群山环抱之中,距黔江城区30千米,其中民族文化生态保护区面积约6.5平方千米,由13个较为典型的土家族、苗族自然村寨和传统民居院落构成。因这里在历史上独

[①]资料来源:一是查阅黔江区门户网站公开发表的有关土家十三寨的统计数据;二是通过案例地实地访谈,并查询相关文献获取信息。

特的母系文化和历代女杰辈出,又称"女儿谷"。

新建村共有6个村民小组,642户,1790人。少数民族人口占总人口的91%,其中土家族人口占少数民族人口的82%。现在的居民主要来自湖北、江西、广东等地,在"湖广填四川"时来到此处,与当地的土家族、苗族先民相互融合,出现了多民族集聚的独特现状。该村是整村脱贫村,已于2015年实现了"整村脱贫"目标。

新建村十三寨自然风光优美,人文旅游资源丰富。板夹溪水蜿蜒曲折,两边群山耸峙,乡间田土阡陌纵横。该地森林覆盖率达80%以上,区域内空气负氧离子浓度在1500~2000个/cm³之间,空气质量良好。村寨内建筑以干栏式吊脚楼为主,是全国目前规模最大、保存最完整的特色建筑群。欣赏性与实用性很强的土家织锦,多用象征的手法,以红、蓝、白等有色棉线为经,各色丝、棉、毛线作纬,采用挖空工艺,手工挑织而成,是土家族民间艺术的精华。摆手舞与后坝山歌都是十三寨的传统活动,也是宝贵的非物质文化遗产,后坝山歌[①]起源于土家族的生产生活,歌词大多在劳动和生活中即兴创作,并形成了较为稳定的腔调和唱法。

新建村十三寨凭借浓郁的民族风情、独具特色的建筑群、优美的自然风光、凉爽清新的宜居条件,先后获得了"全国少数民族特色村寨""中国最美乡村""重庆十大避暑纳凉目的地"等荣誉称号,有全国首个批准的土家族民族生态博物馆——武陵山民俗生态博物馆,2014年入选住房和城乡建设部公布的第三批中国传统村落名录。

7.6.2 新建村十三寨的旅游发展历程

(1)村民自主经营模式(21世纪初—2014年)。

要进入新建村土家十三寨,必经过小南海国家地质公园。小南海曾经是地震现场,后来成为黔江区最热门的旅游景点。利用成熟的小南海景区名片,十三寨有了自助游散客。当时村里没有设立旅游接待设施,村民也没有旅游经营的意识,因而旅游收入有限。年轻劳动力主要选择外出打工,留守的老人和妇女在家从事旅游接待。由于地处偏远,交通不便,区域经济发展缓慢,2014年新建村被确定为国家级贫困村。

(2)政府主导经营模式(2015年至今)。

2015年,黔江区出台了《重庆市黔江区小南海板夹溪十三寨民族特色村寨保护规划》。当地政府投入旅游扶贫资金300万元以上,整合其他资金3000万元以上,对十三寨部分院落的房屋风貌、人行道、民俗歌舞表演场、厕所等进行集中整治,对旅游基础设施进行配套完善(姚元和,2017),针对当地村民进行旅游服务培训,2015年土家十三寨正式对

[①]黔江区于2001年11月对乡镇行政区划进行调整,原南海乡、后坝乡合并设立小南海镇,板夹溪十三寨归并在新建村。重庆市级非物质文化遗产后坝山歌诞生于此,就是以乡名来命名的,虽然后坝乡不复存在,但山歌之名一直保留至今。

外开放。

当地政府邀请学者于丹教授到十三寨进行考察调研,通过电视、网络和报纸宣传报道,起到了良好的名人效应。着力打造影视拍摄和媒体采风基地,吸引全国多家摄影协会前来采风,成功拍摄了电影《太阳花儿开》、电视专题片《乡土》、38集电视连续剧《侯天明的梦》。密集的市场营销,提高了新建村的知名度,2015年,小南海乡村旅游经营户达160余家,其中乡村旅游有接待能力的农家乐达95家。旅游接待人数达到15万人次,实现乡村旅游收入2500万元,同比增长45%。受益贫困户达到70%,实现贫困户户均增收3500元,2015年新建村实现了"整村脱贫"目标。

7.6.3 村民对旅游精准扶贫与传统村落复兴协同发展的感知评价

(1)经济协同感知。

政府对新建村十三寨的旅游发展出台保护性规划、加大扶贫资金投入、加强目的地营销,让村民对旅游扶贫开发与传统村落复兴的经济协同感知强烈,总均值为3.99。

如表7-25所示,从"完善了基础设施"和"完善了旅游接待设施"来看,均值分别为4.65和4.39,说明旅游业的发展对当地基础设施和旅游接待设施的兴建、完善起到了重要作用。这与我们实地调研的情况相符。从小南海景区通往十三寨的道路都铺了水泥路,路边安装了灯光照明设施和监控设施,沿途修建了休闲娱乐设施,健全了接待设施体系,通往各个寨子的路上都铺设了青石板便道,为居民和游客提供了极大的便利。

从"增加了家庭年收入"来看,均值为3.89,说明村民对旅游发展对家庭年收入的增加持肯定的态度。旅游开发前,村民以农作物种植(50%)、外出打工(23.2%)为主,家庭人均年收入在3500元以下的占63.1%;旅游开发后,家庭人均年收入在3500元以上的村民占了90.8%的绝对比例(表7-24),说明旅游开发让当地村民的经济收入大幅增加,传统生计模式发生了很大的改变。

表7-24 土家十三寨村民旅游开发前后家庭人均年收入对照表

旅游开发前家庭人均年收入	频率	百分比/%	旅游开发后家庭人均年收入	频率	百分比/%
2300元以下	23	35.4	2300元以下	0	0
2300~3500元	18	27.7	2300~3500元	6	9.2
3501~4600元	13	20	3501~4600元	23	35.4
4601~5700元	8	12.3	4601~5700元	27	41.5
5700元以上	3	4.6	5700元以上	9	13.9
合计	65	100	合计	65	100

资料来源:根据问卷调查结果整理。

从"旅游年收入占家庭年总收入比例大"来看,居民普遍持中立态度,均值为3.00。说明旅游业的发展尽管增加了村民的家庭年收入,但所占比例偏小。这是因为新建村十三寨2015年才正式对外开放,尚处于旅游发展的初期阶段,游客数量偏少,当天往返,消费偏低。

从"促进了产业结构调整"和"增加了就业机会"来看,均值分别为4.28和3.72,说明旅游业的发展在一定程度上调整了新建村的产业结构,为当地村民提供了大量的就业机会,实地调研访谈也证实了这点。农家乐老板赵友玲说:"政府对我们办农家乐会进行补贴,一个床位补贴180元,鼓励发展农家乐。除了住宿收入,当地人还可以卖山货和土特产,这比以前种田轻松多了。"目前,新建村村民收入的来源主要由以下五个方面构成:一是经营家庭旅馆、农家乐的收入。二是向游客销售手工艺品、土特产品的收入。三是因旅游开发,进行土地流转的收入(5000元/年/家)。四是从事民俗歌舞表演的收入。五是青壮年外出务工收入。

表7-25　土家十三寨村民对旅游扶贫开发与村落复兴的经济协同感知

经济协同感知题项	均值	标准差
完善了基础设施	4.65	0.616
完善了旅游接待设施	4.39	0.850
增加了家庭年收入	3.89	1.183
旅游年收入占家庭年总收入比例大	3.00	1.328
促进了乡村产业结构调整	4.28	0.895
增加了就业机会	3.72	1.227
总均值	3.99	

资料来源:根据问卷调查结果整理。

(2)社会协同感知。

如表7-26所示,村民对旅游扶贫与传统村落复兴的社会协同感知总均值为3.76,说明新建村的旅游发展处于起步阶段,外来游客较少,当地居民参与旅游业的受益程度差异不大,旅游的负面影响相对较小。

"改善了治安状况"一项均值为4.44,说明旅游发展改善了村落治安状况,村民普遍持肯定态度。村民认为,"旅游开发后,沿途都安装了监控设备,每天都有巡逻队进行安全巡视,晚上的路灯也很亮,走在路上很安全"。

"导致村民贫富差距悬殊"和"影响人际关系和谐"的两项,居民普遍持中立的态度,均值分别为2.89和2.94。笔者通过观察和实地访谈发现,核心旅游点往往聚集了大量游客,越往里面走,则人迹罕至。一位村民表示:"游客一般都在景区附近的农家乐吃、住,一年的收入少说也是几万,所以有时为了争夺客源,里面的农家乐出来拉生意,就会和外面的农家乐老板发生矛盾。"也有豁达的村民对此有自己的看法:"不能因为赚钱的事情影响了邻里关系,互相嫉妒要不得,寨子要团结才能有更好的发展。"

"提升了村民素质能力"一项的均值为4.72,说明旅游发展开阔了村民的眼界,在一定程度上提升了村民的素质和能力。正如村民陈波所说:"搞旅游接待,我们啥子都不晓得,政府专门派重庆旅游职业学院(位于黔江)的老师教农家乐的经营和特色餐饮的烹饪,让我们开农家乐更有底气了。"在文化公园旁边摆摊卖食品的大姐也告诉笔者:"这些年做点儿小生意,和来自不同地方的游客打交道,他们还教会了我用微信,生成了二维码,现在买东西直接扫一扫,好方便哦。"

从"加剧了人地矛盾冲突"来看,村民持中立的态度,均值为2.62。在调研中,部分村民反映,"旅游开发以来,政府把地征了,没有了土地,很多人出去打工,一些老人留在老寨种地。开农家乐要自己先投入,达到14个床位的标准,政府才会给床位补贴。我们也没得好多钱,不想贷款搞旅游,担心亏了还不起账"。因此缺乏土地保障、不具备从事旅游经营能力的村民的可持续生计问题在新建村应引起重视。

"对客持欢迎态度"选项的均值为4.94,说明新建村村民对游客普遍持欢迎的态度。这符合土家族人热情好客的品质。

表7-26 土家十三寨村民对旅游扶贫开发与村落复兴的社会协同感知

社会协同感知题型	均值	标准差
改善了治安状况	4.44	0.442
导致村民贫富差距悬殊	2.89	0.278
提升了村民素质能力	4.72	0.461
影响了人际关系和谐	2.94	0.662
加剧了人地矛盾冲突	2.62	0.804
对客持欢迎态度	4.94	0.236
总均值	3.76	

资料来源:根据问卷调查结果整理。

(3)文化协同感知。

如表7-27所示,通过分析发现,村民对旅游发展所带来的文化协同感知,总体上非常积极,总均值为4.25。从"村落建筑保持了民族性"和"村民服饰具有民族性"来看,均值分别为 4.61 和 4.33,这说明村民具有延续土家传统建筑特色和展示民族风情的意识,村民也告诉笔者,"政府规定了老房子可以翻修,但建筑外观必须保持土家传统建筑风貌,还给我们每个人发了两套土家族服装,鼓励我们平时里多穿少数民族服装"。

对于"村民生活方式保持了传统"的选项,村民持中立态度,均值为 3.22。村民庞丹的话或许能代表村民的心声,"我们每个寨子都还保存着碾房、水车等原生态的生产生活工具,但毕竟人都向往美好的生活,渴望现代化的生活方式,让我们回到以前的生活,既不现实也有失公平"。

选项"艺术表演具有真实性"和旅游"产品开发符合游客的期望"的均值分别为 4.56 和 4.17,说明大多数村民认为他们表演的后坝山歌、莲萧舞、薅草锣鼓、摆手舞、土家哭嫁等就是土家传统文化的展示,具有真实性,能满足游客的期望。女儿谷民俗文化团团长李岩也谈道:"这些歌舞都保留着土家传统的质朴风格,演的就是我们平时熟悉的日常生产生活,但同时为了适应旅游的发展也进行了一些改编,使演出更具观赏性和艺术美感。"

"村民对传统文化具有认同感"和"村民愿意保护和传承传统技艺"的均值均在 4.30 以上,充分说明新建村村民对本民族的传统文化有着强烈的认同感和保护意识。女儿谷民俗文化团的副团长张亚自豪地告诉笔者:"我们表演队都是自发组织的,由于缺乏资金,道具十分欠缺,我们都是自己出钱买或者直接从家里面带过来,比如风车、背篓、挖锄、筛子这些。我觉得我们民族文化好呀,老祖宗留下来的东西不能在我们手里搞落了。"

表7-27 土家十三寨村民对旅游扶贫开发与村落复兴的文化协同感知

文化协同感知题项	均值	标准差
村落建筑保持了民族性	4.61	0.608
村民服饰具有民族性	4.33	0.907
村民生活方式保持了传统	3.22	1.060
艺术表演具有真实性	4.56	0.705
旅游产品开发符合游客的期望	4.17	0.924
村民对传统文化具有认同感	4.50	0.707
村民愿意保护和传承传统技艺	4.39	0.916
总均值	4.25	

资料来源:根据问卷调查结果整理。

(4)环境协同感知。

如表 7-28 所示,村民对旅游发展所带来的环境协同感知明显,总均值为 4.13。其中

"村落建筑与环境具有协调性"均值为4.44,这与我们的实地调研事实相符。在"旅游接待设施与村落环境具有协调性"上面,村民普遍持肯定态度,均值为4.28。黔江区小南海镇党委书记何健告诉笔者:"2015年,我区就出台了保护规划,明确规定民居及相关配套设施不能改变原有结构和风貌,这些年我们一直坚持这条底线,就是为了保持寨子的整体布局与环境的协调,推动旅游业的可持续发展。"

"游客破坏了村落环境"均值仅仅为1.94,说明村民对此持中立态度。据我们的观察,来新建村十三寨的游客主要是团队和散客,他们参观土家族民族生态博物馆、进寨子欣赏民俗文化表演、四处逛逛拍照后就离开了,留宿的游客相对较少,因而对寨子的环境影响不是很大。

选项"完善了垃圾存放和污水处理设施"和"村落的卫生状况得到了改善"的均值都超过了4.50,说明这些年十三寨的相关基础配套设施的兴建和完善,对于村寨宜居环境的打造发挥了重要作用。从村民的访谈中也得到了证实。"你看那里,以前本来是一块荒地,大家把垃圾、脏水都往那里弄,现在政府改造成了文艺表演广场。政府还专门给我们装了垃圾桶、排污池,大家也就自觉不乱扔乱倒了,环境比以前好多咯,我们住在这里也舒心。"

选项"村民愿意自觉保护村落环境"的均值为4.89,说明旅游发展使村民对"绿水青山就是金山银山"的理念有了深刻感悟,愿意自觉保护村落环境,吸引更多的旅游者。正如我们调研期间住宿的农家乐老板赵友玲所说:"环境好了,我们住着也舒服,来的游客多了,我们的生意也好了,这就是良性循环。"

表7-28 土家十三寨村民对旅游扶贫开发与村落复兴的环境协同感知

环境协同感知题项	均值	标准差
村落建筑与环境具有协调性	4.44	0.856
旅游接待设施与村落环境具有协调性	4.28	0.895
游客破坏了村落环境	1.94	0.625
完善了垃圾存放和污水处理设施	4.56	0.616
村落的卫生状况得到了改善	4.67	0.594
村民愿意自觉保护村落环境	4.89	0.323
总均值	4.13	

资料来源:根据问卷调查结果整理。

(5)管理协同感知。

如表2-29所示,村民对旅游扶贫开发与村落复兴的管理协同感知,评价一般,总均值为3.43。其中"扶贫对象认定是公平的"和"扶贫资金使用具有透明性"两项的均值分别为3.33和3.28,说明村民对扶贫对象的公平性、扶贫资金使用的透明性存在不同的看法(标准差都超过了1.3),满意度较低。据笔者的实地调查,发现对贫困户认定存在两种截然不同的评价:村干部认为贫困户的认定是公平、公正、公开的。而部分村民则认为,"我觉得村里贫困户的认定不太公平。他们都是关系户,有一些人情因素,有的贫困户连车都买起了"。当问及扶贫资金使用的透明性时,很多村民则调侃,"我不是当官的,政府扶贫资金具体怎么用的我也不晓得"。

"村民参与了旅游经营决策制定"的均值为2.65。不少村民表示,"我们没有参与旅游经营决策的制定,一般都是政府制定了政策,村委会负责传达落实。我们参与旅游业,是进不了旅游公司管理层的"。

"村民参与了旅游收入的利益分配"一项,均值为3.00,说明当地村民参与旅游程度较低,受益有限。据实地调查可知,当地村民都可以参与的旅游接待主要是民俗歌舞表演,但是十三寨寨主夫人张奶奶却表示:"前面我们老人家还可以去唱山歌,但今年就不让去了。"

在"村民参与了教育培训"选项上,均值为4.26。说明在旅游发展过程中,政府加强了对村民从事旅游经营管理的技能培训,开展外出学习、邀请专家讲课等活动,把提升村民的对客服务水平落到了实处。

"帮扶措施富有成效"均值为4.06,说明政府在参与旅游扶贫的过程中,解决了贫困户的实际困难,村民持肯定的态度。"村里对于特别贫困户还是很照顾的。每月会下来拜访一次,带上米、油等。我觉得扶贫效果还是有的,大家的日子确实比以前好过多了。"

表7-29　土家十三寨村民对旅游扶贫开发与村落复兴的管理协同感知

管理协同感知题项	均值	标准差
扶贫对象认定是公平的	3.33	1.414
扶贫资金使用具有透明性	3.28	1.320
村民参与了旅游经营决策制定	2.65	0.692
村民参与了旅游收入的利益分配	3.00	0.873
村民参与了教育培训	4.26	0.998
帮扶措施富有成效	4.06	0.873
总均值	3.43	

资料来源:根据问卷调查结果整理。

7.7 案例地比较及问题讨论

对于四个案例地,主要从旅游地所处生命周期、旅游经营制度、居民参与旅游的方式、区域旅游产品开发、社区自组织建设、村民对精准扶贫与村落复兴感知等六个方面进行比较分析(表7-30)。

表7-30 四个案例地比较

典型案例地	旅游地生命周期	旅游经营制度	居民参与旅游的方式	产品开发类型	社区自组织建设	感知差异
桃坪羌寨	旅游发展成熟期(1996年至今)	外来企业主导型	"跳锅庄"表演、餐饮、住宿、导游讲解	观光游览、民俗歌舞体验	村委会	经济:4.36 社会:3.74 文化:4.06 环境:3.94 管理:2.59
铜关村	旅游投入期(2016年至今)	NGO扶持资助型	侗歌、侗戏、织布表演、住宿、手工艺品销售	侗族大歌生态博物馆深度体验游	村委会	经济:3.32 社会:2.92 文化:3.90 环境:3.36 管理:2.85
郎德上寨村	旅游发展衰落复苏期(1986年至今)	村委会自治型	民俗歌舞表演、餐饮、住宿、手工艺品销售	观光游览、民俗歌舞体验、十二道拦路酒	村委会、旅游接待办公室	经济:3.72 社会:3.30 文化:4.41 环境:4.08 管理:3.52
土家十三寨	旅游发展成长期(2015年至今)	政府主导型	民俗歌舞表演、餐饮、住宿、土特产销售	观光游览、民俗歌舞体验、中国跑客节、"千年十三寨·唱响武陵山"山歌擂台赛	村委会、女儿谷民俗文化团	经济:3.99 社会:3.76 文化:4.25 环境:4.13 管理:3.43

资料来源:根据实地调研资料综合整理而得。

7.7.1 案例地比较

(1)旅游地所处的生命周期。

桃坪羌寨于1996年9月正式发展旅游业,属于成都九黄线旅游圈,因此有大量游客前往参观这"神秘的东方古堡、羌族建筑艺术的活化石"。20多年的发展,桃坪羌寨的旅游接待人数和旅游接待收入逐年上升,处于旅游发展的成熟期,是理县旅游的"龙头景区"。

铜关村的旅游发展起步较晚,在公益扶贫组织——腾讯基金会的资助下,建造了侗族大歌生态博物馆,2016年正式开门迎客。由于旅游产品刚刚导入市场,产品开发和相关旅游配套设施不够完善,市场认知程度较低,游客接待量和旅游收入较少,因此处于旅游发展的投入期。

郎德上寨村是贵州省最早对外开放的五个少数民族村寨之一,1986年开始发展原生态民俗旅游,旅游接待人数和旅游收入逐年上升,处于旅游发展的成熟期;2008年9月,西江千户苗寨强势进入市场,其规模效应对郎德上寨的旅游产生了分流,加之郎德的旅游产品同质化、配套设施陈旧老化,旅游业逐渐衰落;为了复苏朗德苗寨的旅游,2016年郎德文旅公司进入郎德,对上寨进行"旅游的二次开发",故该地处于旅游发展的衰落复苏期。

土家十三寨依托成熟旅游景区小南海发展民俗旅游,凭借浓郁的民族风情、独具特色的建筑群、凉爽清新的宜居环境在市场上具有一定的知名度。2015年在政府的政策倾斜、资金资助下发展民俗旅游,完善了旅游配套设施、借助名人效应、影视推广等多维营销,精准刺激川、渝、黔等地客源市场,旅游接待人数和旅游收入逐年增加,处于旅游发展的成长期。

(2)旅游经营模式的差异。

桃坪羌寨的经营管理权掌握在"股份制公司"手中,外来企业(加州集团、九寨天堂温泉酒店有限责任公司和大九寨国际旅游开发有限公司)占61%的股份,社区仅占30%的股份,政府以资源入股的方式参与景区开发,占比9%。外来企业和政府掌握了景区门票收入和村寨旅游产业发展的重大经营决策,社区居民仅仅参与旅游接待服务,是典型的外来企业主导型旅游发展模式。

铜关村由腾讯基金会投资1500万元,组织当地村民采用传统建筑技术建造了侗族大歌生态博物馆,通过互联网凝聚各方力量,在绿水青山间打造的一个以体验式深度旅游为支柱、以侗族大歌文化保护传承为主题的乡村可持续发展样板,是NGO组织参与旅游扶贫的发展模式。

郎德上寨村由当地村委会控制门票收入,景区的主要收益留在社区,由村委会领导下的旅游接待办公室具体组织并自主决定分配。社区自治管理、自主调整旅游接待分配制度和旅游景点工艺品销售管理实施细则,在政府进入景区进行旅游二次开发(2016年)的利益博弈中充分展示组织的宏观决策能力,在民族村寨事务中发挥主导作用,是典型的村委会自治型管理模式。

新建村土家十三寨曾是国家级贫困村,当地政府围绕旅游六要素,加大政策倾斜和资金投入,对十三寨部分院落的房屋风貌、民俗歌舞表演场、厕所等进行集中整治,完善旅游基础设施配套建设,强化当地村民的旅游服务培训,加大旅游目的地的营销,大力发展乡村避暑休闲旅游,带动贫困户参与旅游经营,是政府主导型旅游发展模式。

(3)居民参与旅游的方式。

桃坪羌寨的外来企业主导型旅游发展模式,政府和企业掌握村寨旅游发展的重大决策,村民缺乏话语权和影响力。公司承诺门票总收入的25%分红给村民,但门票收入开支不透明,使得分红比例大大低于应得金额,村民象征性地参与旅游收益的分配。在旅游接待服务中,村民主要从事"锅庄舞"表演、经营餐饮、住宿、从事导游讲解等活动,处于旅游供应链的末端,很少从事旅游景区管理等工作。由于个人能力、经验和资金的限制,村民参与旅游接待的收入悬殊,一定程度上加剧了村民的贫富悬殊。

铜关村采用NGO扶持型旅游发展模式,在腾讯基金会的扶持下,修建了侗族大歌生态博物馆发展生态民俗旅游。村民没有直接参与旅游发展决策的制定,但是实质性地参与了旅游收益的分配。博物馆修建时全部雇佣当地村民,村民在景区打工获得收入;后期博物馆建成后也雇佣当地村民作为馆内服务员参与侗歌表演、纺织染绣制作、传统侗族食品制作等获取报酬。博物馆的收入除了一部分钱用于维持馆内运营和支付工作人员工资外,剩余的钱全部给了村集体,用于建设村寨、发展教育。除此之外,还有村民开办民宿、农家乐、卖侗族刺绣,与博物馆提供的中高端旅游产品错位经营。

郎德上寨村在旅游实践中探索出村委会自治型的旅游发展模式,采用"工分制"按劳分配旅游收入。全寨村民都享有参与旅游发展的决策权,投票选举代表成立旅游接待办公室,具体负责"工分"的分阶段发放、统计和分红。村支两委和旅游接待办公室共同决定将旅游接待收入的30%留存作为村集体收入,用于村寨的公共开支,剩余的钱遵循按劳分配、向弱势群体倾斜的原则进行分配。旅游接待办公室每月定期公布旅游收入和分配情况,接受村民监督。除此之外,村民还通过开办餐饮、住宿,销售手工艺品等获取收入。

新建村土家十三寨在当地政府的扶持下发展旅游。政府制定了十三寨民族特色村寨"一寨一品"的旅游产业发展思路,鼓励当地村民组建了女儿谷民俗文化艺术团,从事民俗歌舞表演获得收入。此外,村民通过经营家庭旅馆、农家乐,向游客销售手工艺品、土特产品等获得收入。

(4)社区自组织建设能力的差异。

社区参与旅游接待是否能够受益,很大程度上取决于村寨是否有一个富有效率的自主组织,能够代表村民的利益,设计一套合理的旅游利益分配制度,保证社区居民获得相对公平的旅游收入。

桃坪羌寨的旅游收益分配主要是通过村委会来执行,村委会的部分干部也直接在旅游开发公司任职,他们的家人也从事住宿和餐饮接待。在监管不力的情况下,受逐利行为的驱使,不可避免出现村委会干部利用手中职权和旅游公司上下级之间的职务关系把大量游客安排在自己家,"精英俘获""与民逐利"的现象在桃坪羌寨比较突出,一定程度上影响到村委会代表社区居民利益的功能行使。

铜关村的旅游收益分配主要是在村委会和NGO的组织下,由负责博物馆运营的腾讯铜关村侗族大歌有限公司来执行。村委会和公司是相互独立的,村委会极少参与当地的旅游团的接待,只是配合公司搞好环境卫生、组织村民参与博物馆的相关活动,平时主要做好上级政府安排布置的相关工作任务。因此村委会的自身功能定位决定了其在引导村民自我管理、自我教育、自我服务方面的能力有待进一步加强。

郎德上寨村的旅游收益分配主要是由村委会和旅游接待办公室通过"工分制"的方式,遵循按劳分配、照顾弱势、兼顾公平的原则进行分配。该分配制度一直富有效率地延续至今,让每个村民都能参与旅游决策和旅游收入分配,增强了社区居民的自我效能感和归属感。更值得一提的是,在政府进入景区进行旅游二次开发(2016年)的利益博弈中,村委会所展示的自组织的话语权和旅游决策权,确保了社区的利益,获得了居民的认可和支持。

土家十三寨的民俗文化演出收益分配主要是由女儿谷民俗文化团来执行。表演收入每场扣除300元作为公共基金后,剩余的由文化团负责人按照演员角色贡献分给团员。村委会不参与民俗表演收入的分配,主要职能是配合当地政府做好旅游宣传接待、环境卫生整治、市场经营秩序维持、贫困户帮扶等,在加强自组织建设、服务能力提升、村寨自主管理等方面有待进一步加强。

(5)旅游产品开发的类型。

四个案例地传统村落提供的旅游产品具有相似性,主要为游客提供观光游览村寨田园风光和欣赏民俗歌舞表演等活动,但结合旅游资源禀赋和宣传力度的不同,各地的产品开发又有侧重。具体而言,桃坪羌寨的"跳锅庄"表演、参观羌寨建筑和田园风光,集中于静态观光类旅游产品的开发;铜关村以博物馆为载体,为游客提供的侗歌表演、纺织染绣制作、传统侗族食品制作、四季农耕采摘体验、节庆风俗体验等,策划了铜关村侗族大歌生态博物馆深度体验游方案,设计出服务体验闭环,强化了游客的参与性体验,丰富了旅游产品的类型;郎德上寨村为游客提供十二道"拦路酒"、原生态的苗族民俗风情表演、田园风光欣赏、杨大陆博物馆参观等观光类旅游产品;新建村土家十三寨向游客提供十三寨参观、土家民俗风情歌舞表演,结合土家族民俗文化,举办"中国跑客节"、"千年十三寨·唱响武陵山"山歌擂台赛、面向全球征集十三寨"女寨主"等旅游节庆活动,接待"八国驻渝使馆工作人员"观看土家婚俗表演,让国内外游客持续聚焦土家十三寨,提高知名度和美誉度,增强游客的参与性和深度体验感。

(6)村民对旅游精准扶贫与村落复兴的感知差异。

四个案例地的村民对旅游精准扶贫与村落复兴的协同感知存在差异。首先,在经济协同方面,桃坪羌寨村民的感知最强烈。毕竟旅游业的发展处于成熟期,"公司制"的经营管理,以市场为导向,注重效率和效益,系统化地将羌族文化开发为产品,融入九黄旅游圈发展,同时鼓励当地有资本的村民参与旅游经营,推动了当地经济的发展。在社会协同方面,铜关村村民的感知最强烈。NGO组织扶持资助下的铜关村旅游发展处于起步阶段,外来游客较少,当地村民参与旅游业的受益有限,旅游的负面影响相对较少,因而村落人际关系和谐、贫富差距悬殊小、对游客持欢迎态度。在文化协同方面,郎德上寨村民的感知最强烈。30多年的原生态旅游发展,上寨的村民从保护民族文化的价值中受益,从自身生活的改善、家庭经济收入的增加、传统生计方式的改变等直观感受中认识到文化的有用性,激活了文化持有者的积极性和主动性,形成了较为强烈的民族文化认同感和自豪感,民族旅游成为郎德上寨村民保护、复兴苗族文化的有效方式。在环境协同方面,土家十三寨村民的感知最强烈。当地政府主导型的旅游发展模式,整合资金加大对十三寨的环境整治、危房改造和排污、供水、垃圾处理系统的完善,营造宜居环境吸引更多的游客前来旅游,让村民参与旅游经营,并从中受益和发展。在管理协同方面,郎德上寨村民的感知最强烈。村委会讲究团结,注重公平,让村民共同参与旅游经营决策,旅游收入分配向弱势群体倾斜,兼顾弱势群体的利益,确保他们在旅游发展中有获得感。因此从精准扶贫的角度而言,村委会自治型管理模式下旅游扶贫绩效更优。

7.7.2 共性问题讨论

(1)民族文化是民族地区旅游业发展的基础。

独具特色的民族文化是民族地区发展旅游业的资源优势。将原有的民族文化进行生产、加工,包装成各种类型的旅游产品,让游客在少数民族的自然环境、人文生态氛围中,体验当地居民的生产、生活方式,对于追新求异的游客来说,无疑具有强大的吸引力。因此,民族文化才是民族旅游开发的核心吸引物。

四个案例地的传统村落都充分利用民族文化所呈现的"显性符号",比如民族服饰、传统歌舞、手工刺绣、传统建筑、风味美食等,开发具有观赏性、参与性和体验性的旅游产品,通过原生态的民族风情展示、特色餐饮品尝、纺织染绣制作、节庆风俗体验等,与其他旅游目的地形成差异化的竞争优势,从而对大众市场产生吸引力。

四个案例地的深度访谈都说明,随着大众旅游的蓬勃兴起,民族文化因其独特的旅游市场价值而备受旅游者的青睐,前往民族地区旅游的游客数量逐年增多。民族文化成为当地发展区域经济、弘扬民族传统、展示本地形象的重要载体。传统的舞蹈、音乐重新受到重视和挖掘,年久失修的传统建筑得到修缮和保护,传统的手工艺品因旅游市场的需求而焕发生机,一些几乎被人遗忘的传统习俗得到恢复和发展,正如马晓京所言,"通过这些具有历史文化价值的旅游资源的再生产,唤起了各民族成员的历史记忆,增强了对本民族文化的自豪感和内聚力,也使得长期游离于主流文化之外的边缘性群体文化得到主流群体旅游者的认可和新的评价"。

(2)经济利益诉求是村民保护与传承民族文化的动力。

四个案例地的民族旅游开发主要为旅游者提供民俗歌舞表演、传统民居住宿和特色餐饮体验、博物馆参观等,产品同质化现象严重,缺乏差异化特色。这就决定了在民族村寨旅游产品项目的开发和设计上,如何增强旅游产品的人文内涵和独特性展示,给旅游者带来全新的体验就成为这类项目开发成败的关键(王建民,2012)。

如何才能激发少数民族群众进行旅游产品创新,给旅游者带来全新体验的动力?案例地村民的收入变化和深度访谈结果告诉我们,经济利益诉求是首要驱动力。民族旅游给村民提供参与和本民族文化有关的旅游活动(民俗表演、住宿、农家乐、土特产、工艺品等),进而获得经济收入、提高生活水平。村民由经济利益带来的自觉行为激发了他们作为文化持有者的主动性和创造性,对本民族的文化充满了自豪感、认同感,树立了文化自信,更愿意强调自己的民族身份,更积极地向游客传递本民族优秀的传统文化和精神价值。可见,民族地区的旅游开发,使民族文化的有用性得到极大的体现,为传统文化保护与传承提供强大的动力。这与武魏巍"只有当社区居民实际得到旅游发展所带来的经济利益后,才会更加有意识地去积极保护和传承作为旅游吸引物的民族文化"的观点相似(武魏巍,2004)。

(3)社区居民的主体性培育是民族地区旅游可持续发展的保障。

社区居民是民族文化的创造者、拥有者和传承者,与这些具有历史价值的人文旅游景观有着天然的联系,最了解旅游资源的独特价值和表现形式,向游客展示自己生产、生活方式的演艺活动更真实自然,能够为游客带来真正的民俗文化体验,让其获得高品质的旅游经历。

四个案例地的社区居民参与民族旅游的发展,普遍存在居民参与能力弱、参与层次低、参与范围窄、参与旅游收入分配有限等共性问题。因此,社区居民主体性的培育,离不开社区居民参与能力的建设。一是做好顶层制度设计,赋权于社区,让社区原住民享有参与旅游决策、旅游经营和旅游收益分配的权利;二是增强居民参与旅游事务的意识和能力,广泛听取他们的意见和建议,尊重他们对旅游规划和民俗旅游产品的选择,增强民族文化旅游产品项目的独特性和真实体验;三是加大对村民的旅游技能培训,针对旅游经营过程中存在的障碍性因素及时帮扶,鼓励多元化经营,为旅游者提供不同类型的旅游产品和服务;四是培育公正无私、富有效率的自主组织,利用自身的话语权和影响力,能够切实代表村民的利益,增强与利益相关体(当地政府、旅游企业)博弈的力量,设计合理的旅游收入分配制度,确保村民能从旅游收入的初次分配、村集体的二次分配和社区居民内部的再次分配中受益与发展。

7.8 本章小结

本章通过定性研究的方法,选择四个典型案例地、通过共时对比的研究方法,探讨不同旅游经营管理模式下,当地村民对旅游精准扶贫和传统村落复兴协同发展的感知评价,提炼影响协同发展的共性因素。

四个案例地村民对旅游精准扶贫与村落复兴的协同感知存在差异。在经济协同方面,处于旅游发展成熟期的桃坪羌寨村民感知最为强烈;在社会协同方面,由NGO组织资助发展旅游业的铜关村村民感知最强烈;在文化协同方面,收益分配均衡化和公平化的郎德上寨村民感知最强烈;在环境协同方面,由于政府的大力扶持和年限较短的旅游业发展,土家十三寨村民的感知最强烈;在管理协同方面,社区自组织建设能力具有突出优势的郎德上寨村民感知最强烈。由此可以发现,不同案例地的村民对旅游精准扶贫与村落复兴的协同感知存在差异,原因主要可归结于以下几个方面:旅游地所处生命周期、旅游经营制度、居民参与旅游的方式、区域旅游产品开发、社区自组织建设等。

通过对四个案例地的深入剖析,发现影响旅游精准扶贫与村落复兴协同发展的主要因素包括:①民族文化是民族地区发展旅游业发展的基础。独具特色的民族文化是民族地区发展旅游业的资源优势,是当地发展区域经济、弘扬民族传统、展示本地形象的重要载体。②经济利益诉求是村民保护与传承民族文化的动力。民族旅游让村民通过参与各种与本民族文化有关的旅游活动获得经济收入,使民族文化的有用性得到极大的体现,村民由经济利益带来的自觉行为激发了他们作为文化持有者的主动性和创造性,传统文化保护与传承的动力主要源于经济利益。③社区居民的主体性培育是民族地区旅游可持续发展的保障。树立社区居民的主体意识,增强对本民族文化的自信心和认同感,增强居民参与旅游事务的意识和能力,加大对村民的旅游技能培训,培育公正无私、富有效率的自主组织,能够切实代表村民的利益,增强与利益相关体博弈的力量,自主设计合理的旅游收入分配制度,确保村民能从旅游收入的初次分配、村集体的二次分配和社区居民内部的再次分配中受益与发展。

第8章　民族地区旅游精准扶贫与传统村落复兴的协同路径

前面两章分别采用定量和定性研究的方法,对民族地区旅游精准扶贫和传统村落复兴协同发展的现状和影响因素进行了分析,进而通过对四个案例地的历时性对比分析发现:民族旅游的发展让文化的持有者获得经济利益是民族地区实现精准扶贫、文化复兴与传承的一种有效方式。如何让当地村民从民族旅游开发中受益与发展,实现旅游精准扶贫与传统村落的复兴,既是目标愿景,也是帮助民族地区摆脱贫困、复兴村落文化的手段。本章将从二者的发展理念、发展规划、发展目标、资源配置、经营管理、营销宣传、收益分享、心理响应八个方面进行分析,构建协同路径,最终达成民族地区经济脱贫与村落复兴的美好局面。

8.1　坚持可持续的发展理念协同

发展理念,是组织或个人为了达成某种目的或实现某些目标,在事务执行的过程中,始终秉承的想法、贯彻的原则。发展理念的协同,为目标的实现奠定了思想基础,确定了事务执行从始至终的主基调,从而确保执行过程中不偏离目标,避免顾此失彼,促进目标的顺利完成。

精准扶贫,是指针对不同贫困区域环境、不同贫困农户状况,运用科学有效的程序对扶贫对象实施精确识别、精确帮扶、精确管理的治贫方式(王思铁,2014)。习近平总书记对此做出了重要指示,强调"实事求是、因地制宜、分类指导、精准扶贫",坚持"六个精准"——扶贫对象精准、项目安排精准、资金使用精准、措施到户要精准、因村派人精准、脱贫成效精准。因此,精准化是精准扶贫的核心理念。

若将精准化理念落实到旅游业中,那么旅游精准扶贫就是通过科学有效的程序对扶贫对象实施精确识别,根据贫困对象所处的不同贫困区域环境、不同贫困农户状况,采用不同的旅游发展方式,对贫困对象精确帮扶,对贫困地区精确管理的治贫方式。主要表现为精准识别帮扶对象,根据帮扶对象的贫困程度确定帮扶力度;根据贫困地环境、资源确定旅游发展类型;根据贫困地情况制订旅游发展方案,最终实现旅游富民。

民族地区实施旅游精准扶贫,强调在保护生态环境、维持生态平衡的基础上发展原生态民族旅游,同时秉承"授人以渔"的理念,旨在提高贫困人口的谋生能力和生活水平,依靠内驱动力脱贫致富。同时,当地文化是传统村落的灵魂、也是民族旅游发展的基础。在旅游精准扶贫的过程中,一切的旅游开发都是以不破坏传统文化为基础,实现文化的复兴、保护与传承。

2018年9月,中共中央、国务院出台了《乡村振兴战略规划(2018—2022年)》,文件明确了乡村振兴以农为先、保护优先、分类施策、创新发展、城乡互补的核心理念。以农为先,坚持农业、农村优先发展,推进农村三大产业的融合,保障在资金、公共服务的优先投入,加快发展彰显地域特色和乡村价值的产业体系,推动乡村产业的全面振兴;坚持农民的主体地位,充分发挥农民在乡村振兴中的主体作用,鼓励农民以土地、产品、劳动、林权、资金入股,依法通过股份合作制、股份制、合作制等形式参与产业融合发展,加快推进"农民入股+保底收益+按股分红""土地流转+优先雇佣+社会保障""劳动收入+股份分红"等多种利益联结方式,让农户分享加工、销售环节收益。保护优先,坚持尊重自然、顺应自然和保护自然的原则,强化资源保护与节约利用、乡村生态保护与修复、人与自然和谐共生的原则,牢固树立和践行绿水青山就是金山银山的理念。分类施策,坚持因地制宜、循序渐进,注重规划先行、因势利导、突出重点,不搞一刀切,按照"特色保护类、搬迁撤并类、集聚提升类、城郊融合类"分类推进乡村振兴。创新发展,坚持改革创新,健全农村土地管理制度,完善农村新增用地保障机制、盘活农村存量建设用地,发展农村新产业、新业态,拓展土地使用功能,以科技创新、制度创新引领乡村振兴。城乡互补,顺应城乡融合发展趋势,重塑城乡关系,推动城乡土地、资本、人才等要素双向流动,激发农村内部发展的活力,优化农村外部的发展环境,为乡村振兴注入新动能,加快形成城乡互补、深度融合、共同繁荣的新型城乡关系。

根据以上分析可以发现,旅游精准扶贫和传统村落复兴在发展理念上有交集,实现理念协同主要体现在:①坚持原生态、实现农旅融合的可持续发展。在旅游精准扶贫与传统村落复兴协同发展的过程中注重保持地域文化特色和传统农业发展基础,扩大农业发展类型,突出农旅融合的产业特色,丰富旅游产品类型,强化市场核心竞争力,推动民族生态旅游产业的可持续发展。②坚持适度旅游开发的原则。适度的旅游开发,把民族地区的旅游资源转换为经济资源,实现文化的有用性,让村民受益和发展是旅游精准扶贫的初衷。过度追求旅游的经济功能,以牺牲资源和环境为代价的粗放式过度开发,会加速旅游地的衰落和传统文化的丧失。③坚持村民的主体地位。村民是村落历史文化的创造者、保护者和传承者。村落复兴的关键在人的回归。留住村民,吸引青壮劳动力的回流,才能保持村落的活力和创造力。只有充分挖掘村落的文化资源,促进文化旅游产业及配套产业的发展,提高村民的经济收入水平,尊重村民的意愿,满足其对美好生活的向往,才能激发村民建设乡村的积极性和主动性,使其真正成为保护传统村落的主体。④坚持分类、分型的村落保护。传统村落数量众多,类型丰富,应对其科学文化价值、传统建筑、村落选址和格局等属性进行分类,因地制宜,采取不同类型的村落保护方式和旅游发展途径,让村落的活化利用具有文化性、内涵性、乡土性和真实性,协调好村民的现实生活和村落保护的关系,有效解决保护、发展与传承的问题。

8.2 统筹发展规划和产业布局

发展规划,是个人或组织为了实现既定的目标,基于对未来整体性、基本性问题的统筹思考,制定的比较长远的整套行动方案和发展计划,在我国政府管理中具有十分重要的引领地位。

旅游精准扶贫的发展规划包含两方面,一方面是对乡村旅游这一产品形态的规划,另一方面是对旅游扶贫计划的规划。在乡村旅游方面,《"十三五"旅游业发展规划》为乡村旅游未来发展提出总体方案,"建立乡村旅游重点村名录,开展乡村旅游环境整治,推进'厕所革命'向乡村旅游延伸。实施乡村旅游后备箱行动,推动农副土特产品通过旅游渠道销售等"。在旅游扶贫方面,《"十三五"脱贫攻坚规划》在"旅游扶贫"板块中明确了发展规划。首先,发展乡村旅游要因地制宜。以具备发展乡村旅游条件的2.26万个建档立卡贫困村为乡村旅游扶贫重点,推进旅游基础设施建设,实施旅游基础设施提升工程等一批旅游扶贫重点工程。其次,大力发展休闲农业。依托贫困地区特色农产品、农事景观及人文景观等资源,积极发展带动贫困人口增收的休闲农业和森林休闲健康养生产业。最后,积极发展特色文化旅游。依托风景名胜区、特色小镇、历史文化名镇名村,深入挖掘特色文化旅游资源,开发对市场具有吸引力的旅游产品,辐射带动附近贫困村的经济发展和贫困人口的就业增收。

传统村落复兴的发展规划涉及多个层面,《乡村振兴战略规划(2018—2022年)》从构建乡村振兴新格局、加快农业现代化步伐、发展壮大乡村产业、建设生态宜居的美丽乡村、繁荣发展乡村文化、健全现代乡村治理体系、保障和改善农村民生、完善城乡融合发展政策体系八个方面对实现乡村振兴做出了具体规划。

旅游精准扶贫与村落复兴的发展规划协同,主要体现在:①做好规划衔接,实施"多规合一"。政府部门要做好民族地区国民经济和社会发展规划、旅游发展规划、脱贫攻坚规划、乡村振兴战略规划等各类规划的衔接,实施"多规合一",加强宏观层面的统筹协调、布局安排和协同实施,为各地旅游精准扶贫与村落复兴的良性互动创造条件。②注重产业层面的协同发展。进一步整合旅游扶贫与村落复兴协同发展的资源和环境要素,从三大产业融合的视角对产业结构进行调整,形成以旅游市场为主导,聚集旅游要素,创新业态类型,进而引领特色农业、民族文化、乡村休闲产业、农产品加工、特色采摘等关联产业发展,优化产业协同要素,形成有利于产业转型升级的产业链发展模式,提高产业融合度和旅游规模效应。③注重空间布局层面的协同发展。在旅游精准扶贫与村落复兴的统一规划中,要突出地域特色,明确发展方向,强化差异化定位,实现错位发展(乌兰,2018)。具体而言,可邀请行业专家和地方专业人士对本地区的区位条件、市场需求、同业竞争、资源优势进行详细调查和科学评价,突出主题,深度挖掘旅游产品的文化内涵,精心设计参与性、体验型产品,打造不同地域特色的民族村寨IP,进一步将空间布局优化与产业融合协同起来。④加强部门协同。旅游扶贫与村落复兴的协同发展涉及多部门、多行业,必须通过政府的宏观调控,整合资源,加强旅游行政部门与住房和城乡建设、农业、环保、国土、食品、安监等部门的协作,共同推动旅游扶贫与村落复兴的协同发展。⑤开展旅游精准扶贫与村落复兴协同发展规划的试点,打造文化旅游扶贫助力村落复兴的样本。统筹安排区域内乡村旅游扶贫示范村与住房和城乡建设部公布的中国传统村落的协同发展,探索两者协同发展的具体思路,研究提出可复制、可推广的试点方案,打破布局配套不科学、旅游产品雷同、区域经济发展不均衡现象。

8.3 确保村民利益作为发展目标

发展目标,是活动预期结果的主观设想,是所有事物执行的方向和期望获得的结果,是在头脑中形成的一种主观意识形态,具有维系组织各个方面关系,构成系统组织方向核心的作用。

《"十三五"脱贫攻坚规划》针对脱贫目标提出了具体要求:现行标准下农村建档立卡贫困人口实现脱贫,建档立卡贫困村有序摘帽,贫困县全部摘帽。旅游富民是旅游精准扶贫的发展目标。从宏观角度来看,其最终目标是实现2020年打赢脱贫攻坚战,全面建成小康社会,实现第一个百年奋斗目标。具体表现在区域经济的进步、产业发展结构合理、农民生活水平的提升等方面。

"三农"全面振兴,实现农业农村现代化是传统村落复兴的发展目标。《乡村振兴战略规划(2018—2022年)》根据规划时间的长短,提出了近、中、远期的发展目标。近期目标,乡村振兴的政策体系、制度框架初步建立健全,三大产业初步融合,农村条件持续提升,人居环境显著改善,绿色农业初步发展,城乡融合基本形成,文化得以传承,治理能力加强;中期目标,乡村振兴取得决定性进展,农业农村现代化基本实现;远期目标,乡村全面振兴,农业强、农村美、农民富全面实现。

综上所述,旅游精准扶贫和传统村落复兴在发展目标上都是为了实现全面小康和全国人民的共同富裕。两者在发展目标上协同的路径主要体现在:①保障当地村民的利益作为发展的出发点和落脚点。旅游精准扶贫和传统村落的复兴,必须坚持以人为本,尊重村民的意愿,着力解决村民最关心、最直接、最现实的利益问题,保障村民的经济、文化、社会权益,充分发挥村民的主体作用的首创精神,以"产业兴旺、生态宜居、乡风文明、治理有效、生活富裕"为总要求实现乡村振兴。②切实提高村民的收入水平。传统村落的保护和发展要适应当地村民的生产生活,在此基础上适度开发和利用。将当地的资源优势,转化为产业发展优势,政府利用扶贫资金为村民入股,村民也可以通过集体资源、土地、资金、劳动力等方式入股经营,这种股权机制可以保证全体村民都公平分享旅游发展的收益,即使贫困人口也能从中得到红利,提高收入水平。③推动城乡融合发展。政府加大投入,着重解决民族地区关乎民生、发展的问题,完善基础设施和旅游配套设施建设,营造宜居环境,促进城乡要素流动,把传统村落的保护与城乡融合发展相结合,与产业发展、文化认同、改善民生相统筹,使旅游精准扶贫作为复兴传统村落的一种强有力的手段,推动城乡居民的共同富裕、和谐发展。

8.4 优化资源要素配置协同

为打赢2020年脱贫攻坚战,国家在扶贫政策、脱贫补助等方面都给予了大力支持,为各地贫困地区、贫困村落脱贫致富提供了良好的发展机会。但是由于帮扶对象认知有限、内生动力不足、部分政策的不合理、中国传统农村的遗留问题等诸多原因,大量扶贫资源主体性缺失、政策资源无法发挥应有作用反而适得其反,财政资源被浪费,人力资源大材小用。在精准扶贫系统中,由于资源配置不合理导致扶贫效果不理想的现象比比皆是。只有转变资源配置方式、改变资源配置内容,才能改善资源分配与利用低效的局面。

旅游精准扶贫促进资源配置合理化。旅游精准扶贫除了要对贫困户的贫困状况进行识别筛选外,还要对每个贫困对象,贫困地资源、特点进行选择、对接,因地制宜地为当地制订旅游规划。由于旅游产业特点、开发程序与经营管理的特殊性,旅游精准扶贫多了一些识别程序,在一定程度上提高了帮扶精准性和有效性,促进帮扶对象和资源之间的有效对接。此外,旅游精准扶贫的扶贫资源除了包括生产、生活保障等财政方面的补助外,更重要的是还包括人力资源、旅游管理配套资源等的输入,比起其他依靠财政补助脱贫的贫困地区,这能有效减少扶贫资源分配不公、配置不合理等问题,将物力资源、人力资源和财力资源适配,缓解资源主体性缺失的情况。

传统村落复兴有助于引进乡村稀缺资源。在乡村发展的过程中,往往存在人才匮乏、帮扶资金不足、技术欠缺等问题。农村的人才缺陷问题大致可以分为两类,一是当地人才流失严重,二是缺少专业性人才(李根、刘贝,2018)。二者都是农村经济萧条、发展机会有限,导致大量有能力的年轻人口外迁至城市发展,专业性人才不愿下乡工作。人力资源的流失和匮乏的情况需要乡村振兴来改善。同时,乡村振兴为资金的引进创造了条件。如今农村的帮扶资金大多来自国家拨款,虽然近几年财政扶持一直在不断上涨,但农村想要彻底脱贫、减少返贫,单靠国家补助是远远不够的。只有激发村民的内生动力,靠自己的力量实现传统村落复兴,吸引外来投资,才是解决资金不足的良方。

旅游精准扶贫与传统村落复兴在资源配置上的协同,主要体现在:①优化土地资源配置。《村庄复兴战略规划(2018—2022年)》指出农业的功能不局限于粮食生产,要转变农业生产方式,与旅游、康养、教育、文化、科技等业态融合发展,为乡村发展提供动力。因此要挖掘农业的多重功用,就必须优化土地的资源配置,守住耕地保护"红线",妥善处理土地流转中出现的矛盾,切实维护当地村民的合法权益,确保资源保护与农村产业结构调整实现双赢。②整合产业发展的生产要素。旅游精准扶贫与传统村落复兴的协同发展,是以当地的村落文化资源为基础,以产业的各自发展优势互补为前提,整合协同产业发展所需的人才、资金、技术、市场等要素,有效实现"旅游+"的产业融合发展。③配置产业发展的资源要素。鼓励当地村民参与休闲农业和村寨旅游经营,进一步整合配置各种资源要素,为村民提供产前、产中、产后的全程化服务,降低经营风险,通过经营性项目,扩大贫困人口的增收渠道,提高生活水平,激发脱贫致富的内生动力。

8.5 引导经营管理创新协同

经营管理,是指组织为了实现目标,对经营活动进行计划、组织、指挥、协调和控制,充分利用组织的各种资源,最大限度地满足市场的需要,取得良好的经济效益和社会效益。

旅游精准扶贫系统由精准识别、精准帮扶和精准管理三个子系统构成(陈爽,2019),在做好识别和帮扶的基础上,有效管理则是决定精准扶贫成效优劣的关键。完善的旅游精准扶贫管理体系可以提升工作效率,提升旅游资源配置、扶贫资金使用效率。

旅游精准扶贫系统的经营管理,主要针对的是乡村旅游业,侧重于对整个旅游目的地、整个组织的管理,所有个体都应该向组织目标看齐,根据组织基调设置个人基调,实现整体和个人的协调统一,最终由每个旅游经营户共同努力构建美丽乡村。

传统村落复兴的经营管理范围不单包括旅游业,更涉及第一、二、三产业的融合。其中以第一产业为主,第三产业管理的比重正在日益增加。乡村旅游,"农"是最大的特色,乡村振兴系统严格把控第一产业经营管理,留住乡村符号,管理好"农"字招牌,为乡村旅游发展保持特色和活力。此外,传统村落复兴需要与农村第二产业的经营管理同步。创意策划项目的落地离不开特色建筑、特色设施作为实体支撑,优秀的旅游景区离不开完备的基础设施建设,旅游氛围的营造离不开干净整洁的景区环境设计。乡村振兴系统对于农村第二产业的经营管理,为乡村旅游发展提供了物质基础。

旅游精准扶贫与传统村落复兴的经营管理协同,主要体现在:①出台引导性政策和鼓励经营管理模式创新。当地政府应探索出台促进旅游扶贫与村落复兴协同发展的引导性政策,比如税收减免政策、旅游经营扶持政策、小额信贷政策等综合运用,扶持有能力、有意愿的村民参与民族旅游经营;制定农家乐、住宿评星定级的相关标准及管理办法,引导民族村寨旅游向规范化、标准化、特色化方向发展;优化民族村寨旅游的经营管理模式,鼓励企业、NGO组织参与旅游经营,支持村民以提供土地、劳动、技术等生产资料直接参股的"股份制""公司+农户+社区""政府+公司+旅游协会""乡村旅游合作社"等经营模式创新。②培育和扶持新型农业经营主体。民族村寨旅游、乡村旅游对传统村落复兴起到了促进作用。政府应积极培育和扶持家庭农场、乡村旅游农民合作社等各类经营主体做大做强,加大财政资金对新型农业经营主体的扶持力度和税收减免政策,鼓励和引导村民参与市场效益良好的休闲农业、乡村旅游、文创产业、旅游民宿等,形成旅游六要素的可持续产业链,保证当地村民成为旅游精准扶贫的真正参与者和受益者。③拓宽融资渠道,完善金融保险政策。充分发挥农业政策性银行在农村金融扶贫中的骨干作用,简化融资手续,缩短放贷周期,提高融资效率。大力发展小额信贷公司、融资性担保公司以及金融中介等地方性金融机构,拓宽新型农业经营主体的融资渠道。同时,由政府推动完善农业政策性保险,通过财政补贴、税收减免等措施,鼓励商业性保险公司扩大对农户的保险覆盖面。④加大对当地村民的教育培训。通过现场教学、微信、远程教育和APP客户端等多种形式,加强对村民的农业技能和旅游综合技能培训,培养村民参与农业、经营旅游的能力,掌握一门专业技能,更好地适应现代农业和旅游业对当地从业者的新要求。

8.6 整合营销宣传要素协同

营销宣传,是利用既有的传播资源对相关商品和服务进行推广,以引导、刺激社会中的潜在消费者,激发他们的购买欲望,从而提高企业的效益。通过旅游业带动日益衰败的传统村落振兴是如今最有效的手段之一。我国传统村落大多地处偏远、交通闭塞、知名度低,因此需要营销宣传来推广旅游目的地。

旅游精准扶贫营销宣传的对象是客源地旅游者,营销宣传的内容侧重于公益扶贫宣传,通过宣传贫困地区环境、人口、文化等方面的现状,激发旅游者对公益的热情和兴趣,培育公众的公益旅游意识。同时,以乡村资源宣传为辅,通过美丽的田园风光、独具特色的民族风情和文化活动,吸引旅游者,使其在旅游的同时实现公益帮扶。目前,我国公益旅游项目大多是比较简单和基础性的活动项目,面对复杂和高端的活动内容,在项目开发上还是有较大的挑战,民族村寨旅游扶贫的兴起为我国公益旅游的发展提供了机会。

传统村落复兴的宣传营销对象是客源地旅游者,宣传内容以旅游地的自然、文化资源为主。传统村落复兴依靠民俗村寨旅游,风景美、民风淳、人心善、环境古、活动新是吸引旅游者眼球的关键。加大旅游地的宣传促销,让更多的潜在旅游者知晓,一切的营销创意才有回报,旅游才能发展,村落才能复兴。

旅游精准扶贫与传统村落复兴的营销对象都是客源地旅游者,两者在营销宣传上的协同主要体现在:①优化民俗村寨旅游产品体系。营销宣传的基础在于旅游产品的设计能带给游客最好的体验,能激发旅游者前往旅游目的地的强烈兴趣。民族村寨提供的乡村旅游产品要适应新需求带来的挑战,由单一的观光型旅游产品向田园休闲度假型、节事活动参与型、民俗文化体验型等综合型旅游产品转变,开发设计具有地方特色,突出参与性、互动性、体验性和文化性,注重文化探究、科普教育、娱乐养生、休闲度假等旅游产品的开发,优化本地区乡村旅游与民俗旅游产品体系,满足不同层次旅游者的多样化需求,借助旅游业实现传统村落的文化复兴和创新转化。②重视民族村寨特色旅游品牌的创建。挖掘当地特色文化元素,强化民俗文化、生态文化、建筑文化、农耕文化、服饰文化、饮食文化,推出有特色的乡村旅游品牌,着力打造有影响力的旅游文化节庆、农事活动、服饰、建筑摄影大赛,并围绕产业发展规划进行品牌宣传推广,以提升当地的品牌知名度和吸引力。③综合运用各种营销宣传手段。"互联网+"时代,推动旅游精准扶贫与传统村落复兴的协同发展应积极运用新媒体,开展网络营销。一方面建立和完善旅游目的地的微信公众号、官方网站及官方微博,通过平台推送文字、网友游记和动态图片来展示推广旅游目的地;另一方面可以借船出海,加强与携程、驴妈妈、去哪儿、马蜂窝等旅游专业网站的合作,通过第三方推介旅游目的地,吸引旅游者的到来。还可以使用本地的报纸、杂志、广播电台、电视台、移动车身广告、户外空飘广告加大对旅游目的地的营销推广。④倡导公益扶贫旅游。公益旅游的宣传为民俗村寨旅游增添了独特的特色和价值,吸引热衷于公益的人群,鼓励他们前往旅游目的地消费,进而通过参与公益活动的旅游者将旅游地与外界联系起来,吸引更多人关注,助力村落脱贫。旅游者被村庄的美景吸引,在旅游的过程中完成公益活动,为其带来额外的精神收获,实现自身利益的最大化,也提升了旅游者参与公益的动力。

8.7 构建旅游收益分享协同

收益分享,是一种组织与组织内部成员共同分享收益的手段,它作为纽带将个人目标与组织目标连接起来,促使组织内部的全体成员共同努力实现组织目标,最终由成员和组织共同分享所得的收益。

自我国正式提出旅游扶贫以来,就一直存在一系列旅游收益分配不合理的问题,如:外来旅游企业排斥社区居民参与旅游建设、村民被边缘化、贫富差距加大等。直至如今,在现行的旅游精准扶贫系统内,部分问题仍然难以解决。对于社区居民来说,外来企业利用当地资源、扶贫政策修建大量旅游设施,吸引了绝大多数游客,同时把当地村民排斥在外,独揽巨额收益,而村民无法参与旅游经营,不能从中获得工作岗位和工资薪金,故而丧失旅游参与的热情,甚至对旅游开发产生敌意。对于旅游者来说,缺乏社区参与的旅游地就仿佛失去了生命力与活力,游客们无法体验传统的文化氛围,降低游客的重游率。对于企业来说,旅游者前往旅游地的次数越少、时间越短,意味着其收益也就越少。对于政府来说,旅游收益直接影响地区经济发展,追求短期经济利益势必会影响贫困地区长久持续的脱贫效果。

民俗村寨旅游扶贫体系是一个动态持续的循环系统,内部涉及多个利益相关者——政府、旅游企业、社区居民、旅游者。可以发现,每个利益相关者虽各有不同的利益诉求,但他们的每种行为都会对另外一个甚至多个利益相关者产生影响,并且结果环环相扣。这就意味着倘若每个利益相关者都为了追求自己的利益而忽略对其他人造成的消极影响,那么他也就不能获得长久的收益。可见,平衡和协调众多利益相关者对于乡村旅游精准扶贫具有积极的推动作用。当利益得到合理分配,系统的各个部分才能得到充分激励,尤其是村民的积极参与。因此,在旅游精准扶贫系统内我们提出利益共同体的概念,当所有的利益相关者形成一个整体,寻求整体利益的最优,利益共同体才能在维持稳定和谐关系的基础上获得各自的最优利益。

旅游精准扶贫与传统村落复兴协同发展,构建利益共同体的具体路径包括:①政府做好旅游收益分配的制度设计(王志章,2016)。当地政府应创造旅游扶贫的良好环境,解决制约贫困地区旅游发展的交通、通信等基础设施和旅游配套设施建设,吸引更多的企业参与旅游扶贫。在旅游收益分配制度的设计上,充分考虑当地居民的诉求,总结推广"资源变资产、资金变股金、农民变股东经验",通过"股份制""政府+企业+农户""企业+农户"等旅游经营模式,让当地村民拥有股份、参与分红,收获经济效益。②旅游企业履行好社会责任。旅游企业的核心任务就是在均衡分享国家优惠政策的前提下,促进目的地旅游经济的良性发展,创造更多的就业岗位,增强贫困人口的上岗能力。严格执行当地政府的用工政策,为社区居民提供基本技能培训和经济支持,提高贫困人口的上岗能力;在某些项目设计和规划制定上,照顾当地社区的福利,优先考虑当地人,鼓励错位经营;对当地学校、医院、养老机构进行公益捐助,积极开展公益活动。③提升当地居民提升能力,培养他们积极参与的意识。村民在旅游扶贫中能获得收益的根本在于唤醒村民的参与意识,提升参与能力,调动参与旅游经营的积极性和有效性。政府应通过政策激励、资金扶持、教育培训等多种方式,使村民多领域、全方位地融入旅游扶贫,分享旅游发展的红利。

8.8 激发村民心理响应协同

旅游精准扶贫的对象是贫困人口,传统村落复兴的主体是当地村民,对于发展乡村民俗旅游的贫困村落而言,这两类群体实际上指的是同一群人。在旅游扶贫与村落复兴系统中,他们既是对象又是主体,脱贫成效体现在他们经济水平提升的程度,乡村能否振兴取决于他们参与村落复兴的程度。

然而,在旅游扶贫和乡村振兴实施的过程中,部分村民通过与旅游者和外来事物比较,可能很难对本民族文化、当地传统民俗和家乡独有资源产生心理认同感,由此而丧失民族自信和文化自信,产生自卑心理。同时,由于缺乏专业培训和商业思维,当地居民在从事旅游业的过程中可能出现难以适应市场的情况,导致收入不理想,进而对旅游业发展失去信心。另外,少数企业对当地居民参与旅游发展抱有排斥心理,使得村民无法参与乡村旅游经营重大决策,甚至无法创业、就业,最后在不知情或不赞成的情况下任由外来人员对自己的家乡改建,产生无力和愤怒的情感。这一系列情况的发生都是由于政府和企业对当地村民的不重视、政府未对参与旅游经营的村民开设专业培训,以及村民自身文化水平低、能力匮乏、思想认知有限引起的。在旅游精准扶贫助推村落复兴的过程中,村民是否能获得心理响应是决定结果成败的关键因素。

旅游精准扶贫和传统村落复兴在心理响应上的协同路径主要包括:①"扶志"和"扶智"促使村民获得心理响应。习近平总书记曾提出"扶贫先扶志"和"扶贫必扶智"的思想,旅游精准扶贫不单单是扶持经济脱贫,更要帮助群众思想、教育和文化脱贫。对于政府来说,首先要做的就是"扶志",通过精神鼓励、政策支持、思想引导,让村民对自己树立起自信,帮助其建立目标、制定并完成计划,使其通过自己的努力获得成就感、实现自我价值。其次是"扶智",在青少年层面,向农民传递重视教育的思想,推进当地教育、文化工程建设,增加教育投入,从根源上助力乡村教育发展;在成年人层面,开设旅游经营、服务规范等专业课程,鼓励能者参与旅游决策、创业、就业。通过"扶志"与"扶智"双管齐下,使村落村民在参与家乡旅游建设的过程中获得心理响应。②提升村民的自我发展能力。只有在村民的思想水平进步、素质能力提升、文化知识积淀的基础上,其生活质量提高、经济水平提升、青壮劳动力回流,村落才有复兴的可能,贫困地区才能减少返贫的可能,进而推动精准扶贫进程。③强化村民对本民族文化的认同感和自豪感。只有对本民族文化产生认同感和自豪感,文化才能得以传承。想办法让乡村文化遗产融入村民的日常生活,通过文化的有用性让村民获得经济利益既是民族地区实现文化传承的有效方式,也是村民参与旅游精准扶贫和村落复兴最积极的心理响应。

8.9 本章小结

本章从旅游精准扶贫与传统村落复兴协同的发展理念、发展规划、发展目标、资源配置、经营管理、宣传营销、收益分享、心理响应八个方面进行分析,寻找两者协同的路径,为民族地区实施旅游精准扶贫和传统村落复兴提供启示和借鉴。

发展理念的协同方面,旅游精准扶贫和传统村落复兴都应坚持原生态、实现农旅融合的可持续发展,坚持适度旅游开发的原则,坚持村民的主体地位,坚持分类、分型的村落保护,使二者在协同发展的过程中互相促进、互相扶持。

发展规划的协同方面,强调旅游精准扶贫与村落复兴的协同发展,规划先行,注重产业融合、空间布局的协同发展、加强部门协同,开展旅游精准扶贫与传统村落复兴协同发展规划的试点,打造文化旅游扶贫助力村落复兴的样板。

发展目标的协同方面,保障当地村民的利益作为发展的出发点和落脚点,切实提高村民的收入水平,推动城乡融合发展,以"产业兴旺、生态宜居、乡风文明、治理有效、生活富裕"为总要求实现乡村振兴。

资源配置的协同方面,优化土地资源配置、整合产业发展的生产要素和配置产业发展的资源要素,从"大水漫灌"变为"精准滴灌",避免资源浪费、配置不合理的现象,同时防止"旅游飞地"现象的发生,实现产业发展带动地区经济、社会、文化的全面复兴。

经营管理的协同方面,民族村寨旅游、乡村旅游对传统村落复兴起到了促进作用。政府应出台引导性政策和鼓励经营管理模式创新,积极培育和扶持新型农业经营主体,拓宽融资渠道,完善金融保险政策,加大对当地村民的教育培训,这些都是实施旅游精准扶贫与传统村落复兴经营管理协同的路径。

宣传营销的协同方面,旅游精准扶贫与传统村落复兴的营销对象都是客源地旅游者。优化民俗村寨旅游产品体系,重视民族村寨特色旅游品牌的创建,综合运用各种营销宣传手段和倡导公益扶贫旅游,让更多的潜在旅游者知晓旅游目的地,一切的营销宣传才有回报,民俗旅游才能发展,村落才能复兴。

收益分享的协同方面,传统村落复兴和旅游精准扶贫涉及的利益相关主体大体一致,当所有的利益相关者形成一个整体,寻求整体利益的最优,利益共同体才能在维持稳定和谐的基础上获得各自的最优利益。政府做好旅游收益分配的制度设计,旅游企业履行好社会责任,当地居民提升能力、积极参与,多领域、全方位地融入旅游扶贫,分享旅游发展的红利。

心理响应的协同方面,在旅游精准扶贫与传统村落复兴系统中,社区居民(贫困人口)既是扶贫对象又是村落复兴的主体。脱贫成效取决于他们经济水平的提升情况,乡村振兴离不开他们的积极参与。"扶志"和"扶智"促使村民获得心理响应,提升村民的自我发展能力,强化村民对本民族文化的认同感和自豪感,通过文化的有用性让村民获得经济利益,既是民族地区实现文化传承的有效方式,也是村民参与旅游精准扶贫和村落复兴最积极的心理响应。

第9章 民族地区旅游精准扶贫与传统村落复兴协同发展的对策建议

为确保两者协同发展的顺利实施,本章将从政府层面、企业层面、行业协会等维度提出确保两者协同发展的对策建议。

9.1 政府层面

地方政府作为旅游精准扶贫和传统村落文化复兴协同发展的主导者和调控者,应当服务于扶贫开发和村落文化的保护、传承与发展,整合旅游资源制订旅游发展规划,构建协同发展的体制机制,出台协同发展的激励措施,颁布有利于协同发展的政策支持体系,对当地旅游产业发展和村落复兴进行宏观调控。

9.1.1 营造有利于协同发展的体制机制

实施旅游精准扶贫与村落复兴、打赢脱贫攻坚战是实现全面建成小康社会的重大任务,事关社会经济发展的全局。在这一特殊的历史背景下,做好两者协同发展的衔接工作,体制机制的统筹落实显得尤为重要。

一是建立部门联动机制。在领导机构上,强化基层政府的组织保障,成立由分管旅游副县长为组长,县级各部门和乡镇负责人为主要成员的旅游扶贫和村落复兴领导小组,将扶贫开发领导小组和推进传统村落复兴领导小组协调起来,合理分工,加强沟通和协调,促进工作的效率和效能,竭力保持发展规划、扶持政策的协同性和战略意图的一致性。

二是明晰产权界定机制。传统村落一旦从事旅游开发,资源就变成了一种具有经济价值的资产。根据《中华人民共和国文物保护法》等相关法律法规,国家是土地、物质文化资源、非物质文化资源的所有者,地方政府代表国家行使所有权,本地村民拥有绝大部分居住建筑的所有权、自身民风民俗等非物质文化遗产的人力资本产权,而村庙、祠堂、戏楼、牌坊、周边林地等为村集体所有(王汝辉,2012)。政府有权利和义务对传统村落的所有权和经营权进行清晰界定,通过科学合理的评估,明确村民的个人股权和集体股权,保障村民的产权权益,确保村民享有按股份获得收益分配的权利。同时明确企业的经营管理权,让其在接受政府和村民的监督下开发旅游资源,获得经营收益,进而调动村民和旅游企业参与村落保护与开发的积极性,使村民在开发、保护中获利,成为真正意义上的传统村落复兴的参与者、保护者和传承者。

三是健全村民的教育培训机制。当地村民是旅游扶贫与村落复兴协同发展战略的主体。当地政府应引导村民转变思想观念、做好相应的宣传、实施相应的素质教育,加强村民参与旅游项目的能力—意愿培训。首先,"能力强—意愿高型"村民,其旅游参与能力强,旅游参与意愿高,是旅游扶贫带动传统村落复兴的重点培育对象。在旅游扶贫实践中,重点培训村民的市场开拓、旅游产品开发、旅游经营风险防控等能力,引导他们选择适宜的旅游经营项目,发挥其引领、示范带动作用,吸纳部分村民就业,促进产业结构的升级和转型。其次,"能力强—意愿低型"这类村民,其自身参与旅游能力强,但参与旅游的意愿低。要认真分析制约村民参与旅游的障碍性因素,采取相应的措施激励村民参与旅游发展。再次,"能力差—意愿高型"这类村民,其自身缺乏旅游参与能力,但有很高的旅游参与意愿,应加大对其旅游服务意识和旅游经营技能的培训,提升其综合能力,鼓励他们从事农家乐经营、家庭旅馆、旅游商品销售等,与外来企业和旅游龙头企业形成错位经营。最后,"能力差—意愿低型"这类村民,其旅游参与能力缺乏,旅游参与意愿低,参与难度较大,可通过基本服务技能培训后,在村落、景区从事保安、检票、土特产品销售、保洁等工作,也可以通过旅游收益的二次分配分享旅游开发成果,还可以考虑其他替代的扶贫形式。

四是加强政府监管机制。首先,加大对外来企业进入传统村落市场准入的监管。政府应加大对传统村落保护与开发中企业准入资格的审查,通过实地调研和充分论证,确保主导开发的企业具有遗产保护与旅游开发的双重职责。对于企业的投资模式、旅游经营模式、投资范围、旅游收益分配等方面进行可行性研究,防止潜在的经济投资风险和当地村民利益受损。其次,加大对旅游项目建设的监管。在传统村落保护与开发项目建设过程中,政府应加大对村落景观、公共空间、建筑等核心要素的日常监控,严格按照村落旅游发展规划为审批依据,严格审批旅游项目开发的建设方案,防止各类破坏传统村落景观风貌的活动。最后,加强对企业开发经营行为的监管。目前我国主要有两类企业直接参与传统村落的保护与开发。一类是外来投资企业,另一类是村集体发动成立的旅游企业。在村落保护与开发实践中,政府作为传统村落开发与价值保护的监督者,应强化责任意识,对两类企业实施宏观调控和有效监管,出台农家乐、旅游民宿的规范管理制度、综合整治措施和评星定级标准,设置经营门槛,规范经营行为,促进传统村落经营的有序进行。

五是构建"互联网+"机制。"互联网+"为传统村落的保护与发展提供了新理念和新思维,"乌镇模式"则为"互联网+"村落保护与发展提供了发展路径转换的具体范例。即利用开发、共享、协作的互联网思维,搭建传统村落数字化运营平台,使村落的有效数据能够被充分挖掘和利用(李海舰,2014)。此平台的运行,需要当地政府:①健全相关法律政策。除了有对传统资源进行保护的地方法规外,还应该健全支持传统村落旅游互联网平台建设与运行的法律法规与政策。②协调平台各部门运行。包括网络服务与管理、数据分析、环境管理、资源与信息管理、电商服务、物流服务等多个部门,这些部门的协同运作,才能保障村落旅游互联网平台的运行。③加大平台营销力度,提升平台知名度。运用前端工具,尤其是微信、微博、网站、APP等,进行有效的宣传,扩大用户群体,提高村落旅游互联网平台的知名度。④对电商准入标准的监管。为保障电商产品的品质与服务质量,当地政府应对加入电商系统的供应商企业和物流企业进行严格监管,包括其资质、服务、产品质量等。

六是落实考核考评机制。以当地政府为主导,部门协同,建立一套既能加快精准脱贫,又能促进村落复兴的目标考核机制。借鉴脱贫攻坚所形成的较为成熟的考核考评机制衔接村落复兴效果进行综合考核。经济发展维度,增加贫困人口家庭年收入中旅游收入的占比、就地就业人数占总从业人数比例;社会发展维度,增加常住人口20~60岁人口占比、社会发展基础设施投资占GDP的比重;文化发展维度,增强贫困人口对传统文化的认同感,增强旅游扶贫项目中文化旅游项目数,提高传统文化旅游产业发展总量及增速;环境发展维度,提高固体废物处理利用率、旅游接待设施与村落环境协调率;管理维度,提升贫困人口对扶贫工作满意度、旅游产业扶贫对精准脱贫的贡献率。

七是建立投资风险的保障机制。实施小额信贷扶贫政策,通过评级授信,贫困户可以向相关银行申请小额贷款,当地政府按照国家基准利率给予贴息,切实解决贫困户贷款抵押难的问题;引入第三方机构,加强对龙头企业、农民合作社等新型经营主体的有效监管,防止企业以各种借口少分红、不分红,确保贫困户"入股分红"的切实利益;延伸农村政策性保险覆盖的范围,引导保险机构积极发展农村小额人身保险、巨灾保险、农机保险、农房保险等普惠保险业务,适当提高保额赔偿标准;探讨保险公司和新型经营主体的合作模式,经营主体拿出贫困户入股资金的3%入保,一旦企业经营不善或破产,由保险公司"兜底"确保贫困人口的收益,从保障要素上解决贫困人口的后顾之忧,增强脱贫奔小康的底气和动力。

9.1.2 制定有利于协同发展的规划体系

旅游精准扶贫与传统村落复兴的协同发展,必须依靠科学合理的规划设计,适度发展旅游,实现传统村落的活化利用与可持续发展。

一是编制传统村落保护与开发的发展规划。当地政府应因地制宜,结合区域范围内旅游资源禀赋,做出未来产业发展的战略定位,依据战略定位推行传统村落的规划编制,作为村落发展的行动指南,并付诸实施。

二是逐步完善农村基础设施和旅游配套设施建设。做好交通、农业水利设施、旅游配套设施、通信网络、医疗服务和文化教育设施建设,努力争取国家财政资金的扶持,逐步完善传统村落的交通、医疗、环境、卫生、网络等方面的公共服务供给,为发展生产、改善生活、美化环境方面提供必要的硬件支持。

三是鼓励发展特色产业。产业发展是实现脱贫攻坚和村落复兴的重要抓手,规划编制中要立足传统村落的资源禀赋和自身产业发展基础,选择发展前景好、综合效益高、最大限度覆盖贫困户的特色产业。比如:依托现有农业项目的发展,融入旅游产业要素,探索"农业+旅游"的产业发展新业态,鼓励贫困人口通过经营家庭旅馆、农家乐、销售农家土特产品、提供特色交通工具、导游讲解服务、景区保洁等多种形式参与乡村旅游开发,实现农旅结合、发挥农业要素与旅游要素的叠加效应;结合传统村落的特色文化资源,大力发展文化创意产业。当地村民与自己身处的文化有着密切关系,向游客展示的生产、生活、表演、服务等活动更自然、更真实,更能激发、有效挖掘村民作为发展主体的潜力,以高度的文化自觉,创造丰富多彩的文化艺术产品。

四是在制订旅游规划决策方案时,应充分考虑当地村民的利益。只有村民的经济利益得到保护,村民与企业才能更好地合作,增强旅游产品的原生性和吸引力。政府、企业和当地村民应共同商定旅游项目开发的利益分配方案,制订基于不同区位条件、经济发展水平、村落资源禀赋的利益分配制度,综合考虑分配方案是否公平合理;是否能确保社会资本进入传统村落开发的过程中,居民的利益得到保障;是否能有效实现企业和村民的互利互惠,促进传统村落的可持续发展。只有合理的利益分配并使村民从中真正受益,才能推动贫困人口脱贫和传统村落复兴。

五是鼓励当地村民参与旅游发展规划的编制。当地村民是精准扶贫与村落复兴的建设主体,也是受益主体。当地政府应充分发挥村委会、宗族组织的作用,听取村民对村落发展的意见和建议,引导村民以主人翁的意识参与村落的保护发展规划。例如陕西省礼泉县袁家村,原本是一个偏僻的小山村,没有名胜古迹和独特资源,如今却一跃成为中国乡村旅游的第一网红,被称为"关中第一村"。袁家村发展旅游业全凭村支书郭战武带领村干部边摸索边干,不仅关中民俗的定位是他们自己定的,就连景区规划也是他们自己设计的,并建成了以关中民俗文化为特色的关中印象体验地景区,保护、恢复和活化了独具地域特色和深厚历史内涵的民俗文化景观和非物质文化遗产。现在的袁家村已陆续恢复建设有康庄老街、关中小吃街、回民街、祠堂街、关中戏楼等,被称为"陕西的丽江",成功地将袁家村塑造成了拥有关中地域文化和特色美食的旅游目的地,创造了一年挣10亿的餐饮业奇迹。袁家村发展乡村旅游的经验说明,村落精英了解他们生活的地方,对于村落旅游资源的开发、包装与打造更具地方性经验和民间权威,能够在旅游开发与村落复兴规划中发挥关键作用。

六是借鉴学习国外经验,探索传统村落发展规划编制的新技术和新方法。当地政府要与时俱进,充分发挥专业人士、学术研究机构的资源优势,借鉴学习国外村落保护与开发的经验,总结多主体参与传统村落保护与发展的新模式,通过扎实的田野调研、典型案例剖析、深入的理论研究,优化我国传统村落发展规划编制的战略目标和实施路径,归纳提炼传统村落规划编制的新技术和新方法,切实提高村落保护与发展的技术水平和效果。

9.1.3 采取有利于协同发展的政策激励

为鼓励更多的利益相关者参与旅游精准扶贫与传统村落复兴,政府应当给予利益相关者激励和补贴,确保其参与的积极性和主动性。

一是针对不同的群体制订差异化的优惠政策。对于参与危房改造、生态环境保护、教育培训、特色产业种植的当地村民,政府应启动危房改造扶贫政策、生态保护扶贫政策、教育扶贫政策和特色产业扶贫政策,助力解决传统村落的贫困与发展问题,对于参与的当地村民可以按政策领取高额补贴;对于社会公益组织、媒体、学术界等参与主体,政府可通过积极宣传、正面引导、精神激励、示范带动等方式,为其提供平台,促进它们将资源和专业强项进行功能整合,宣传推广传统村落价值,服务于脱贫攻坚,提升旅游精准扶贫的质量;对于参与传统村落保护与发展的各大企业,政府应优化发展环境,落实税费优惠政策、加大财政扶持力度、强化金融扶持、加大土地支持力度,协调解决企业在村落旅游开发中遇到的困难和问题。

二是针对不同的群体,实施多样化的激励措施。对贡献突出的企业、社会组织和各界人士,优先推荐参加全国脱贫攻坚贡献奖、创新奖评选,在尊重其意愿前提下可给予项目冠名等激励措施;对吸纳贫困劳动者就业的企业,可享受公益性岗位补贴和社会保险补贴,相关部门在规划、环评、交通、水利等行政审批环节开辟绿色通道,及时审批办理相关手续,简化程序,提高效率;对于村民自发组织,定期或不定期地给向游客进行传统文化表演的团体予以资金补助,通过政府采购的方式激发村民对传统民族歌舞的创作、编排热情,全方位、多角度地向游客展示村落的历史文化;对参与传统村落保护与开发经营项目的当地村民予以适当的补贴,例如西江千户苗寨村民获得的"文化保护费"就是当地政府给予村民保护传统建筑等景观资源的物质奖励。政府根据民居的建筑式样、历史价值、所用材料的综合评估,给每户发放100~10000元不等的文化保护费。对于非物质文化遗产的传承人每年也有500~3000元不等的保护经费,保障当地村民参与文化资源保护的积极性(罗长海、彭震伟,2010)。

三是制订合理的利益分配方案。经济利益的分配是当地村民参与旅游扶贫、村落复兴的原始动力。当地政府在政策制订上应充分考虑当地村民的利益,比如土地征用的补偿、社区生态补偿、公共服务设施改善等,在政府的监督下,企业与村民共同参与利润分配。不断增加当地村民的就业机会,保证其参与旅游经营的优先雇佣,旅游商品尽量采用本地原材料进行加工。积极探索将当地村民的土地资源变股权,土地流转金、村民的农村信用贷款变股金,农民变股民的"三变革命",重点推进"村社合一"和"合股联营",让当地村民不仅仅获得租金收益、雇工收益,还能从企业的后续经营中持续获得红利,激发村民的内生动力(彭海红,2017)。

四是完善政策法规,综合运用媒体资源予以宣传监督。完善和充实旅游精准扶贫和传统村落复兴两个系统的协同发展,关键在于各项政策的实施要有法律法规的保障,做到传统村落旅游资源的开发有法可依,社会公众的监督有据可循,杜绝和减少旅游扶贫开发过程中违规违法行为。同时,充分利用媒体进行广泛宣传,加大监督力度,将潜在的破坏行为扼杀在萌芽状态。对制止、举报、控告破坏村落历史风貌和建筑结构的个人予以物质和精神奖励,对违反村落旅游发展规划的企业和个人严格按照相关法律规定进行罚款、恢复原状等处罚。

9.2 企业层面

国务院于2016年12月颁布的《"十三五"旅游业发展规划》中明确指出,实施乡村旅游扶贫工程,开展万企万村帮扶行动,推动企业参与旅游扶贫。企业是参与旅游扶贫的主体,遵循消费者导向,熟悉市场经济运行规律和消费者需求,可以弥足贫困地区在市场开拓、产品开发方面的短板;投资运营的项目促进当地产业发展,为贫困人口提供了更多的就业机会和收入来源,带动地方经济的发展;营销宣传和商业品牌的推广,有利于帮助贫困地区与外界建立联系,为贫困人口提供可持续生计来源,实现旅游扶贫、地区经济发展与村落复兴的无缝对接,成为民族地区旅游扶贫力量的有益补充。

9.2.1 改善基础设施,完善旅游服务功能

一是为当地提供更为完善的基础设施。企业拥有资金和技术优势,具有实施旅游精准扶贫的能力。在政府政策的激励和引导下对村落基础设施、旅游配套设施和环境整治等方面进行投资,整合交通、农业、旅游、通信、住宿、电力、水利等项目资源,用于民族地区基础设施和旅游配套设施的兴建、改造和完善,提升旅游交通的可进入性,提高贫困地区的旅游综合接待服务能力。二是搭建民族地区旅游企业信息平台。在旅游信息公共平台上,各大企业提供的吃、住、行、游、购、娱等系列服务形成紧密的旅游产业链,在质量、价格、数量上满足不同旅游者的不同层次需求,形成各大旅游企业供应商在产品和服务之间的互补性,避免同质化经营和价格的恶性竞争。同时也方便旅游者在旅游网络信息平台获取相关企业的经营信息和产品特色,结合自身需求有针对性地选择产品服务。三是为旅游者提供旅游综合信息服务。企业应弥补民族地区在旅游产业发展中的短板,完善旅游服务产业链,采用信息化的手段,开设旅游目的地微信公众号,为旅游者提供标准化、个性化的旅游产品和服务,多样化的交通出行方式和更多地与本地文化互动的途径,完善旅游村寨客流监测预警功能、旅游供应商信息筛选功能、旅游投诉反馈功能,提高旅游者在民族地区旅游体验的满意度和舒适度。

9.2.2 开发旅游产品,丰富旅游产品供给

参与民族地区旅游扶贫开发的企业应主动承担社会责任,在充分保护当地旅游资源和生态环境的前提下,创新、开发、推广旅游产品,丰富旅游产品供给,为当地提供更多的就业机会,增加村民的旅游收入,提高村民的生活质量,拉动区域经济的增长,保障旅游扶贫与村落复兴协同发展的目标得以实现。一是做好市场调研,了解旅游者的需求。旅游产品开发的前提是要满足旅游者的需求,有效地将资源优势转化为经济优势。充分发挥企业贴近市场的优势,扎实做好潜在客源目标市场的调研,挖掘旅游者的需求,创造性地引导旅游消费。二是做好资源普查,保护旅游资源。资源是进行旅游产品开发的基础,对传统村落现有的物质文化资源和非物质文化资源进行普查和评级分类,并对某些濒临失传的传统工艺、民间文学等进行及时抢救和传承人培训,摸清旅游家底,预判旅游开发潜力,加强资源普查成果的利用转化。三是做好资源转化,实现资源的市场价值。企业是实

施旅游精准扶贫的运营者,具有丰富的经营管理经验和资本运作能力。结合市场调研和资源普查的结果,针对性地开发中、高端旅游产品,丰富旅游产品供给类型,和当地村民提供的旅游产品实现错位经营,实现村落旅游资源的市场价值,以获得最大化的经济利益。四是做好市场引领,推动文化业态创新。《"十三五"旅游业发展规划》中明确提出,要推进文化业态创新,大力发展文化创意产业,扶持中小微文化企业的发展。企业可以在文化创意产业的开发和运营上面,为民族地区提供资金和智力支持,帮助其开拓客源市场,提高企业运营效率,丰富旅游产品供给,加强旅游产品设计、文创产品开发和民俗节庆运营等,探索民族旅游产品提档升级的途径与方法,形成品牌与特色。

9.2.3 加大教育培训,提升居民素质能力

企业是以盈利为目的,从事业务经营的法人。要真正"授人以渔",必须加强对贫困地区居民的教育培训,重视居民能力建设。一是组织村民外出增长见识,增强其参与旅游业的意识。企业最重要的作用就是搭建起产品和市场、民族地区与潜在客源的桥梁,帮助居民树立旅游经营意识。企业出资组织民族村寨的村民和村干部分批到近郊的景区、田园综合体、民族村寨学习考察,让村民开阔眼界、转变观念、提升参与旅游业的意识和能力,在企业实施旅游扶贫项目中能得到村民的理解和支持。二是培训村民的旅游服务技能。企业更接近市场、更了解扶贫对象,能针对性地对涉及餐饮、住宿、接待、交通、游览等各个环节进行系统培训,通过邀请行业专家、高校培训师、业界实操能手为贫困人口传授导游讲解技能、农产品开发、消防安全预防、客栈经营管理、对客接待服务技能等方面的知识,使具有劳动能力的贫困人口能够掌握一项专门技能,在旅游接待服务中体现自身价值。三是开展订单人才培训,提升居民专项技能。企业深入民族地区实施扶贫,通过引进项目,发展产业带动当地经济发展。在同等条件下,对需求加大、有一定岗位技术含量的工作,可以与当地政府合作,签订订单人才培训计划,组织开展就业培训,提高居民在某一行业的专门技能,实现就地就业。

9.2.4 树立共享理念,创新利益共享机制

党的十八届五中全会提出了创新、协调、绿色、开放、共享的发展理念。"坚持共享发展,使全体人民在共享共建发展中有更多获得感。"明确把共享作为发展的出发点和落足点,也成为企业参与旅游扶贫与村落复兴的重要目标。一是打造企业和村民的利益共同体。企业通过组合、开发、包装村落旅游资源,注入市场要素吸引更多的旅游者前来休闲体验,获得利润;而村民是村落旅游资源的创造者和传承者,更清楚文化旅游资源的展现形式和独特价值,通过给旅游者带来原汁原味的民俗文化体验,让旅游者在获得高品质旅游经历的同时也能增加旅游收入,提高生活水平。因此打造企业和村民的利益共同体,有

利于保护好旅游资源,有效地将资源价值转化为经济价值,实现双赢。二是构建利益协同机制。坚持共享发展,关键是构建更有效率的利益协同机制。村民是传统村落的主人,在村落旅游扶贫开发过程中,企业应充分尊重当地村民的意见和建议,开辟村民利益诉求表达的畅通渠道,让其享有旅游经营决策权,有效地融入到旅游发展事务中,通过实质性的参与成为真正的主体;用制度的形式明确村民在旅游开发中享有优先就业、入股分红的权益,遵循"资源公有、平均分配、兼顾弱者"的基本原则,确保全体村民能公平分享旅游开发的收益;对旅游资源的价值进行科学评估,鼓励村民以民居、土地、林地等资产折价入股,变闲置资源为经济资源,通过村集体、企业、村民的协商,确定当地村民和投资者的利润分配比例,确保各方的经济利益(朱海英,2017)。三是健全利益补偿机制。企业凭借强大的资金、资源和管理经验进入村落参与开发,一定程度上会给处于弱势地位的当地村民带来负面影响,导致其利益受损。为了最终实现"合作共赢"的目标,企业应通过现金、实物、技术补偿等形式,为村民提供就业岗位,加大对村民的上岗技能培训,确保村民的优先被雇佣权,提高村民的就业收入,扶持村民创业等,以这些方式进行补偿。四是保障村民资金投资的收益。贫困村民享有的各种扶贫资金、土地流转租金、景区打工收入、扶贫贷款收入等,可以由企业依据相关法律法规,成立类似的贫困村民股权托管中心,将村民分散的资金集中交给托管中心统一管理,确认村民的资产入股份额,投入到景区的经营中,企业每月付给村民分红收入,并负责偿还贷款。五是增强企业的社会责任感,提升村民的公共福利。企业参与村落的旅游开发,不仅仅获得利润,更多的要承担企业的社会责任,将一部分利润用于村落公共基础设施的改造、村落公共空间的营造、村落学校的兴办、村落环境的提升、村落贫困人口的扶持,提高村民的获得感,实现企业与当地村民的良性互动。

9.2.5 强化营销宣传,树立区域品牌形象

企业具有市场营销渠道、整合资源的优势和开拓渠道的资本,便于实施营销宣传,将产品推向市场,从而实现资源的市场价值。一是加大区域范围内的密集营销宣传。通过开发周末亲子郊游、农产品采摘、民俗节庆活动、特色工艺品制作、农家休闲乐等特色产品,运用微信公众号、抖音、旅游目的地APP等线上营销方式和传统的DM单、旅行社促销、报纸宣传、车身广告等线下传统营销相结合的方式,瞄准区域内目标市场,精准营销,强化区域旅游目的地形象。二是加大跨区域的联合营销宣传。为达到资源的优势互补、增强市场开拓能力和竞争能力,企业可以通过建立企业联谊会、跨区域联合营销集团等方式,强强联合,共同开发、利用市场。采用整合营销的方式,打造旅游目的地鲜明主题形象,开辟跨区域旅游线路产品,设计不同类型的旅游主题,加大与各大媒体平台的合作力度,提升旅游目的地的知名度,吸引更多旅游者参与环线旅游。三是运用互联网、新媒体

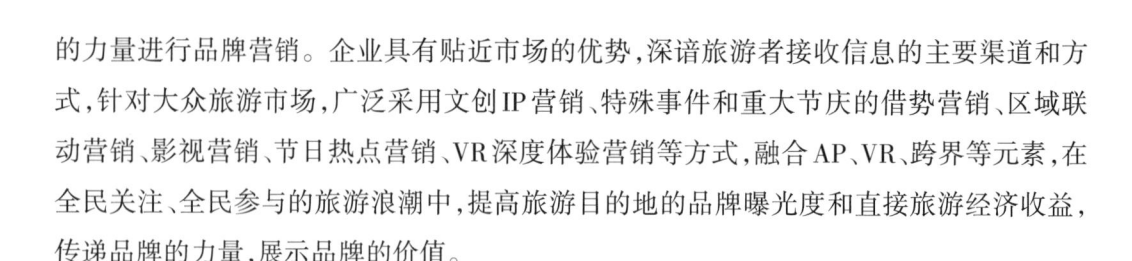

的力量进行品牌营销。企业具有贴近市场的优势,深谙旅游者接收信息的主要渠道和方式,针对大众旅游市场,广泛采用文创IP营销、特殊事件和重大节庆的借势营销、区域联动营销、影视营销、节日热点营销、VR深度体验营销等方式,融合AP、VR、跨界等元素,在全民关注、全民参与的旅游浪潮中,提高旅游目的地的品牌曝光度和直接旅游经济收益,传递品牌的力量,展示品牌的价值。

9.3 行业协会

行业协会从公共管理学角度也称为非政府组织(NGO)或第三方部门,是介于政府与企业之间、商品生产者与经营者之间,并为其提供咨询、监督、沟通等服务的,公正、自律、协调的社会中介组织。它是由独立的经营单位所组成,代表和维护全行业的共同利益和协会会员的合法权益,为会员服务、为行业服务、为政府服务,充分搭建政府与企业之间的桥梁和纽带,具有非营利性、公益性、非政府性和专业化特特点,对政府政策、市场需求、产业发展趋势掌握迅速,在精准扶贫与传统村落复兴中发挥着其他参与主体不能替代的作用。

具体而言,行业协会在旅游扶贫开发中联系政府、社区居民、旅游企业,发挥协调作用,对社区居民参与旅游培训、提高居民素质起到促进作用;对当地政府的产业发展规划和企业的经营管理起到咨询、决策作用;对规范行业竞争、维护企业合法权益、加强合作与交流提供保障作用;将少数民族的独特风情和淳朴民俗向大众旅游市场宣传推广,提高少数民族居民对本民族文化的认同感和自豪感,从而起到保护民族文化的作用(孙九霞,2012)。

9.3.1 旅游类协会

旅游类协会主要包括旅游行业协会、旅游行业协会分会、旅游专业协会等经民政部门登记注册,具有旅游行业属性的企业或团体组成的非营利性组织(刘海玲,骆晶晶,2019)。充分发挥旅游类协会的专业优势,创新活动形式,规范行业经营,发挥民族旅游对当地经济发展的带动作用。

9.3.1.1 加大对旅游目的地的营销

一是开拓国内外旅游市场,加强旅游目的地的宣传促销。通过传统节庆、旅游目的地推荐会、旅游博览会、旅游线路采风等形式,联合协会会员通过整合营销,集中推介民族村寨旅游、乡村民俗旅游产品,提升区域整体旅游形象,增加对游客的吸引力。二是成立区域性的协会网络组织。目前,在我国主要有直接外来投资的旅游企业和村集体自发成立的旅游企业等两类企业,直接参与旅游开发与传统村落的保护和发展。旅游协会可将这两类企业联合组建成区域性的协会网络组织,加强区域间、区域内、行业间和行业内的旅游营销互动,通过联合营销、串线成片、形成合力,充分发挥区域整体营销的优势。三是完善旅游公共信息平台。在旅游协会的官网开设民族村寨旅游专栏,图文并茂地介绍成员单位的旅游资源、旅游产品和相关预订信息,一方面为游客提供针对性强的线路推荐和旅游接待企业信息,另一方面有利于会员单位实现共享共建、节约旅游宣传推介成本。四是设计公益主题,开展公益旅游等主题营销推广。行业协会作为旅游企业的代言人,有义务协调、激发契合市场的新需求,减少单个企业特别是民族地区旅游企业进行营销活动的成本和压力。比如"益众社区发展中心"摸索出一套比较成熟的操作模式:在贫困地区甄选出具有人文、自然等旅游资源的传统村落作为"乡村益栈",培训当地农户提供吃、住等旅游服务,同时结合当地资源禀赋和旅游者需求,设计不同的公益主题,通过网络报名的方式召集"益友"开展公益旅游。

9.3.1.2 组织开展旅游培训

旅游行业协会应充分发挥专业领域的优势,以其经营理念和实践经验为民族地区的村寨旅游开发提供智力支持和培训服务。一是送课下乡,增强当地居民参与旅游的意识。通过定期开设乡村旅游大讲堂、旅游扶贫公益行等方式,送课下乡,让社区居民了解旅游发展对传统村落复兴的积极影响、旅游发展对传统生计模式的改变、居民参与旅游业的方式和途径、旅游开发面临的障碍性因素和应对之策,激发居民参与旅游业的积极性和主动性。二是加强旅游企业员工的业务能力培训。组织行业专家和业内龙头企业的高管深入基层,为民族村寨的旅游企业开展行业素养、业务能力培训;通过旅游市场需求分析、行业发展趋势预判等专家讲座,培养会员单位的旅游市场经营理念,深入分析乡村民俗资源特色,开展导游讲解技能、对客服务标准化和个性化技能培训,提升旅游服务接待水平;组织会员单位外出考察交流,学习国内外民俗旅游经营的成功经验,结合本地旅游资源创新经营,提升业务能力。三是发挥贫困人口特长,提供旅游项目培训。民族地区的贫困人口受教育程度较低,但他们拥有其他人所不具备的地方性知识和专项技能,比如唱山歌、民族舞蹈、手工艺编织、服装缝制等。旅游协会可以利用自身优势,根据贫困人口的特长,为他们提供专业的培训,有针对性地开发旅游项目,吸纳其加入旅游部门,通过参与旅游业获得经济收入,进而增强其摆脱贫困的动力。

9.3.1.3 创新旅游产品开发

旅游行业协会在服务会员的同时,还应加强对旅游市场的研究,引导企业创新产品的开发,强化供需协调的职能。一是加强会员企业与市场之间的联系,为旅游产品创新提供参考依据。充分发挥旅游行业协会的优势,对旅游客源地和客户群体进行划分,了解目标群体的人口学特征、消费偏好,并将这些数据通过互联网、业内微信群等渠道,提供给目的地企业参考,从而促进旅游产品的创新、旅游资源的优化重组、产品质量的提高。二是代表行业与政府积极沟通,为旅游产品创新提供政策环境。比如针对中小学生的民族旅游地研学旅游课程设计,需要当地教委、文化和旅游委员会、民委、商委等部门协同合作,为研学旅游、乡村民俗旅游产品的开发配套提供相关政策和制度保障,引导和培育相对固定的民俗文化旅游消费群体,推动旅游地的可持续发展。三是搭建旅游企业与相关行业的合作交流平台,丰富旅游产品类型。旅游协会可邀请企业会员单位深入行业进行考察和交流,有意促成旅游企业与相关行业的深度融合,开发农旅融合、民俗演艺、专项定制、深度体验、森林旅游、养生休闲等旅游产品,丰富旅游产品供给,满足不同目标群体的消费需求。四是注重旅游产品开发中文化要素的注入,增加产品的附加值。旅游协会应加大对民族地区旅游企业会员的扶持力度。针对文化资源特色明显的村落,引导其在村落特色产业中注入文化的要素,开发衍生性旅游项目,比如民俗歌舞表演、传统美食制作、刺绣工艺学习、特色交通工具体验等,增加旅游产品的参与性和体验性,提高产品的附加值。

9.3.1.4 维护企业利益,营造良好的经营环境

作为行业的代表,维护旅游行业企业的合法权益是协会的根本任务之一。一是切实维护企业的合法权益。加强行业间和行业内的沟通协调,对涉及旅游企业和相关企业之间的利益冲突,应加强与主管部门的沟通,积极协商解决,切实维护会员企业的合法权益。对于行业内的利益冲突,应发挥仲裁协调的作用,用制度和行业规范约束双方行为,营造良好的经营环境。二是围绕行业管理需要,进行专项调研。作为企业和政府之间的桥梁,对规范企业经营、加强行业管理、提升服务质量和水平、促进有序公平的市场秩序等问题,应加强专项调研,反映企业呼声,呈交调研报告和政策建议,为地方政府决策提供参考借鉴。三是组织管理经验交流,提高企业经营水平。加强内联外引,通过实地考察、座谈交流、引进优秀师资培训等方式,让会员单位相互学习,取长补短,诚信经营,提高企业经营水平,营造良好的经营环境。

9.3.2 村落类协会

村落类协会是以保护、宣传、研究、活化为宗旨的非营利性社团组织。充分发挥村落类协会广聚专业人才的优势,调动社会力量共同参与传统村落的保护研究与发展利用工作,提高当地村民对古建筑、传统习俗、音乐舞蹈的认知和保护意识,顺应村落文化活化保护的发展需要,致力于整合村落旅游资源,利用旅游资源活化和复兴传统村落。

9.3.2.1 充分挖掘村落特色文化

传统村落承载着中华民族传统文化的精华,真实地反映了农耕文明时代的乡村社会生活,被认为是农耕时代村落民居的"活化石"。挖掘村落特色文化,一是对村落文化资源进行普查,摸清家底。利用协会的力量,组织行业专家对区域内的行政村和自然村现存的古建筑等物质文化遗产以及民族歌舞、民间传说故事、先贤名士的生平传记、诗词歌赋等非物质文化遗产进行普查,以图片、视频、文字、深度访谈等方式进行记录,系统挖掘整理村落的历史文化资源,丰富传统村落的基础数据,为分级分型保护开发传统村落提供数据支撑。二是加大地域文化与非遗文化的传承。对于村落有价值、有地域特色的传统文化艺术,比如曲艺、雕刻、舞蹈、民间故事、信仰习俗等进行挖掘和拯救,加大对文化传承人的培训,鼓励和扶持其发展,为村落营造良好的文化氛围。三是增强当地居民的文化自信。村民是传统村落文化的创造者和传承者,村落文化的挖掘和展示离不开村民的地方性知识的支持。村落协会可以聘请当地专家学者对村落的历史进行系统梳理,编写地方性的乡土教材和图文并茂的故事书,以通俗易懂、简单易记的方式传承给当地居民,从而增强当地居民的文化自信。

9.3.2.2 加大对传统村落的对外宣传力度

一是搭建区域内传统村落专业的传媒平台。积极运用互联网新媒体营销手段,拍摄网络视频、VR宣传片、村落发展的深度纪录片等,多渠道、有重点、全方位地宣传区域内的传统村落,提升其知名度。二是组织相关学术研讨会,搭建村落保护与活化传承的平台。不同地区的传统村落保护与发展水平具有不均衡性,村落协会可以利用这种不均衡性,搭建学术交流的分享平台,组织"村落保护与发展""村落旅游活化""村规民约与村庄治理""传统村落与城镇化"等海内外学术研讨会,吸引更多的人关注村落的发展。三是引导传统村落利用互联网进行宣传推广,做强做大传统村落产业。村落类协会既有对传统村落保护与发展充满热情的志愿者,也有相关领域的专家学者。协会可以充分发挥人才资源优势,鼓励、协助村落开设微信公众号,定期发布村落的文化资源、节庆活动、土特产品、特色餐饮、旅游发展等村情介绍,进行土特产品等线上交易和线下旅游者招徕,整合内外部资源,做大做强村落产业。四是加强网络公益推广,组织线下公益活动。通过成立全国范围内非盈利的传统村落保护组织,利用互联网推广"关注古村落"大型公益活动,网络注册报名,线下开展一系列保护传统村落的公益活动,推动传统村落文化保护,促进乡村全面复兴、乡土社会长治久安、村落可持续发展。

9.3.2.3 组织开展教育培训

一是走出去,借鉴他人的成功经验。村落协会可以适时组织有关协会会员、村干部赴外地考察学习,开眼界、长见识、找差距,寻求村落文化保护与可持续发展的切入点,提升村落保护、发展与利用的整体水平。二是请进来,增强村民保护意识。邀请专家学者授课,向村民介绍与其居住、生产、生活相关联的住宅、祠堂、寺庙、街巷、会馆、古树、古塔等,它们反映了不同时期、不同地域、不同社会发展阶段的演变历史,具有较高的历史价值和旅游开发价值,给村民树立"合理利用与开发就是最好的保护"的观念,增强村民保护意识。三是组织会员联谊交流,分享保护发展的成功经验。通过村落协会搭建的交流平台,各个会员单位聚在一起,相互探讨新形势下传统村落的发展之路。整合优质资源并实现资源共享,总结传统村落保护与活化的成功模式,给村落的发展注入互联网思维,推动村落文化的保护与发展。四是加强公益培训,为传统村落可持续发展培养人才。村落协会应整合人才优势资源,组建传统村落保护与活化的培训讲师团,深入古村落开展公益培训,鼓励与资助古村创客返乡创业,培养当地村民参与村落保护性开发能力,培养投资者可持续利用传统村落的意识,搭建各种专业技术平台和人才平台,为村落保护与开发提供技术性人才支撑。

9.3.2.4 搭建村落保护与发展的交流平台

一是搭建村落保护与发展的学术交流平台。如中国古村大会由吴必虎、罗德胤、孙君、陈向宏等国内外知名专家学者发起,搭建的"传统村落保护与活化"学术交流平台,深入讨论"古村+文旅""古村+公益""古村+制度"和"古村+众创"等论题,为村落文化保护与传承提供了智力支持和经验借鉴。二是建立全面的传统村落大数据交流平台。通过互联网信息技术,实现对传统村落价值的深度挖掘和综合利用,采用三维实景、全景漫游、音频、视频、图片和文字等多种形式充分展示每个村落的全景、历史文化、传统建筑、美食工艺、环境格局等,为传统村落保护者、旅游爱好者、当地文化传承者提供详实的传统村落数据。三是建立传统村落保护与发展的活化交流平台。村落类协会通过向当地政府提供传统村落活化试点项目推广的可行性方案、行业调研报告、活化模式分析等,实现从市场分析、规划设计、资源组合、产品设计、营销推广、衍生产品开发等良性经济生态圈,整合社会力量,搭建传统村落活化项目团队,推动传统村落的可持续活化。

9.3.3 其他协会

除了旅游类协会和村落类协会在旅游精准扶贫和传统村落复兴中发挥政府与企业的桥梁和纽带作用外,腾讯基金会、阿里巴巴公益基金会、顺丰公益基金会、高校科研团队等其他协会,都应充分发挥各自的资源优势,加强村落与外界的联系,为民族地区产业发展、旅游经营模式设计、旅游产品开发等提供技术和资金支持,为传统村落的发展提供多元化的社会服务。

9.3.3.1 发挥专业所长，打造移动互联网村落

腾讯基金会于2012年在贵州铜关村实施"腾讯筑梦新乡村"的实验性项目，探索利用互联网的核心能力，通过互联网凝聚各方力量，整合各方资源打造出一个移动互联网村，通过城市文化的善意输入，推动乡村价值的有效输出，以促进西部乡村发展，重塑乡村价值。

基金会联系了运营商对铜关村进行了4G全覆盖，而且都是免费的数据流量。不仅如此，腾讯基金会联系中兴公益赞助了全村每户一台智能手机，被大山阻隔的铜关村因为互联网而实现了与外部世界的联接；修建侗族大歌生态博物馆，在绿水青山间打造了一个以体验式深度旅游为支柱、以侗族大歌文化保护传承为主题的乡村可持续发展样板。项目团队结合铜关村村民可以为博物馆提供的侗歌表演、纺织染绣制作、传统侗族食品制作、四季农耕采摘体验、节庆风俗体验等，策划了铜关村侗族大歌生态博物馆深度体验游方案，设计出了服务体验闭环，打造了一个永续的铜关村旅游生态系统。除此之外，腾讯基金会还为村民能够使用微信沟通、获取网络信息等进行了培训，开通"为村贵州黎平铜关村"微信公众号，村民们可以通过村友圈发布商品售卖、招聘、学习资源分享等各种信息，游客也可以线上注册，在线预约博物馆门票、住宿和购买特产。由此，铜关村的村民便踏上了"互联网+乡村"的变革道路，旅游业也在腾讯基金会的支持下不断发展。

9.3.3.2 发挥专业所长，为村民提供新的就业岗位

阿里巴巴公益基金会主要以环境保护为公益方向，将企业资源和平台优势融入到公益领域，通过扶贫助残，帮助受助群体提高能力以改善生活条件，促进人与社会、人与自然的可持续发展。以阿里援建的贵州铜仁公益项目为例，阿里巴巴团队在铜仁万山区设立了全国第一个"AI+产业"扶贫试点，向贫困群众特别是女性提供免费的职业培训和就业扶持，致力于探索"AI公益扶贫"新模式，将更多的工作机会和就业技能输送到贫困地区，帮助贫困地区的女性成为中国最早一批拿到"数据标注师"上岗证的人，在家门口实现就业脱贫。据统计，首期招募培训上岗的学员人均收入约3500元。阿里承诺每年向"AI公益"扶贫计划输送至少产值1000万元的订单，开放AI标注服务平台，向贫困地区主动释放产业红利，让偏远的城市、贫困的地区受益。

9.3.3.3 发挥专业所长，探索旅游减贫可持续模式

高等院校拥有的高层次精英人才和高水平科研成果，将在精准扶贫、村落复兴中发挥独特优势。中山大学的保继刚教授带领研究团队在云南省元阳县阿者科村开展为期三年的公益援助项目。该项目采取内源式村集体企业主导的旅游开发模式，公司组织村民参与旅游经营，全部收入归全村所有。公司通过良好的旅游利益机制引导，强化村民对遗产

保护的责任意识,实现遗产保护、旅游开发与经济发展的协同进步。截至目前,保继刚教授团队已正式进驻阿者科村一年,公司制运营6个月,创收40万元。经营利润三七分成,其中村集体公司留成30%,用于后续开发建设;村民分红占70%,分4部分执行,其中传统民居分红40%,梯田分红30%,居住分红20%,户籍分红10%。2019年3月举行的第一次旅游发展分红大会,每户分红1600元,本村村民直接分红10万元,每户1840元,累计分红超过19万元,真正让创造旅游价值的村民享受到旅游发展的红利,实现村落遗产保护与旅游可持续发展。

9.3.3.4 发挥专业所长,完善传统村落分类数据库建设

传统村落数据库建设,对准确掌握传统村落的数量、地域分布,有效实施分类保护、分级管理提供了坚实的数据支撑。中山大学旅游休闲与社会发展研究中心孙九霞团队自2016年起连续3年发起了全国大学生"发现传统村落"调研大赛。调研主题涉及村落开发与保护、文化复兴、乡村振兴、可持续生计、社区经营、乡村社会治理等领域,鼓励青年大学生回归故乡,返乡调研,通过调研报告、系列照片、访谈材料、村落档案及辅助材料等方式获取全国各省(自治区、直辖市)传统村落的调研资料,丰富传统村落分类数据库资料。在深入了解传统村落的基础上,提出切实可行的保护与发展方案,为村落的复兴发展提供智力支持和决策参考。

9.4 本章小结

如何让旅游精准扶贫与传统村落复兴两个交互胁迫约束的系统实现协同发展?"保留乡村风貌,留得住青山绿水,记得住乡愁",让"全体人民在共建共享中有更多获得感"(习近平,2015.1),是践行"创新、协调、绿色、开放、共享"五大发展理念,"实施扶贫攻坚、打赢脱贫攻坚战和传统文化保护战略"的重要举措。为确保两者协同发展的顺利实施,本章在构建旅游精准扶贫与传统村落复兴协同发展路径的基础上,从政府层面、企业层面、行业协会等维度提出确保两者协同发展的对策建议。

具体而言,地方政府作为旅游精准扶贫和传统村落文化复兴协同发展的主导者和调控者,应当服务于扶贫开发和村落文化的保护、传承与发展,营造有利于协同发展的体制机制,制订有利于协同发展的规划体系,采取有利于协同发展的政策激励,对当地旅游产业发展和村落复兴进行宏观调控。

企业是参与旅游扶贫的主体,熟悉市场经济运行规律和消费者需求,可以弥补贫困地

区在市场开拓、产品开发方面的短板;改善基础设施,完善旅游服务功能;开发旅游产品,丰富旅游产品供给;加大教育培训,提升居民素质能力;树立共享理念,创新利益共享机制;强化营销宣传,树立区域品牌形象;提高旅游目的地的品牌曝光度和直接旅游经济受益,为贫困人口提供可持续生计来源。实现旅游扶贫、地区经济发展与村落复兴的无缝对接,成为民族地区旅游扶贫力量的有益补充。

行业协会是介于政府与企业之间、商品生产者与经营者之间,并为其提供咨询、沟通、监督、公正等服务,是自律、协调的社会中介组织。具体而言,旅游类协会应充分发挥专业优势,加大对旅游目的地的营销,组织开展旅游培训,创新旅游产品开发,维护企业利益,营造良好的经营环境;村落类协会发挥其广聚专业人才的优势,充分挖掘村落特色文化,加大对传统村落的对外宣传,组织开展教育培训,搭建村落保护与发展的交流平台;腾讯基金会、阿里巴巴公益基金会、顺丰公益基金会、高校科研团队等其他类协会或组织,发挥专业所长,打造移动互联网村落,为村民提供新的就业岗位,探索旅游减贫可持续模式和丰富传统村落分类数据库建设,在深入了解传统村落的基础上,提出切实可行的保护与发展方案,为村落的复兴发展提供智力支持和决策参考。

第10章 结语

10.1 主要结论

本研究通过西南民族地区抽样调查数据和政府部门的宏观统计数据,采用理论分析、描述性分析、因子分析、案例对比分析等多种方法,坚持统筹发展,突破传统思维,探讨了民族地区旅游精准扶贫和传统村落复兴的协同路径,形成了有价值的研究结论。主要包括以下几个方面。

10.1.1 民族地区以传统村落为载体实施旅游精准扶贫具有先天优势

少数民族传统村落多处在连片特困地区范围内,多为"老少边穷"地区。由于地理位置偏远、交通不便、自然资源和文化资源受外界干扰较少从而保持了高档次、异质性的优势。尤其是承载着人类记忆的传统村落,不仅是中华民族优秀传统文化的精神家园,也是民族地区精准扶贫的重要载体。

旅游业具有带动性强、关联性广等产业优势,在对贫困地区经济的带动、贫困人口就业增收的促进方面扮演着越来越重要的角色,被世界公认是反贫困最有效的途径之一。各地政府纷纷选择旅游业作为其经济发展的重要产业,把发展旅游业作为脱贫奔小康、村落复兴的首要动力。国家民族事务委员会2012年颁布的《少数民族特色村寨保护与发展规划纲要(2011—2015年)》,也强调民族传统村落要"大力发展民族特色旅游业"。因此贫困、异质性的旅游资源、传统村落三者之间在地理空间上具有重合性,从而使得传统村落的复兴、利用、保护、发展与旅游精准扶贫之间存在交集和契合点。

旅游精准扶贫围绕村落旅游资源的保护与开发,激励村民参与旅游经营,找到本土文化的价值与潜在经济利益并分享旅游开发的成果,解决村民的可持续生计问题;强化村民的文化认同感和自豪感,吸引外出打工的青壮劳动力回流,旅游业逐渐成为村落复兴、文化遗产保护的有效渠道和特色优势产业,在为贫困人口打开脱贫奔康大门的同时发挥着巨大的减贫功能。研究民族地区旅游精准扶贫开发,在一定程度上为传统村落复兴,特别是为传统文化的保护与传承开辟了新路径。

10.1.2 旅游精准扶贫系统与传统村落复兴系统具有协同性

(1)旅游精准扶贫是一个动态有机的系统。

旅游精准扶贫是一个由贫困人口精准识别、旅游精准帮扶、旅游精准管理和旅游精准扶贫考核构成的系统。一方面,在这个系统内部四个要素之间相互影响、相互作用,共同指向旅游精准扶贫"扶真贫""真扶贫"目标的实现。另一方面,系统内部要素会随着外界环境的变化相应做出调整。

(2)传统村落复兴是一个动态的有机系统。

村落复兴包含经济复兴、文化复兴、社会复兴、环境复兴、自组织复兴等要素。作为一个独立的有机系统,它需要借助旅游业的外力驱动,带动村落系统的内部产生动态演化,诱导村落的自适应调整。其中经济复兴是动力,文化复兴是核心,社会复兴是基础,环境复兴是保障,自组织复兴是关键。只有这五大要素的复兴才能推动村落的全面兴盛,村落复兴才能吸引更多的旅游者,产生的旅游消费才能留在当地,为村落复兴发展注入动力,两者之间由此形成良性循环、有机互动。

(3)旅游精准扶贫系统与传统村落复兴系统具有显著的协同性。

旅游精准扶贫的实施为传统村落的复兴提供源动力,为村落经济发展注入了新的活力;而传统村落的复兴又从各个方面为旅游扶贫产业的发展奠定基础,为旅游精准扶贫的顺利实施带来新的契机。两者相互促进、相互推动,形成了旅游精准扶贫系统和村落复兴发展系统的正相关连续上升螺旋。在这个螺旋式不断上升的过程中,旅游扶贫产业的溢出效应在不断上升的路径中对其他相关产业的发展起到了融合、催化剂的作用。同时,旅游精准扶贫的主体和对象是当地村民,而传统村落复兴的主体也是当地村民,共同的目标为其整体性的发展指明了方向——即当地村民的受益和发展。据此,旅游精准扶贫和传统村落复兴的协同发展机理开始凸显。

要促使旅游精准扶贫系统和传统村落复兴系统协同效应的发挥,离不开对两大系统实现协同的保障性要素的探讨。研究分析认为:旅游活化村落是实现协同的前提,村落文化旅游资源的挖掘与打造是实现协同的关键,传统村落的复兴是实现协同的功能,原生态体验型旅游产品开发是实现协同的具体方式,村民的经济利益诉求是实现协同的动力,协同组织的管理机制是实现协同的保障。

旅游发展成为保护、传承村落文化遗产的有效渠道，可以弥补传统村落在非农经济时代缺少产业的现实制约。通过旅游扶贫开发的介入，借助外源性力量和手段，带动内源性发展，形成相互协调、共享共赢的良性动力机制，引领村民充分利用村落生态、文化等资源要素，在城乡要素互动中，形成经济上的自我发展能力；树立传统文化的自豪感，增强传统文化保护与传承的自觉意识，激活保护传统文化的内驱力；促进传统村落探索出一条"文化—经济—社会—环境—管理"五者协同发展的新路径，推动村落的可持续发展。

10.1.3 旅游精准扶贫与传统村落复兴协同的关键点和落脚点是当地村民的受益与发展

当地居民是传统村落复兴的基础，居民传承的传统文化及生活方式是最具吸引力的旅游资源。村民参与旅游开发，找到本土文化的价值与潜在经济利益并享受旅游开发的成果。因此，旅游业逐渐成为村落复兴、文化遗产保护的有效渠道和特色优势产业，为村落复兴提供了契机，形成了民族文化传承与利用的路径依赖。

民族旅游的发展让当地村民（文化的持有者）获得经济利益是民族地区实现精准扶贫、文化复兴与传承的一种有效方式。让村民通过参与各种与本民族文化有关的旅游活动获得经济收入，使民族文化的有用性得到极大的体现，村民由经济利益带来的自觉行为激发了其自身作为文化持有者的主动性和创造性，传统文化保护与传承的动力主要源于经济利益。

确立社区居民的主体地位，增强对本民族文化的自信心和认同感，提高居民参与旅游事务的意识和能力。加大对村民的旅游技能培训，培育公正无私、富有效率的自主组织，能够切实代表村民的利益，增强与利益相关体博弈的力量，自主设计合理的旅游收入分配制度，确保村民能在旅游收入的初次分配、村集体的二次分配和社区居民内部的再次分配中受益与发展。

10.1.4 旅游精准扶贫与传统村落复兴的协同发展受多种因素的影响

民族文化成为当地发展区域经济、弘扬民族传统、展示本地形象的重要载体。旅游开发让传统的舞蹈、音乐重新受到重视和挖掘，年久失修的传统建筑得到修缮和保护、传统的手工艺品因旅游市场的需求而焕发生机，一些几乎被人遗忘的传统习俗得到恢复和发展。正如马晓京所言，"通过这些具有历史文化价值的旅游资源的再生产，唤起了各民族成员的历史记忆，增强了对本民族文化的自豪感和内聚力，也使得长期游离于主流文化之外的边缘性群体文化得到主流群体旅游者的认可和新的评价"。括注（含年份）因此，民族文化是民族旅游开发的核心吸引物，也是旅游精准扶贫与传统村落复兴协同发展最重要的因素。

民族旅游开发给村民提供了展示本民族文化风俗的机会,进而获得经济收入,提高生活水平。村民由经济利益带来的自觉行为激发了他们作为文化持有者的主动性和创造性,对本民族的文化充满了自豪感、认同感,树立了文化自信,更愿意强调自己的民族身份,更积极地向游客传递本民族优秀的传统文化和精神价值。可见,民族地区的旅游开发,使民族文化的有用性得到极大的体现,为传统文化保护与传承提供了强大的动力。这与武魏巍"只有当社区居民实际得到旅游发展所带来的经济利益后,才会更加有意识地去积极保护和传承作为旅游吸引物的民族文化"的观点相似。

壮大民族地区的旅游产业经济,让村落的主人重回乡村、振兴乡村,培育公正无私、富有效率的自主组织,能够切实代表村民的利益,增强与利益相关体博弈的力量,增强村落主体在旅游开发中的话语权和决策权,才是乡村得以真正复兴的关键。

正确对待当地村民身上的民族性和现代性。充分尊重当地村民改善生活的意愿,在符合村落保护规划要求的前提下,推进美丽宜居乡村建设和环境连片整治,加强村落的基础设施、公共服务设施、医疗服务设施、污水排放处理设施等项目建设,改善村民的居住条件,提高宜居环境品质,共享现代文明的成果。

10.1.5 构建民族地区旅游精准扶贫与传统村落复兴的协同路径,应体现"中国特色"和"地域特色"

让当地村民从民族旅游开发中受益与发展,实现旅游精准扶贫与传统村落的复兴,既是目标愿景,也是帮助民族地区摆脱贫困、复兴村落文化的手段。

(1)坚持可持续发展理念协同。

旅游精准扶贫和传统村落复兴应坚持传统文化保护与民族旅游开发有机结合。通过经济发展促进传统文化的保护与传承,坚持村民的主体地位,坚持分类、分型的村落保护,使二者在协同发展的过程中互相促进、互相扶持。

(2)统筹发展规划和布局协同。

强调旅游精准扶贫与村落复兴的协同发展,规划先行,注重产业融合、空间布局的协同发展,加强部门协同,开展旅游精准扶贫与村落复兴协同发展规划的试点,打造文化旅游扶贫助力村落复兴的样板。

(3)确保村民利益的发展目标协同。

将保障当地村民的利益作为发展的出发点和落脚点。切实提高村民的收入水平、推动城乡融合发展,以"产业兴旺、生态宜居、乡风文明、治理有效、生活富裕"为总要求实现乡村振兴。

(4)优化资源要素配置协同。

优化土地资源配置,整合产业发展的生产要素和配置产业发展的资源要素,从"大水漫灌"变为"精准滴灌",避免资源浪费、配置不合理的现象,同时防止"旅游飞地"现象的发生,实现产业发展带动地区经济、社会、文化的全面发展。

(5)引导经营管理创新协同。

民族村寨旅游、乡村旅游对传统村落复兴起到了促进作用。政府应出台引导性政策和鼓励经营管理模式创新,积极培育和扶持新型农业经营主体,拓宽融资渠道,完善金融保险政策,加大对当地村民的教育培训。

(6)整合营销宣传要素协同。

旅游精准扶贫与传统村落复兴的营销对象都是客源地旅游者。优化民族村寨旅游产品体系,重视民族村寨特色旅游品牌的创建,综合运用各种营销宣传手段和倡导公益扶贫旅游,让更多的潜在旅游者前往旅游目的地,促进民族地区旅游业的发展。

(7)构建旅游收益分享协同。

传统村落复兴和旅游精准扶贫涉及的利益相关主体大体一致,当所有的利益相关者形成一个整体,寻求整体利益的最优,利益共同体才能在维持稳定和谐关系的基础上获得各自的最优利益。政府做好旅游收益分配的制度设计,旅游企业履行好社会责任,当地居民提升参与能力,多领域、全方位地融入旅游扶贫,分享旅游发展的红利。

(8)激发村民心理响应协同。

在旅游扶贫与村落复兴系统中,社区居民(贫困人口)既是扶贫对象又是村落复兴的主体,脱贫成效取决于他们经济水平提升的情况,乡村振兴离不开他们的积极参与。"扶志"和"扶智"促使村民获得心理响应,提升村民的自我发展能力,强化村民对本民族文化的认同感和自豪感,通过文化的有用性让村民获得经济利益既是民族地区实现文化传承的有效方式,也是村民参与旅游精准扶贫和村落复兴最积极的心理响应。

10.2 研究展望

由于本研究的时间、精力和篇幅的限制,还有一些值得进一步深入研究的内容:

一是扩大研究的领域。本研究主要针对西南民族地区的旅游精准扶贫与村落复兴进行了深入探讨。后续研究可以继续跟进西南民族地区的旅游发展与村落复兴做跟踪式研究,也可以扩大研究领域,对深度贫困区(西藏、南疆四地州、四省藏区、云南怒江州、甘肃临夏回族自治州和四川彝族自治凉山州)的民族旅游发展与乡村振兴做个案研究和对比研究,增强民族旅游发展和乡村振兴协同发展路径研究的普适性。

二是改进量表的计量尺度。在后续研究中,可以借鉴国外对村落旅游开发量表的指标设计,结合我国村落旅游扶贫的实践,改进量表的计量尺度,在问卷中增加更细致、更有针对性的问题,提高量表的可靠性和数据鉴别的有效性。

三是改进研究方法。对民族地区旅游精准扶贫与村落复兴协同发展的现状分析以及四个案例区的调研结果描述还停留在简单的定量分析阶段。在后续研究中,争取能对调研样本进行追踪调查,形成面板数据,从而对本主题进行系统、深入的实证研究。

主要参考文献

一、英文部分

[1] Ashley C, Boyd C, Goodwin H J. Pro-Poor Tourism: Putting Poverty at the Heart of the Tourism Agenda[R]. London: Overseas Development Institute (ODI), 2000.

[2] Beeho A J, PrenticeR C. Conceptualizing the Experiences of Heritage Tourists: A Case Study of New Lanark World Heritage Village[J]. Tourism Management, 1997, 18(2).

[3] Blake A, ArbacheJ S, Sinclair M T, et al. Tourism and Poverty Relief[J]. Annals of Tourism Research, 2008, 35(1).

[4] Bordignon M, Corsi L, Gasperis D D, et al. Sustainable Conservation of Cultural Heritage: A Global Responsibility—Sichuan Towers Case Study[J]. Transition Studies Review, 2009, 16(2).

[5] Briedenhann J, Wickens E. Tourism Routes as a Tool for the Economic Development of Rural Areas—Vibrant Hope or Impossible Dream?[J]. Tourism Management, 2004(25).

[6] Butler R, Curran R, O'Gorman K D. Pro-Poor Tourism in a First World Urban Setting: Case study of Glasgow Govan[J]. International Journal of Tourism Research, 2013, 15(5).

[7] Buultjens J, Brereton D, Memmott P, et al. The Mining Sector and Indigenous Tourism Development in Weipa, Queensland[J]. Tourism Management, 2010, 31(5).

[8] Buultjens J, Gale D. Facilitating the Development of Australian Indigenous Tourism Enterprises: The Business Ready Program for Indigenous Tourism, Tourism Management Perspectives[J]. Tourism Management Perspectives, 2013(5).

[9] Coria J, Calfucur, E. Ecotourism and the Development of Indigenous Communities: The Good, the Bad, and the Ugly[J]. Ecological Economics, 2012(73).

[10] Ferrari S, Faenza P. The Rediscovery of an Ancient Community Event in a Language Minority Village: The Case of Bova (Italy) [A]. In Jepson A, Clarke A (eds.), Managing and Developing Communities, Festivals and Events[C]. Basingstoke: Palgrave MacMillan, 2016.

[11] Gascón J. Pro-Poor Tourism as a Strategy to Fight Rural Poverty: A Critique[J]. Journal of Agrarian Change, 2015, 15(4).

[12] Hampton M P. Heritage, Local Communities and Economic Development[J]. Annals of Tourism Research, 2005, 32(3).

[13] Holden A, Sonne J, Novelli M. Tourism and Poverty Reduction: An Interpretation by the Poor of Elmina, Ghana[J]. Tourism Planning and Development, 2011, 8(3).

[14] Iorio M, Wall G. Behind the Masks: Tourism and Community in Sardinia[J]. Tourism Management, 2012, 33(6).

[15] Lepp A. Residents' Attitudes Towards Tourism in Bigodi Village, Uganda[J]. Tourism Management, 2007, 28(3).

[16] Luigi Biocca, Nicolò Paraciani. Accessibility and Heritage in the Tourism Perspective: Some "Minor" Case Studies from Italy[J]. Journal of Heritage Tourism, 2011, 6(1).

[17] Lupi C, Giaccio V, Mastronardi L, et al. Exploring the Features of Agritourism and Its Contribution to Rural Development in Italy[J]. Land Use Policy, 2017(64).

[18] Manyara G, Jones E. Community-Based Tourism Enterprises Development in Kenya: An Exploration of Their Potential as Avenues of Poverty Reduction[J]. Journal of Sustainable Tourism, 2007, 15(6).

[19] Masele F. Private Business Investments in Heritage Sites in Tanzania: Recent Developments and Challenges for Heritage Management [J]. African Archaeological Review, 2012(29).

[20] Medina L K. Commoditizing Culture Tourism and Maya Identity[J]. Annals of Tourism Research, 2003, 30(2).

[21] Meyer D. Pro-Poor Tourism: Is There Actually Much Rhetoric? And, If So, Whose? [J]. Tourism Recreation Research, 2009, 34(2).

[22] Mograbi J, Rogerson C M. Maximizing the Local Pro-poor Impacts of Dive Tourism: Sodwana Bay, South Africa[J]. Urban Forum, 2007, 18(2).

[23] Muganda M, Sahli M, Smith K A. Tourism's Contribution to Poverty Alleviation: A Community Perspective from Tanzania[J]. Development Southern Africa, 2010, 27(5).

[24] Murat T, Nilufer T, Arzu C. A Participatory Governance Model for the Sustainable Development of Cumalikizik, A Heritage Site in Turkey[J]. Environment and Urbanization, 2009, 21(1).

[25] Nakamura N. Towards a Culturally Sustainable Environmental Impact Assessment: The Protection of Ainu Cultural Heritage in the Saru River Cultural Impact Assessment in Japan [J]. Geographical Research, 2013, 51(1).

[26] Onuki Y. The Archaeological Excavations and the Protection of Cultural Heritage in Relation with the Local Society: Experiences in Peru[J]. Archaeologies, 2007, 3(2).

[27] Rogerson C M. Pro-Poor Local Economic Development in South Africa: The Role of Pro-poor Tourism[J]. Local Environment, 2006, 11(1).

[28] Saayman M, Rossouw R, Krugell W. The Impact of Tourism on Poverty in South Africa[J]. Development Southern Africa, 2012, 29(3).

[29] Santucci F M. Agritourism for Rural Development in Italy, Evolution, Situation and Perspectives[J]. British Journal of Economics, Management & Trade, 2013, 3(3).

[30] Scheyvens R, Momsen J H. Tourism and Poverty Reduction: Issues for Small Island States[J]. Tourism Geographies, 2008, 10(1).

[31] Spenceley A, Seif J. Strategies, Impacts and Costs of Pro-Poor Tourism Approaches in South Africa[Z]. PPT Working paper No.11, 2003.

[32] Theerapappisit P. Pro-Poor Ethnic Tourism in the Mekong: A Study of Three Approaches in the Northern Thailand[J]. Asia Pacific Journal of Tourism Research, 2009, 14(2).

[33] Trinidad E A, Martin F, Min J. Domestic Demand for Indigenous Tourism in

Australia: Understanding Intention to Participate [J]. Journal of Sustainable Tourism, 2016, 24(8-9).

[34] Truong V D, Hall C M, Garry T. Tourism and Poverty Alleviation: Perceptions and Experiences of Poor People in Sapa, Vietnam [J]. Journal of Sustainable Tourism, 2014, 22(7).

[35] Tucker H. Tourists and Troglodytes: Negotiating for Sustainability[J]. Annals of Tourism Research, 2001, 28(4).

[36] Wall G. Perspectives on Tourism in Selected Balinese Villages[J]. Annals of Tourism Research, 1996, 23(1).

[37] Willinson P F, Pratiwi W. Gender and Tourism in an Indonesian Village[J]. Annals

of Tourism Research,1995,22(2).

[38]Zapata M J, Hall C M, Lindo P, et al. Can Community-Based Tourism Contribute to Development and Poverty Alleviation? Lessons from Nicaragua[J]. Current Issues in Tourism, 2011,14(8).

二、中文部分

(一)专著类

[1]布尔迪厄.文化资本与社会炼金术:布尔迪厄访谈录[M].包亚明,译.上海:上海人民出版社,1997.

[2]杰里米·帕克斯曼.英国人[M].严维明,译.上海:上海译文出版社,2000.

[3]辞海编纂委员会.辞海(缩印本)[M].上海:上海辞书出版社,2000.

[4]邓小海.旅游精准扶贫理论与实践[M].北京:知识产权出版社,2016.

[5]黄国庆.重庆三峡库区生态旅游扶贫模式研究[M].北京:中国财政经济出版社,2019.

[6]梁漱溟.乡村建设理论[M].上海:上海人民出版社,2006.

[7]李耀锋.旅游地文化生产的社会结构困境研究[M].南昌:江西人民出版社,2014.

[8]罗钢,刘象愚.文化研究读本[M].北京:中国社会科学出版社,2000.

[9]孙九霞.传承与变迁——旅游中的族群与文化[M].北京:商务印书馆,2012.

[10]吴必虎,俞曦.旅游规划原理[M].北京:中国旅游出版社,2010.

[11]吴其付.民族旅游与文化认同:以羌族为例[M].北京:人民出版社,2015.

[12]吴殿廷.区域经济学[M].北京:科学出版社,2003.

[13]王志章.连片特困地区包容性增长的扶贫开发模式研究[M].北京:人民出版社,2016.

[14]王汝辉.民族村寨社区参与旅游制度与传统文化保护比较研究[M].北京:人民出版社,2012.

[15]谢彦君.旅游研究方法[M].北京:中国旅游出版社,2018.

[16]萧浩辉.决策科学辞典[M].北京:人民出版社,1995.

[17]赵霞.乡村文化的秩序转型与价值重建[M].石家庄:河北人民出版社,2013.

[18]宗晓莲.旅游开发与文化变迁——以云南省丽江县纳西族文化为例[M].北京:中国旅游出版社,2006.

(二)论文类

[1]艾菊红.文化生态旅游的社区参与和传统文化保护与发展——云南三个傣族文化生态旅游村的比较研究[J].民族研究,2007(4).

[2]常慧丽.生态经济脆弱区旅游开发扶贫效应感知分析——以甘肃甘南藏族自治州为例[J].干旱区资源与环境,2007,21(10).

[3]陈小雨,蒋俊帆.古村落活化保护典型模式与发展路径探析:以浙江省为例[J].城市地理,2016(18).

[4]邓小海.旅游精准扶贫研究[D].昆明:云南大学,2015.

[5]丁焕峰.国内旅游扶贫研究述评[J].旅游学刊,2004,19(3).

[6]豆书龙,叶敬忠.乡村振兴与脱贫攻坚的有机衔接及机制构建[J].改革,2019(1).

[7]段会利.结合日本经验论我国乡村观光旅游产业的发展策略[J].农业经济,2017,(9).

[8]高伟.广西旧县村保护与复兴策略研究[D].广州:华南理工大学,2009.

[9]桂拉旦,唐唯.文旅融合型乡村旅游精准扶贫模式研究——以广东林寨古村落为例[J].西北人口,2016,37(2).

[10]郭舒.基于产业链视角的旅游扶贫效应研究方法[J].旅游学刊,2015,30(11).

[11]何景明.边远贫困地区民族村寨旅游发展的省思——以贵州西江千户苗寨为中心的考察[J].旅游学刊,2010,25(2).

[12]何景明,李辉霞,何毓成,等.四川少数民族自治区域旅游开发与贫困缓解[J].山地学报,2003,21(4).

[13]胡燕,陈晟,曹玮,等.传统村落的概念和文化内涵[J].城市发展研究,2014,21(1).

[14]黄艳.生态博物馆理念嵌入民族村寨文化遗产保护研究[J].广西民族研究,2018(6).

[15]孔祥利,夏金梅.乡村振兴战略与农村三产融合发展的价值逻辑关联及协同路径选择[J].西北大学学报(哲学社会科学版),2019,49(2).

[16]李刚,徐虹.影响我国可持续旅游扶贫效益的因子分析[J].旅游学刊,2006,21(9).

[17]李佳.传统村落保护模式研究——基于中外案例的比较[D].南京:南京农业大学,2016.

[18]李佳,钟林生,成升魁.民族贫困地区居民对旅游扶贫效应的感知和参与行为研

究——以青海省三江源地区为例[J].旅游学刊,2009,24(8).

[19]李立清,李明贤.社会主义新农村建设评价指标体系研究[J].经济学家,2007(1).

[20]李燕琴.旅游扶贫中社区居民态度的分异与主要矛盾——以中俄边境村落室韦为例[J].地理研究,2011,30(11).

[21]李耀锋.需求、资源与能力:旅游开发致贫效应的机理分析——基于赣琼两个旅游村的实地调研[J].学术论坛,2015,38(10).

[22]李烨.中国乡村旅游业扶贫效率研究[J].农村经济,2017(5).

[23]李忠斌,郑甘甜.少数民族特色村寨评价指标体系研究[J].广西民族研究,2013(3).

[24]良警宇.旅游开发与民族文化和生态环境的保护:水满村的事例[J].广西民族学院学报(哲学社会科学版),2005,27(1).

[25]林红.对"旅游扶贫"论的思考——兼议西部旅游开发[J].北京第二外国语学院学报,2000(5).

[26]刘昌雪,汪德根.皖南古村落可持续旅游发展限制性因素探析[J].旅游学刊,2003(6).

[27]刘解龙.经济新常态中的精准扶贫理论与机制创新[J].湖南社会科学,2015(4).

[28]刘旺,吴雪.少数民族地区社区旅游参与的微观机制研究——以丹巴县甲居藏寨为例[J].四川师范大学学报(社会科学版),2008(2).

[29]刘韫.乡村旅游对民族社区女性的影响研究——四川甲居藏寨景区的调研[J].青海民族研究,2007(4).

[30]卢宏.乡村旅游与新农村建设"协调度"评价的实证研究[J].暨南大学(哲学社会科学版),2012(10).

[31]罗迪.基于文化生态学的传统村落复兴研究[A]//中国城市规划学会.规划60年:成就与挑战——2016中国城市规划年会论文集[C].北京:中国建筑工业出版社,2016.

[32]马晓京.民族旅游开发与民族传统文化保护的认识[J].广西民族研究,2002(4).

[33]宁暛."生态恢复"理论视角下的传统村落复兴研究[A]//中国城市规划学会.城乡治理与规划改革——2014中国城市规划年会论文集[C].北京:中国建筑工业出版社,2014.

[34]潘英海.关于文化主体性与传统村落的可持续发展[J].旅游学刊,2017,32(2).

[35]彭建,王剑.旅游研究中的三种社会心理学视角之比较[J].旅游科学,2012,26(2).

[36]孙九霞.传统村落:理论内涵与发展路径[J].旅游学刊,2017,32(1).

[37]孙九霞,马涛.旅游对目的地社会文化影响研究新进展与框架[J].求索,2009(6).

[38]孙九霞,马涛.巴卡小寨民族生态博物馆的命运解读:社区参与的视角[J].原生态民族文化学刊,2010,2(1).

[39]唐克敏,袁本华.乡村旅游与新农村建设协同发展指标体系初探[J].安徽农业科学,2008,36(6).

[40]唐雪琼,钱俊希,陈岚雪.旅游影响下少数民族节日的文化适应与重构——基于哈尼族长街宴演变的分析[J].地理研究,2011,30(5).

[41]田翠翠,刘黎黎,田世政.重庆高山纳凉村旅游精准扶贫效应评价指数模型[J].资源开发与市场,2016,32(12).

[42]田敏.民族社区社会文化变迁的旅游效应再认识[J].中南民族大学学报(人文社会科学版),2003,23(5).

[43]田敏,撒露莎,邓小艳.民族旅游开发与民族村寨文化保护及传承比较研究——基于贵州、湖北两省三个民族旅游村寨的田野调查[J].广西民族大学学报(哲学社会科学版),2012,34(5).

[44]汪三贵,郭子豪.论中国的精准扶贫[J].贵州社会科学,2015(5).

[45]王超.包容性视角下贵州少数民族地区旅游开发模式研究[D].泉州:华侨大学,2014.

[46]王建民.扶贫开发与少数民族文化——以少数民族主体性讨论为核心[J].民族研究,2012(3).

[47]王兰.民族旅游对少数民族妇女的影响——以云南为例[J].经济师,2006(3).

[48]王美钰,吴忠军,侯玉霞.广西少数民族特色村寨生态旅游扶贫与乡村振兴路径研究[J].广西广播电视大学学报,2019,30(1).

[49]王思铁.精准扶贫:改"漫灌"为"滴灌"[J].四川党的建设(农村版),2014(4).

[50]王颖.中国农村贫困地区旅游扶贫PPT(Pro-Poor Tourism)战略研究[D].上海:上海社会科学院,2006.

[51]乌兰.休闲农业与乡村旅游协同发展及其实现路径[J].山东社会科学,2018(10).

[52]吴必虎.基于乡村旅游的传统村落保护与活化[J].社会科学家,2016(2).

[53]吴必虎,徐小波.传统村落与旅游活化:学理与法理分析[J].扬州大学学报(人文社会科学版),2017,21(1).

[54]吴雄周,丁建军.精准扶贫:单维瞄准向多维瞄准的嬗变——兼析湘西州十八洞

村扶贫调查[J].湖南社会科学,2015(6).

[55]吴悦芳,徐红罡.大理古城旅游房地产的发展及社会影响研究[J].人文地理,2010(4).

[56]吴祖梅.非政府组织参与民族地区旅游产业的探索和创新[J].贵州民族研究,2014,35(10).

[57]武魏巍.民族旅游发展与民族文化保护的研究[D].南宁:广西大学,2004.

[58]夏雪艳.基于生活形态的古村落居民旅游增权感知研究:以张谷英村为例[D].长沙:湖南师范大学,2014.

[59]徐雪.日本乡村振兴运动的经验及其借鉴[J].湖南农业大学学报(社会科学版),2018,19(5).

[60]银元,李晓琴.乡村振兴战略背景下乡村旅游的发展逻辑与路径选择[J].国家行政学院学报,2018(5).

[61]余青.生态博物馆:一种民族文化持续旅游发展模式[J].北京大学学报(哲学社会科学版),2000(S1).

[62]杨华.日本乡村旅游发展研究[J].世界农业,2015(7).

[63]杨慧.民族旅游与族群认同、传统文化复兴及重建——云南民族旅游开发中的"族群"及其应用泛化的检讨[J].思想战线,2003(1).

[64]杨艳.旅游发展对民族地区传统文化复兴的影响思考——以湖南省湘西凤凰县为例[J].怀化学院学报,2011,30(10).

[65]杨振之.城乡统筹下农业产业与乡村旅游的融合发展[J].旅游学刊,2011(10).

[66]杨振之,胡海霞.关于旅游真实性问题的批判[J].旅游学刊,2011(12).

[67]章磊,阎伍玖,刘惠兰.试论古村落旅游地开发的社会文化影响——以西递、宏村为例[J].安徽农学通报,2007(23).

[68]张波.论旅游对接待地社会文化的积极影响——以云南丽江为例[J].云南民族大学学报(哲学社会科学版),2004,21(4).

[69]张瑞梅.生态博物馆建设与民族旅游的整合效应[J].广西民族大学学报(哲学社会科学版),2011,33(1).

[70]张慎娟,陈晓键.新型城镇化背景下传统村落传承与发展的思考——以桂林市大圩镇熊村为例[J].社会科学家,2017(3).

[71]张卫国,汪小钗,黄晓兰.就地城镇化下村落复兴评价指标体系设计研究[J].西南大学学报(社会科学版),2016,42(4).

[72]张晓萍,李芳,王尧,等.从经济资本到文化资本和社会资本——对民族旅游文化商品化的再认识[J].旅游研究,2009,1(1).

[73]赵紫伶,于立,陆琦.英国乡村建筑及村落环境保护研究——科茨沃尔德案例探讨[J].建筑学报,2018(7).

[74]周阳月.文化生态学视阈下传统村落复兴动力与路径研究[A]//中国城市规划学会.规划60年:成就与挑战——2016中国城市规划年会论文集[C].北京:中国建筑工业出版社,2016.

[75]朱雪梅,林垚广,范建红,等.广东省古村落现状与保护利用模式研究[J].华南理工大学学报(社会科学版),2016,18(6).

[76]宗晓莲.布迪厄文化再生产理论对文化变迁研究的意义——以旅游开发背景下的民族文化变迁研究为例[J].广西民族学院学报(哲学社会科学版),2002(2).

附件1

旅游精准扶贫与传统村落复兴现状的感知调查(村民问卷)

问卷编号：_____

被访者(签名)_____ 被访者联系电话_____

访问地点：请具体到省市(县)区(乡/镇)村组_____

访问时间：___年___月___日___时 访问员(签名)：_____ 电话_____

亲爱的村民朋友：

您好！

我们是西南大学国家社科基金项目课题组，想了解一下您家参与旅游精准扶贫、精准脱贫与传统村落复兴的情况，以便政府部门采取相应措施提高您的家庭收入、传承村落文化。本调查是一项纯学术研究调查，问卷中的信息仅用于分析研究，您所选的答案没有对错之分，请您如实地在相应空白处画"√"。感谢您的配合！

国家社科基金"旅游精准扶贫与村落复兴"课题组

A. 旅游精准扶贫与传统村落复兴现状的感知评价

协同效应的评价	完全不同意	不太同意	中立	比较同意	完全同意
1.完善了村落基础设施					
2.完善了村落旅游接待设施					
3.增加了家庭年收入					
4.旅游收入占家庭年收入的比例大					

续表

协同效应的评价	完全不同意	不太同意	中立	比较同意	完全同意
5.促进了村落产业结构的调整					
6.增加了村民的就业机会					
7.改善了村落的治安状况					
8.导致村民贫富差距悬殊					
9.提升了村民的素质能力					
10.影响了村民人际关系的和谐					
11.加剧了人地矛盾的冲突					
12.村民对游客的到来持欢迎态度					
13.村落的建筑保持了民族性					
14.村民的服饰具有民族性					
15.村民的生活方式保持了传统					
16.民族艺术的表演具有真实性					
17.村落旅游产品开发符合游客的期望					
18.村民对传统文化具有认同感					
19.村落建筑与村落环境具有协调性					
20.旅游接待设施与村落环境具有协调性					
21.游客的到来破坏了村落环境					
22.完善了垃圾存放和污水处理设施					
23.村落的卫生状况得到了改善					
24.村民愿意自觉保护村落环境					
25.扶贫对象的认定是公平的					
26.产业扶贫项目的实施有成效					
27.扶贫资金的使用具有透明性					
28.帮扶措施解决了贫困户的实际困难					
29.对贫困户的教育培训落到了实处					
30.村民参与了旅游经营决策的制定					
31.村民参与了旅游收入的利益分配					
32.村民愿意传承和保护传统技艺					

B. 旅游精准扶贫居民的受益情况

1.旅游开发前,您主要从事的行业是_____

A.外出打工　　　　B.餐饮住宿　　　　C.农作物种植　　　D.畜牧养殖

E.交通运输　　　　F.果树、烟草等经济作物种植　　　　G.旅游商品销售

F.其他(　　　)

2.旅游开发前,您家庭的人均年收入为_____

A.2300元以下　　　B.2300~3500元　　C.3501~4600元　　D.4601~5700元

E.5700元以上

3.旅游开发后,您主要从事的行业是_____

A.旅游商品销售　　B.导游讲解　　　　C.民俗歌舞表演　　D.旅游餐饮

E.旅游住宿　　　　F.外出打工　　　　G.旅游交通运输　　H.景区卫生保洁

I.景区管理者　　　J.农作物种植　　　K.果树、烟草等经济作物种植

L.畜牧养殖　　　　M.其他(　　　)

4.您参与旅游业的主要障碍因素是_____(访问员注意根据访谈选择先后顺序)

A.缺资金　　　　　B.缺旅游服务技能　C.家里缺人手　　　D.缺客源信息渠道

E.缺旅游经营的经验　　　　　　　　　F.旅游预期的收益偏低

G.缺网络销售技能

5.旅游开发后,您家庭的人均年收入为_____

A.2300元以下　　　B.2300~3500元　　C.3501~4600元　　D.4601~5700元

E.5700元以上

6.目前,旅游收入占您家庭总收入的比例:_____

A.10%以下　　　　B.10%~20%　　　　C.21%~40%　　　　D.41%~60%

E.＞60%

7.您的家庭平均年收入在旅游开发前后的变化程度_____

A.很大提高　　　　B.有较大提高　　　C.有一点儿提高　　D.完全没有提高

E.下降了一些

8.在景区收益分配中,您看中哪一些?_____(访问员注意根据访谈选择先后顺序)

A.现金收入分配　　B.生活环境改善　　C.教育培训　　　　D.社区公共福利

E.社区保障

C.传统文化对居民的影响

1. 现在居民过的传统节日是_____

   A.自发的　　　　　　　　　　　　　B.为满足游客需要刻意组织的

   C.两者兼而有之,但以自发为主　　　　D.两者兼而有之,但以组织为主

2. 现在居民跳的舞蹈是_____

   A.民族舞蹈　　　　　　　　　　　　B.现代舞蹈

   C.两者兼而有之,但以民族舞蹈为主　　D.两者兼而有之,但以现代舞蹈为主

3. 现在居民唱的歌曲是_____

   A.民族歌曲　　　　　　　　　　　　B.流行歌曲

   C.两者兼而有之,但以民族歌曲为主　　D.兼而有之,但以流行歌曲为主

4. 现在居民为游客提供的民族歌舞表演_____

   A.原生态的展示　　　　　　　　　　B.经过适当改编

   C.迎合游客需要　　　　　　　　　　D.适当改编,以迎合游客的需要

5. 现在居民过的传统节日及参与的歌舞娱乐活动和以前相比的变化程度是_____

   A.很大　　　　B.有些变化　　　　C.一般　　　　D.变化不大

   E.没有变化

6. 有没有旅游开发前被慢慢遗忘的节庆、歌舞等,因为旅游开发的需要而重新被认识和开发利用的？_____

   A.有　　　　　　B.没有

7. 现在销售的民族工艺品主要是_____

   A.以传统手工制作为主　　　　　　　B.以机器制作为主

   C.外面购买为主　　　　　　　　　　D.手工/机器制作,兼而有之

8. 您什么时候穿本民族的服饰？_____

   A.任何时候　　　　B.传统节日　　　　C.歌舞表演　　　　D.从来不穿

9. 现在您穿本民族的服饰主要是因为_____

   A.自己喜欢　　　　　　　　　　　　B.工作需要

   C.两者兼而有之,但以自己喜欢为主　　D.两者兼而有之,但以工作需要为主

10. 您对子女未来从事职业的看法是_____

    A.非常希望子女留在本地从事旅游业　　B.有些希望子女留在本地从事旅游业

    C.无所谓　　　　　　　　　　　　　　D.有些希望子女去外地工作

    E.非常希望子女去外地工作

D. 被访者的基本情况

1.您的性别：

A.男 B.女

2.您的年龄：

A.18岁以下　　B.18~35岁　　C.36~50岁　　D.51~65岁　　E.65岁以上

3.您的政治面貌：

A.中国共产党员　　B.民主党派　　C.共青团员　　D.群众

4.您的受教育程度：

A.小学及以下　　B.初中　　C.高中　　D.大专及大学

5.您从事旅游相关工作的时间：

A.不足1年　　B.1~3年　　C.3~5年　　D.5年以上

6.您的职业类别：

A.务农　　B.务工　　C.专业养殖　　D.行政人员　　E.服务人员

F.无职业　　G.在读学生　　H.其他

7.您在本地居住的年限是：

A.＜5年　　B.5~10年　　C.10~20年　　D.＞20年

— 附件2

调研访谈提纲

一、针对村支两委的访谈和资料收集

1.传统村落的基本情况简介。(　　户,　　人口,　　贫困户,区位,交通,主要旅游资源/传统文化习俗)

2.村委会在旅游开发中的作用?(旅游收入的分配,居民与政府之间关系的处理),对待贫困户参与旅游经营有哪些具体的帮扶措施,受益程度?

3.旅游业发展的基本历程(历年来的接待人数/旅游收入/旅游收入的分配制度/旅游表演收入的分配)

4.当地的传统习俗和主要旅游节庆有哪些?

5.村委会关于旅游接待/旅游开发的相关管理制度和规章条例。(资料收集)

6.村委会关于旅游精准扶贫的相关工作总结、报告。

二、针对当地村民的访谈

1.对于保护传统村落文化,您有没有积极性?您认为怎样才能增强村民保护传统文化的积极性?有什么建议?

2.您认为社区的旅游门票收入分配是否公平?您认为怎样的分配才是公平?您对获取更高收入的接待户有什么看法?其获取高收入的原因是什么?是正当竞争还是其他?

3.认定贫困户的时候,村里有没有召集大家开会讨论听取意见?开会前有没有让大家知道会议的相关主题和信息?开会时大家是否有充分的发言机会?会后大家的意见是否被采纳?

4.您认为村里认定贫困户的条件是否公开透明?有无人情因素?

5.您对旅游业发展中的哪些问题感兴趣?(如环境改善、游客容量、就业机会、优惠政策?)您最希望参加旅游业发展中的哪些内容?(乡村建设、经营管理、利益分配、重大决策)您认为景区在经营管理时,应在哪些方面优先照顾贫困户?(就业、经营机会、利益分配)

6.在村庄里面,谁最有发言权?平时遇到邻里纠纷和家庭矛盾,一般找谁协调解决?

7.旅游开发,传统的生活方式有何改变?人地矛盾如何解决?(增人不增地,减人不减地)

8.如果某些民居接待户为了获取更多的经济利益,擅自改变自家房屋的建筑风貌,您对此有何看法?会跟着效仿吗?